2019年度浙江省哲学社会科学规划课题
"人口净流入背景下城市基础教育资源空间分布及布局优化研究"
（项目编号:19NDJC401YBM）主要研究成果

中国学区制的政策演变及实践路径

王俊杰◎著

The Policy Evolution and
Practice Path of China's School
District System

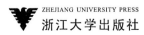

ZHEJIANG UNIVERSITY PRESS
浙江大学出版社

·杭州·

图书在版编目(CIP)数据

中国学区制的政策演变及实践路径 / 王俊杰著. —
杭州：浙江大学出版社，2023.11
ISBN 978-7-308-24449-7

Ⅰ. ①中… Ⅱ. ①王… Ⅲ. ①教育政策－研究－中国
Ⅳ. ①G520

中国国家版本馆 CIP 数据核字(2023)第 234962 号

中国学区制的政策演变及实践路径
ZHONGGUO XUEQUZHI DE ZHENGCE YANBIAN JI SHIJIAN LUJING
王俊杰　著

策划编辑	吴伟伟
责任编辑	陈逸行
文字编辑	梅　雪
责任校对	马一萍
封面设计	雷建军
出版发行	浙江大学出版社
	（杭州市天目山路 148 号　邮政编码 310007）
	（网址：http://www.zjupress.com）
排　　版	浙江大千时代文化传媒有限公司
印　　刷	广东虎彩云印刷有限公司绍兴分公司
开　　本	710mm×1000mm　1/16
印　　张	16.5
字　　数	215 千
版 印 次	2023 年 11 月第 1 版　2023 年 11 月第 1 次印刷
书　　号	ISBN 978-7-308-24449-7
定　　价	68.00 元

前　言

随着社会的发展,教育领域的主要矛盾现已转变为"人民日益增长的接受良好教育的需求与不平衡不充分的发展之间的矛盾"。人民群众对更加公平和更高质量的教育的需求不断增加,从"有学上"转变为"上好学",这一转变对优质教育资源均衡发展提出了更高要求。党的二十大报告指出,教育是国之大计、党之大计。要办好人民满意的教育,加快义务教育优质均衡发展和城乡一体化,优化区域教育资源配置,促进教育公平。

长期以来的教育管理制度造成了学校之间的资源壁垒,充斥着经济择校和"名校办民校"等教育不公平的现象,家长通过社会人际关系并缴纳一定高昂的学费作为择校费就能让孩子去好学校就读。直到教育部出台就近入学政策,各地教育部门为维护教育公平、贯彻落实义务教育相关法律法规,以经济、法律、行政等手段严令禁止经济择校行为。然而就近入学形成了学区制的政策话语体系,随即又出现了学区房曲线择校的现象,家长们的择校方式从过去的直接缴纳择校费转为购买学区房,通过以房择校的方式来获得义务教育阶段的优质资源。

在当今社会,人们对优质教育资源的迫切需求与有限的教育资源之间的矛盾日益加剧,这种矛盾在"学区"这一特殊形式中得到了鲜明的体现。在社会需求、政府决策和市场行为三者共同作用下,学区成了教育资本化的具体表现。出于追求教育公平的目标而制定的就近入学政策,虽然初衷是为了促进教育公平,但"就近"这一准则只能体现表面的公平性。在优质教育资源分布不均匀的背景下,家长们会基于个人利益和市场主体追求利润最大化、自由交易的原则,对政策进行"再适应",导致教育资源分配与房地产交易、家庭财富紧密相连,成为义务教育阶段不公平问题的具体表现,并衍生出新形式"择校现象"以及学区房溢价问题。在某种意义上,学区房承担着公共教育资源配置的功能,作为获取优质基础教育的中间手段。然而,学区房的高溢价给社会带来了一系列问题,包括教育公平、社会分层、投机买卖等。这些问题在一些典型的社会现象中得到了反映,如"学区房值钱而学历不值钱""天价蜗居为入学资格"等。

学区房引发了公众对义务教育均衡发展的强烈关注,学区制改革已不再是一个单纯的教育问题,而是成为一个重要的社会议题。如何评价学区制和学区房择校现象?学区制产生的原因是什么,又将带来怎样的影响?资本与学区房之间存在什么关系?学区房炒作是否会形成新的阶层固化?国内部分重点城市的学区房发展现状如何?国外的学区制能够给国内学区制改革带来哪些启发?学区该如何治理进而促进教育均衡发展?针对以上问题,本书将给出全局式、全景式的讨论和解答。

目　录

绪　论

一、研究缘起

随着社会文明进程的不断推进,教育领域面临的核心问题已经由"普及教育"的单一需求转向满足民众对于高质量教育逐渐增加的期望与教育发展的不均衡和不充分之间的矛盾。公众对于更为公正以及更高素质的教育的需求正在持续增加,教育需求的性质也从单纯的"普及教育"转变为追求"优质教育",这无疑对教育资源的均衡分配和优化提出了更为严格的标准。党的二十大报告提出,教育是国之大计、党之大计。要办好人民满意的教育,必须致力于打造令人民群众满意的教育体系,加速义务教育的优质均衡发展以及城乡教育的一体化,进一步优化地域间教育资源的合理分配,以促进教育公平的实现。

然而在促进教育公平方面,实际和理想仍存在差距。在较长时间内,社会上出现了经济择校和"名校办民校"等不公平的现象,例如家长通过社会人脉以及支付高额的学费作为择校费让孩子进入优质学校。经济择校促使一些公办名校利用自身的优质教育资源开办民营分校,并向这些"民办名校"输送一部分优质教育资源,形成了家长对优质教育资源的需求和优质教育资源短缺之间的矛盾。校际差距不断扩大,学生家长花费高额的费用以获得选择优质学校的特权或选择"民办名校",这些现象都加剧了义务教育的不公平。尽管教育部出台了就近入学政策,各地教育部门也采取了经济、法律和行政手段禁止经济择校行为以维护教育公平。然而随着学区房曲线择校现象的出现,家长们的择校方式也发生了变化,从过去的直接缴纳择校费转为购买学区房,以此获得义务教育阶段(小学及初中)的优质教育资源。例如,北京不到 40m² 的学区房就能卖出 900 多万元,甚至部分城市的热门学区,出现学区房有钱也不一定能买到的情况。为了让孩子获得优质教育资源,部分家长不惜一切代价让孩子住在学区房内,以获取进入名校学习的入场券。由于各地重点小学学位紧张,供不应求,有些学生甚至只能借用其他学校的校舍上课,这严重影响了学校的教育质量和孩子们获得教育的机会。

　　人们对高质量教育资源的迫切需求与资源有限性之间的矛盾导致了激烈的供需冲突。在市场经济环境下,这种供需关系被转化为商品关系,并以"学区"这种特殊的空间形式体现出来。学区已成为教育资本化的一种表现形式,是社会需求、政府决策(包括教育资源供应和政策制定)以及市场行为(通过房产中介实现择校)共同作用的结果。政府制定就近入学政策的初衷是为了实现公平,但是"就近"原则只是表面上的公平,在高质量教育资源分配不均和就近入学受限的情况下,人们会根据自身利益和市场追求最大利润和自由交易的诉求来"重新适应"政策。无论是通过经济手段还是通过学区房手段来选择学校,都是通过家庭背景的优越地位来获取高质量的教育资源。这样一来,教育资源的分配与房产交易和家庭财富密切相关,这是义务教育不公平问题的一种表现形式,这也导致了严重的择校和学区房溢价问题。

学区房在公共品配置方面扮演了重要的角色,作为获得高质量基础教育资源的中间机制,其高溢价引发了多个社会问题,如教育公平、社会阶层分化、投机买卖等。目前,社会上出现了"学区房值钱而学历不值钱""付出高昂代价才能进入名校"等现象,这反映了公众对学区房问题的高度关注。学区房已经不仅仅是一个住房问题,也成为一个重要的社会议题。应该怎么评价学区房择校现象?学区房问题产生的原因是什么?又将带来怎样的影响?本书对当前愈演愈烈的学区房热点话题现象及其背后蕴含的教育公平问题——义务教育资源配置不均衡——开展研究,在查阅文献著作等资料的理论基础上结合实践调研,对国内学区房的相关现象和实际现状开展深入研究。以杭州市等我国主要城市为主要案例进行深度调研,了解学生家庭背景等因素与其受教育机会之间的关系,分析家庭背景等因素是否会影响不同学生间的义务教育资源配置,剖析当前社会学区房现象背后蕴藏的教育资源配置及教育公平问题,并提出可行性高的政策建议,为我国教育公平及义务教育资源配置问题提供可资参考的方法和思路。

二、研究意义

公平的教育一直是学术界长期探讨的热点问题之一。在这些问题中,选择学校和学区房等问题反映了优质教育资源短缺的现象依然严重,这是教育改革中最为困难的问题之一。学区化教育旨在实现区域内学校的优质、特色和均衡发展,在义务教育阶段学校中,学区化办学是政府积极推进均衡发展的一种制度安排。党的十八届三中全会通过的《中共中央关于全面深化改革若干重大问题的决定》提出:"义务教育免试就近入学,试行学区制和九年一贯对口招生。"试行学区制作为深化基础教育综合改革的重要举措之一,通过学区联盟、集团化办学等方式建立区域学校发展共同体,优化学区内教育资源配置,缩小区域内学校之间的差距,彻底解决择校问题,从而实现义务教育均衡发展。2021 年 7 月 24 日,中共中央办公厅、国务院办公厅发布《关于进一步减轻义务教育阶段学生作业负担和校外培训负担的意见》,提出了"大力提升教育教学质量,确保学生在校内学足学好",以促进义务教育的优质均衡发展。该文件要求各地要巩固义务教育基本均衡成果,积极开展义务教育的优质均衡创建工作,促进新优质学校成长,扩大优质教育资源。积极推进集团化办学、学区化治理和城乡学校共同体建设,充分激发办学活力,整体提升学校整体办学水平,加快缩小城乡、区域和学校间教育水平差距。提出通过源头治理,充分发挥学校的主阵地作用,应该把教育尽可能地搞好,强化教学质量和课后服务水准,使学生能更好地回归校园学习。实行学区化办学需打破现有的利益格局平衡,推动原有义务教育发展制度框架的深度变革,确保充足且适当的制度供给,以保障政策的顺利执行和预期目标的实现。不过,学区化教育的重要前提是拥有所在学区的户籍,因此学区房已经成为孩子入学的一个重要前提。

在城市中,教育服务和背后的教育资源都被定义为公共服务产品。随着社会的发展和激烈的竞争,上学已经成为每个孩子最基本的生活经历,而寻找高质量的教育资源也成为每个家长的共识。如何分配教育资源以确保教育公平是当前国家政策的重点和难点,也受到社会的广泛关注。从我国的教育现状来看,优质教育资源相对匮乏,分布不均。在九年义务教育阶段,普遍实行"单校划片,就近入学"的择校政策,拥有片区对应的户籍才有资格就读该片区对应的小学和中学。这导致许多家长为了让孩子有机会进入名校,不惜花费大量资金购买学区房并落户。这也导致对名校教育资源的竞争转为对学区房的争夺,购买学区房成为获取优质教育资源的主要渠道,导致了学区房价格暴涨。

(一)理论意义

学区制的最初设定是为了让每个学生都有机会接受优质的教育,促进教育资源的合理分配和优化配置,同时也可以减少学生就学的成本并减轻家长的负担,提高教育的效率和针对性。根据新制度主义理论,制度往往经历由平衡状态到失衡状态再到平衡状态的演化过程,制度变迁(institutional change)的驱动力源自主体寻求最大潜在收益的需求。当现行制度无法满足公众的普遍需求时,便会引发制度失衡,并激发制度变革的需求。在义务教育阶段,过去的公共政策对学校分层式发展产生了影响,人为地干扰了义务教育普及性、公共性和平等性等特质发挥其作用,同时误解了《中华人民共和国教育法》关于公民享有平等受教育权益的主张。因此,教育改革初期推出的调整政策治标不治本,无法真正发挥作用。从法律伦理角度来看,制定平衡政策旨在追求教育的公平与正义,也是使义务教育回归教育法规框架下的发展路径。

本书的重点是探讨学生家庭背景和就读学校类型之间的关系,通过研究就近入学、学区制度以及学区房,构建一个整体概念框架,并涵盖教育公平、公共服务资本化和社会分层等相关理论概念。在此基础上,本书阐述学区房的概念和内涵,分析其形成原因和带来的社会效应,并深入剖析政府在教育资源配置方面存在的问题以及其政策规划和行为选择。同时,本书还对义务教育入学政策的复杂发展历程进行回顾,梳理我国义务教育择校问题和就近入学政策的演化发展历程,研究推动相关政策变迁的影响因素。通过分析政策或利益相关者之间的相互博弈和相互影响,探寻不同因素影响政策变迁的路径方式,以优化教育资源配置。这种研究视角为学区房的研究提供了不同的视角,并丰富了学术界的理论研究,为后来的学者提供了理论参考。

(二)现实意义

教育和住房问题是与每个人的生活密切相关的。而学区房问题不仅关乎教育,也涉及住房,因此在社会话题中占据重要的位置。人们对学区房的关注反映出他们对获得优质教育的渴求,以及对教育平等、资源平衡的强烈呼声。义务教育均衡发展中的"均衡"为相对概念,表现为螺旋式上升的动态过程。虽然,不同地域在不同时期存在不同的任务目标,各地区的要素和禀赋条件也呈现差异,但是,在城市化进程中,公众对教育的弹性需求不可避免。随着区域规模的扩大和人口的增长,人们对义务教育学位的需求持续增加,这给当地教育供给带来了严重的挑战。若无法有效应对、不能满足合理的学位需求和公众对多样化教育的需求,则将对社会发展造成负面影响。

制定一项政策需要进行全面分析和评估,并且必须遵循实现社会公正和平等价值的原则。在购买学区房时,居民不仅要考虑其地理位置、价格和所属学区等主要因素,还要考虑升值、租赁、宜居环境和交通等次要因素。购买与优质小学相对应的学区房不仅能够确保孩子进入名校学习,而且可以牢牢把握义务教育阶段的优质教育资源,包括高质量的教育设施、优秀的教师、适宜的住房环境和社交网络等附加价值。此外,学区房也是一种稳定的房地产投资,因为其升值潜力不言而喻,未来还可以通过高价租赁或出售获得收益。购买学区房也为广大家长提供了更多选择优质教育的机会。因此,学区房问题不仅仅是一个经济问题,更是一个复杂的社会系统问题,涉及教育理念的塑造、政策决策的合理性、政府形象的树立、教育公平的维护、减轻家庭负担和满足家长对教育均等的期望等多个方面。本书通过调查研究和个案分析,与美国、英国等国家的学区政策进行比较,以学区制为切入口,为政府相关部门制定合理的学区房调控政策、深化教育资源配置改革、解决适龄儿童入学问题、对房地产市场进行宏观调控等提供思路和建议,以期推动义务教育阶段的教育改革、教育均衡和教育公平。

三、国内外研究综述

(一)关于教育公平的相关研究

1.国外的相关研究

"教育机会均等"是现代西方教育公平思想的核心,意味着每个人都应该有同样的机会接受教育。1964年,美国学者科尔曼等人进行了一项"调查黑人和白人学生在教育资源方面的差异"的研究,其在《科尔曼报告:教育机会公平》中提出,教育资源的分配存在种族差异,种族隔离政策导致黑人学生和教师受到不公正的待遇,少数族裔学生的学业表现普遍较差,更容易受到所在学校教学质量的影响。因此,科尔曼等人提出了"矫正平等"和"补偿平等"的概念。他从进入教育系统、参与教育的机会、教育结果和教育对生活前景的影响等方面,对教育公平的评判标准进行了论述,并认为教育机会均等只能接近实现,而无法完全实现[①]。

---

① 科尔曼,等.科尔曼报告:教育机会公平[M].汪幼枫,译.上海:华东师范大学出版社,2019:249-252.

　　瑞典学者胡森在《社会环境与学业成就》中详细解释了"教育公平"这一概念，其基础理念为"教育机会均等"。他将第一次世界大战后西方国家的"教育机会均等"实践划分为保守主义、自由主义和激进主义三个阶段。在保守主义阶段，"教育机会均等"是指"各尽所能"的教育平等，认为每个人有不同的能力，所以不同能力的个人应该进入不同的教育机构（即贵族和平民进入不同的学校被视为一种各尽所能的教育平等）；在自由主义阶段，"教育机会均等"是指学校应该向每个人提供相同的受教育条件，认为个人的天赋和能力能够突破经济和社会障碍，但如何有效利用教育资源则是个人的责任；在激进主义阶段，人们认识到不仅要关心教育资源投入的均等，也要给处境不利的个人提供帮助以改善教育条件，缩小教育差距。胡森的理解已经从"教育机会均等"发展到"教育结果公平"，他将"平等"进一步细化为"起点均等""过程均等"和"结果均等"，从三个方面理解平等：每个人都有平等地接受教育的机会；不论种族、财富、地位和性别，都应平等对待他人；政府应制定政策法规，确保每个学生都有平等的入学机会[①]。

　　美国学者罗尔斯将社会公平和教育公平结合在一起，提出了三个核心原则以体现他的社会正义观，即平等自由原则、公正平等原则和差别原则。这三个原则也是他及其追随者理解教育公平问题的重要理论基础。罗尔斯认为，"家庭"是造成入学前教育不平等的原因，要消除教育不公平现象，就必须解决所有与"个人家庭出身"有关的不平等，只有这样才能真正为每个学生提供公平机会[②]。

　　诺齐克对罗尔斯的社会正义观提出了批评，并指出罗尔斯关于教育不平等问题的论述有问题，诺齐克认为，"公共教育系统"才是造成教育不公平的根源。因为公共教育需要对各种教育资源进行再分配，

---

① 胡森.社会环境与学业成就[M].张人杰,译.昆明:云南教育出版社,1991:23-37.
② 罗尔斯.正义论[M].何怀宏,等译.北京:中国社会科学出版社,1988:60-84.

这必然违背了"天赋权利"原则。因此,诺齐克主张,只有"私立教育"才能确保每个学生的基本权利,使他们能够充分享受由家庭和个人支付的教育资源①。

　　沃诺克提出教育机会公平是实现教育权利公平的具体体现和实践,其中教育公平的核心是确保每位学生平等地享有接受教育的权利,不受任何主观或客观因素的限制,即每个人都有同等的机会接受教育。然而,教育机会和教育权利在表达方式上有所不同。教育机会指的是个体接受教育的概率,而教育权利则是规定个体接受教育的主观标准。因此,教育机会体现了教育权利的实际效果。实现教育机会公平意味着为所有适龄入学的儿童提供平等的机会使其接受充足的教育,不考虑个人、群体、地区之间的差异,以公平分配为原则,确保同等机会获得同等的教育资源。在教育普及的前提下,教育公平的目标是为每个人提供公平的高质量教育②。

　　在教育公平有效实现途径方面,阿塔纳西斯和德奥利韦拉提出,要培养一批新型的教师,打造公平的课堂文化,实现教学课堂中男女平等的目标③。卡明等人建议建立公平高效的专项转移支付制度,以确保低收入群体在教育方面能够公平地受益④。林等人则认为,应该采用信息技术来促进教育公平,在南亚及其他国家利用信息和通信技

---

① 诺齐克.无政府、国家与乌托邦[M].何怀宏,等译.北京:中国社会科学出版社,1991:228.

② Warnock M. The concept of equality in education[J]. Oxford Review of Education,1975(1):3-8.

③ Athanases S Z, De Oliveira L C. Advocacy for equity in classrooms and beyond: New teachers' challenges and responses[J]. Teachers College Record,2008(1):64-104.

④ Cumming J, Goldstein H, Hand K. Enhanced use of educational accountability data to monitor educational progress of Australian students with focus on Indigenous students [J]. Educational Assessment, Evaluation and Accountability,2020(1):29-51.

术解决教育公平问题①。而博阿滕等人认为，政府应发挥管理职能，提供免费教育，缩小贫富家庭学生之间的差距，以保障贫困和低收入家庭的教育公平权利②。

2.国内的相关研究

国内学者对教育公平的研究始于 20 世纪 90 年代。谈松华在1994 年发表了以教育公平为主题的研究论文《论我国现阶段的教育公平问题》，是国内较早的研究之一。这一时期的教育公平研究受到国家"效率优先，兼顾公平"的经济政策的影响，表现出教育适应经济发展的态势，研究的主题是"公平"与"效率"。进入 21 世纪，教育公平成为一个独立的研究领域，吸引了大量学者从多个角度、不同层面对教育公平进行论述。

在教育公平的概念上，杨东平认为，教育公平是社会公平的延伸，对于推动社会公平具有重要意义，并指出教育是社会发展的平衡器和稳定器，教育公平有利于促进处于社会不利地位的群体向上流动，从而促进社会稳定③。褚宏启强调，教育公平不等同于教育平等，教育公平是指教育在资源配置及利益关系上的公平，需遵循合理性原则，而教育平等则是指在受教育机会、资源配置等方面完全一致的平等④。石中英提出，教育公平的缺失不利于实现社会公平，促进和扩大教育公平是缩小和克服社会不平等、反对社会排斥、鼓励社会流动、社会参

① Lim C P, Ra S, Chin B, et al. Leveraging information and communication technologies (ICT) to enhance education equity, quality, and efficiency: Case studies of Bangladesh and Nepal [J]. Educational Media International,2020(2):87-111.

② Boateng S, Asare D, Manu P T, et al. Relationship between students' home background and their academic performance: A case of some selected senior high school students in rural districts in Ashanti region, Ghana[J]. Journal of Education,2020(3):1-9.

③ 杨东平.教育是社会发展的平衡器、稳定器[J].人民教育,2002(4):16-18.

④ 褚宏启.关于教育公平的几个基本理论问题[J].中国教育学刊,2006(12):1-4.

与和社会团结的必由之路①。王善迈对我国教育公平做出了起点公平、过程公平和结果公平的界定，并建立了相应的指标，包括受教育权和入学机会是否公平、公共教育资源配置是否公平、教育质量是否公平以及不同群体间是否符合公平标准等②。

在教育公平的特点上，郭元祥认为，教育公平应该从概念论和本体论的角度来看待，指出教育公平要兼顾个体差异，从不同的教育生产出发，注重因材施教③。张良才和李润洲认为，教育公平既包括教育平等，也包括教育不平等。他们认为，教育不平等并不代表不公平，教育公平有三个基本性质：平等性、差异性和补偿性。平等性要求教育资源能够平等地分配，即每个人都有平等的受教育权利和机会；差异性要求在分配教育资源时要因材施教；补偿性要求通过适当的措施来弥补教育资源的不平等④。吴晓英和朱德全在研究区域义务教育均衡发展时认为，公平教育是人际关系与利益的度量和反映，主要表现在个人身心发展、条件分配、发展机遇、资格认证和发展潜力等方面⑤。解韬认为，教育公平应包括教育权利和义务的平等、教育机会和条件的平等以及教育成功机会和教育效果的相对均等三个方面⑥。

在教育资源的分配和社会阶层方面，韩刚认为，教育公平所强调的是"合理性"，这意味着对教育资源的配置和利益关系需要进行合理的价值判断。然而，不同人对"合理性"的评价不同，因此对于教育公平概念的理解也存在一定的差异⑦。樊慧玲认为，要想实现我国义务

①　石中英.教育公平的主要内涵与社会意义[J].中国教育学刊,2008(3):1-6,27.
②　王善迈.教育公平的分析框架和评价指标[J].北京师范大学学报(社会科学版),2008(3):93-97.
③　郭元祥.对教育公平问题的理论思考[J].教育研究,2000(3):21-24,47.
④　张良才,李润洲.关于教育公平问题的理论思考[J].教育研究,2002(12):35-38.
⑤　吴晓英,朱德全.区域义务教育均衡发展研究的现状与展望[J].现代教育管理,2015(3):31-37.
⑥　解韬.近年来我国教育公平研究综述[J].现代大学教育,2009(2):20-26.
⑦　韩刚.教育公平与少数民族教育发展研究[J].黑龙江民族丛刊,2007(5):171-176.

教育资源的公平配置,首先需要了解当前资源的总量和质量情况,并进行评估,以便更好地进行下一步的资源优化配置和推进发展[①]。田志磊等人认为,从经济资源和分配的角度来看,教育公平表明了教育资源配置的科学性和合理性[②]。洪岩璧和钱民辉则从社会阶层的角度分析了教育不公平现象,运用帕金的社会排斥理论分析了我国教育的分层现象,认为自改革开放以来,教育优质资源已经从集体排斥转变为个体排斥[③]。

(二)关于教育均衡的相关研究

1.国外的相关研究

第二次世界大战后,美国提出了旨在促进义务教育均衡发展的政策,主要是因为不同州、不同学区以及不同学校之间的教育资源分配存在严重不公平和不合理的情况。美国实行12年义务教育,但是各州和学区对义务教育的授权存在不确定性,因此义务教育的质量受到不同地区资源配置不均等因素的影响而呈现分化趋势。美国的义务教育均衡发展经历了三个历史阶段:教育机会均等、教育资源合理配置、教育优质均衡。为了推进教育的均衡发展,美国通过制定各种法律和政策来实现这一目标[④]。2002年,布什政府推出《不让一个孩子掉队法案》,旨在在全国范围内强制实施教育改革。自此,美国义务教育的目标是确保所有孩子都能有受到公平教育的机会,并且这一目标

---

① 樊慧玲.我国义务教育资源配置的绩效评估体系构建[J].教育科学研究,2019(8):12-16.

② 田志磊,袁连生,张雪.地区间城乡义务教育公平差异研究[J].教育与经济,2011(2):43-48.

③ 洪岩璧,钱民辉.中国社会分层与教育公平:一个文献综述[J].中国农业大学学报(社会科学版),2008(4):64-76.

④ Heyneman S P. Education and corruption [J]. International Journal of Educational Development,2004(6):637-648.

得到法律保障①。在《不让一个孩子掉队法案》中,联邦经费与义务教育目标相关联,并采取了优胜劣汰的拨款方式。薄弱学校可以通过增加经费来改善学校设施和环境,但必须以改善教学质量为目标。成功者将获得进一步的经费支持,而未达标者则将被削减经费甚至淘汰②。

英国采用"第三条道路"的指导思想以促进义务教育的平等发展。此思想强调将教育置于首要位置,并主张改变精英教育模式,明确教育的宗旨在于培养全体人而非少数人。通过实施"教育行动区"计划,对弱势学校进行了有益改进;通过推行"教育优先区"计划,改善处于不利地区群体的教育现状。特别是近年来,为提升学校教育质量、推动基础教育公平发展,英国政府积极探讨构建"连锁学校"和"学校联盟"等合作关系网络。这些"连锁学校"可分为法定和非法定两大基本类别,法定"连锁学校"依照相关法律条款设立并运营;非法定"连锁学校"则主要依赖学校间的协定和合同来实现,组织形式更具灵活性。借助这一改革,学校之间的资源共享得到加强,弱势学校的教学质量得到提高,教育差距得以有效缩小③。

在教育导致的社会分层问题上,布尔迪厄和帕斯龙提出了"文化资本"的概念,他们认为,教育系统是一种具有"再生产"功能的"符号暴力",即教育机构通过向学生灌输统治阶级的文化,建立在特定阶级基础上的文化差异,从而导致社会分层④。相比之下,莱文提出了教育平等的四个指标,即相同需求的人受教育机会均等,不同经济社会条

① Simpson B D. Compulsory education in America: Its history and determinants[D]. Auburn: Auburn University, 2003.

② Duncombe W, Yinger J. Making do: State constraints and local responses in California's education finance system[J]. International Tax and Public Finance, 2011(3): 337-368.

③ Todman P, Harris J, Carter J, et al. Better Together: Exploratory Case Studies of Formal Collaborations between Small Rural Primary Schools[R]. London: Department for Children, School and Families, 2009: 5-6.

④ Bourdieu P, Passeron J C. Reproduction in Education, Society and Culture[M]. 2nd ed. New York: Sage Publications Ltd, 1990.

件的人受教育机会均等、教育结果均等、教育对生活影响均等①。尽管大多数学者认为,随着生产力的提高,家庭环境对教育不公平的影响会减弱,但是教育不平等现象是永恒的,尤其是在高层次教育领域可能会形成垄断。为了解决不平等问题,斯蒂格利茨提出了解决方案,即在短期内关注税收和福利制度,而在长期内重视教育和培训②。

科尔曼认为,教育均衡主要包括:①资金投入均等以获得教育资源;②学习能力相当的学生在学业上表现均等;③遵循补偿原则,向在教育资源和机会获得上处于劣势的学生提供额外支持;④保证教育质量、教学设施和环境等方面的均等③。古特曼则主张,在分配教育资源时,应优先投入基础教育,并向处于劣势的学生提供额外资源倾斜,以实现教育机会的平等。古特曼认为,社会阶层的代际关系对教育机会的获得有重要影响,贫富差距是导致教育机会不平等的重要原因。在家庭背景方面,经济地位、社会人际关系和社会地位等因素对获得教育机会的影响最为深远④。吉本斯和马钦研究和分析了英国的教育实际状况,并将学校的优势、招生范围和资源等作为衡量学校教学质量的考核指标⑤。

2. 国内的相关研究

根据翟博的观点,教育均衡发展的首要因素在于实现教育资源的均衡配置。据其所述,所谓教育资源不仅包括硬件资源如校舍、教学实验仪器、图书资料以及教育投入等,还包括软件资源如教师队伍素

---

① Levin H M. Educational opportunity and social inequality in western Europe[J]. Social Problems,1976(2):148-172.

② 斯蒂格利茨.经济学(上)[M].高鸿业,等译.北京:中国发展出版社,1997:1252-1253.

③ Coleman J S. Social capital in the creation of human capital[J]. American Journal of Sociology, 1988(1):95-120.

④ 古特曼.民主教育[M].杨伟清,译.南京:译林出版社,2010:141.

⑤ Gibbons S, Machin S. Valuing English primary schools[J]. Journal of Urban Economics, 2003(2):197-219.

质和学校管理等①。翟博提出,教育均衡是指在教育公平原则的基础上,实现教育机构和受教育者在教育活动中平等获得教育资源的理想并确保教育政策和法律制度得以落实。教育均衡的核心要求是,在教育资源的分配和使用中,实现教育机构和受教育者的公平待遇,以达到教育供给和需求的相对均衡。这一均衡状态不仅反映了教育资源供需的对等关系,还反映了教育资源在教育主体之间的平均分配,以体现社会的公平性。教育均衡性是对公平和效率的兼顾,在现实中难以实现,因为公平和效率往往难以平衡。公平要求教育资源平等分配,效率要求教育资源高效利用,二者在实践中难以完全统一②。翟博提出了关于教育均衡发展的三个层次,包括宏观层次、中观层次和微观层次。在宏观层次上,教育均衡体现为教育权利公平、教育机会均等、教育规模均衡、教育结构均衡、教育制度均衡等,体现教育发展与经济社会相互协调发展之间的关系。在中观层次上,教育均衡主要表现为区域均衡、城乡均衡、校际均衡和群体均衡等,主要反映的是教育资源配置的均衡。在微观层次上,教育均衡体现为课程、教学和教育评价的均衡,主要涉及生源均衡、教育质量均衡、教育结果均衡和教育评价均衡等,是教育均衡的具体实现,也是教育质量和教育效果的深层次体现③。翟博还认为,在社会分配过程中,实现基础教育资源在各个学校之间数量和质量的相对均衡是义务教育阶段均衡配置的标准④。

在实证研究方面,王善迈对教育公平分析框架和评价指标体系进行了研究。他认为,评价教育公平与否需要充分考虑外部环境因素,

---

① 翟博.教育均衡发展:现代教育发展的新境界[J].教育研究,2002(2):8-10.
② 翟博.教育均衡发展:理论、指标及测算方法[J].教育研究,2006(3):16-28.
③ 翟博.树立科学的教育均衡发展观[J].教育研究,2008(1):3-9.
④ 翟博.均衡发展:我国义务教育发展的战略选择[J].教育研究,2010(1):3-8.

如政治制度和经济发展水平等要素,并进行综合评估。为此,他从受教育权和入学机会、教育资源配置以及不同社会群体间的教育机会和教育质量比较等方面初步制定了一个三级教育公平评价指标①。孙百才对改革开放后 30 年间中国的教育基尼系数进行了测算,发现中国国民受教育年限逐年增加,总体教育基尼系数呈下降趋势,但与发达国家相比,中国的教育公平程度仍有差距②。曾满超和丁延庆跟踪统计了我国 1997—2000 年义务教育资源分配和利用的相关数据,分析结果表明,虽然不同区域间资源分配的方式大致相似,但由于经济等差异,不同区域的资源配置水平存在差异,城乡差距尤其明显③。

马晓燕认为,通过合理供给教育资源和提高使用效率,可以促进教育供求的均衡。社会总资源在教育方面的增加可以实现教育供求的整体均衡,而各级各类教育中教育资源的合理配置则可以实现局部均衡④。王鉴从教育经济学的视角提出,教育均衡发展的实质不仅在于教育"输入"的平等,而且在于教育的"输出"效果平等。这意味着要达到教育"投入"和"产出"的相对平衡⑤。从法律的角度看,于建福认为,教育均衡是政府通过一定的法律、法规和政策来确保公民或未来公民享有平等的受教育权利和义务。政策的调整和资源的分配必须提供相对平等的教育机会和条件,以客观公正的态度和科学有效的方法实现教育效果和成功机会的相对平衡⑥。周海涛和朱玉成提出,要

---

① 王善迈.教育公平的分析框架和评价指标[J].北京师范大学学报(社会科学版),2008(3):93-97.

② 孙百才.测度中国改革开放 30 年来的教育平等——基于教育基尼系数的实证分析[J].教育研究,2009(1):12-18.

③ 曾满超,丁延庆.中国义务教育财政面临的挑战与教育转移支付[J].北京大学教育评论,2003(1):84-94.

④ 马晓燕.关于实现我国教育资源合理配置与教育供求均衡的思考[J].上海教育科研,2001(1):15-17,21.

⑤ 王鉴.西部民族地区教育均衡发展的新战略[J].民族研究,2002(6):9-17,106.

⑥ 于建福.教育均衡发展:一种有待普遍确立的教育理念[J].教育研究,2002(2):10-13.

以问题为导向来看待教育供给侧结构性改革，并正确处理以下四个基本关系：教育有效供给与教育供给质量的关系、清理无效教育供给与激发教育合理需求的关系、厘清结构调整的目的与结构性改革的手段之间的关系、拓宽教育供给渠道与优化多元治理的关系[①]。

(三)关于学区制和学区房的相关研究

1. 国外的相关研究

学区房是一种在中国特定国情和教育政策下产生的概念。相比之下，国外并没有统一的学区房名称和概念。一般而言，在国外，学区房指的是距离学区或重点学校较近的房产。在西方国家，学区之间的教育失衡现象并不是十分严重，因为他们采取"租购同权"的制度安排，进一步淡化了学区房的概念[②]。

例如，美国的教育管理体系是分权管理，被称为学区制，这是在联邦主义背景下产生的教育管理体系。公立学校通过核查居住证明(如租房合同、水电缴费单等)来确定学生的居住地址，实施就近入学的方案。关键问题在于学生实际的居住地址是否在学校的学区范围内，而不关注家庭是不是房子的所有者，也不关注学生及其父母是否拥有绿卡等。在美国，学校提高学生教育素质主要通过五种机制来实现：学校环境、教师质量、师生互动、家长参与和同群效应。因此，家长更愿意购买或租赁学区位置较好的住宅[③]。埃斯皮诺萨-赫罗尔德比较了美国部分州的二元化教育体制和师资力量，指出学区和教育质量差异

① 周海涛,朱玉成.教育领域供给侧改革的几个关系[J].教育研究,2016(12):30-34.
② Nguyen-Hoang P,Yinger J. The capitalization of school quality into house values:A review [J]. Journal of Housing Economics,2011(1):30-48.
③ Schwartz A. Housing Policy in the United States[M]. 3rd ed. New York:Routledge, 2014.

会影响移民儿童在心理与情感上的健康发展,从而影响其父母的迁移购房决策①。克拉普等人对康涅狄格州的数据进行研究后发现,考试成绩对住房价格存在显著影响,但在不同时间跨度的样本中,考试成绩对房价的影响效果不同②。在美国的州一级,学区有权利表达支持或反对儿童教育立法的意见,并且可以提出对现行法律的修改或撤销意见。此外,学区可以进行民意调查,并且可以投票选出代表他们利益的地方立法机关代表。学区董事会成员由公民代表当选,以反映民意。与国内学者一样,国外学者也非常关注学区的教育资源、教学质量、设施、师资等方面对周边房产价格的影响,这种影响通常使用特征价格模型进行实证分析。在国外,选校思想早已存在,其表现在教育券制度上,弗里德曼在《政府在教育中的作用》一文中质疑政府垄断的教育资源配置方式,认为美国公立学校的各种教育问题的根源在于政府过度干预,需要重新定位政府在公共教育中的作用。他提出了著名的"教育券"和选择学校的设想,该设想对于改善公立教育是一种天才构想,尽管当时弗里德曼的观点并没有引起足够的重视,可他的远见和天才构想却成为 20 世纪 80 年代英美等国家教育民营化、市场化改革的预言。吉本斯和马钦主要研究英国的选校问题,英国通过法律手段确保公民享有关于教育的基本权利,包括适龄学生和家长选择学校的权利。实践证明,英国的选校制度并没有破坏教育机会的平等性,反而是十分有益的③。

在学区房的价格研究方面,布莱克和马钦通过比较国际文献得

---

① Espinoza-Herold M. Issues in Latino Education: Race, School Culture, and the Politics of Academic Success[M]. New York: Allyn and Bacon,2003.

② Clapp J M, Nanda A, Ross S L. Which school attributes matter? The influence of school district performance and demographic composition on property values [J]. Journal of Urban Economics,2008(2): 451-466.

③ Gibbons S, Machin S. Valuing English primary schools[J]. Journal of Urban Economics, 2003(2):197-219.

出,当学生考试成绩提高一个标准误差时,学校周边房价会上升约3％[①]。钟的研究关注韩国首尔的择校改革,发现当学生被允许自由选择学区内外的学校时,优质学区房价会下降 10％—27％。此外,择校改革后,优质学区的居民更有可能迁移到其他社区[②]。金等人在研究首尔三个区 2006—2012 年的 3459 条房地产拍卖数据时,利用特征价格法来消除建筑物的特征和区位因素的影响,发现与学校的距离对房地产价格的影响最大[③]。

　　在学区房的价格测算方面,阮洪和英杰认为,在对学区房价格进行测算时,工具变量法是一种常用的有效方法,可以消除不可观测的环境因素和遗漏变量对房屋溢价率的影响。但是,工具变量法存在一些不足之处。一方面,寻找反映房屋特征或环境因素的工具变量并不唯一;另一方面,在操作上,寻找与误差项无关且与所替代的随机解释变量高度相关的变量相当困难。因此,工具变量的有效性经常被质疑[④]。此外,达尔和罗斯利用面板数据、重复截面数据等形式及相应的计量方法验证了学校教育质量对住房价格有显著影响,但其影响效果显著低于传统的特征价格模型所估计的值[⑤]。

　　其他方面,巴恩哈特等人的研究结果表明,除了经济因素,社交网

　　① Black S, Machin S. Housing valuations of school performance[J]. Handbook of the Economics of Education,2011(3):485-519.

　　② Chung I. School choice, housing prices, and residential sorting: Empirical evidence from inter-and intra-district choice[J]. Regional Science and Urban Economics,2015(C):39-49.

　　③ Kim H,Park S, Lee S,et al. Determinants of house prices in Seoul: A quantile regression approach[J]. Pacific Rim Property Research Journal,2015(2):91-113.

　　④ Nguyen-Hoang P, Yinger J. The capitalization of school quality into house values: A review[J]. Journal of Housing Economics,2011(1):30-48.

　　⑤ Dhar P, Ross S L. School district quality and property values:Examining differences along school district boundaries[J]. Journal of Urban Economics, 2012(1):18-25.

络关系也对印度学区房的选择具有重要影响[1]。而阿尔维斯等人通过对巴西里约热内卢和智利圣地亚哥的比较研究发现,2010 年四年级学生中,家庭经济条件好的学生更倾向于选择学区外的高质量私立学校,而低收入家庭的学生则更倾向于选择本学区的公立学校,尤其是在圣地亚哥这种现象表现得更加明显[2]。

2.国内的相关研究

学区制是一项党和国家提倡的义务教育办学体制机制改革,其目的是通过地方政府及其他利益相关者的努力,促进义务教育的优质均衡发展。吴晶认为,学区化办学是可行的,因为它符合教育公平的政策导向,得到了均衡理论、联盟理论和治理理论的支持,实现了资源高效利用的经济性,而且小范围管理很方便,满足了纵向衔接和横向互补的教育内在要求。然而,学区化办学也存在障碍,如优质资源调动困难、学区内部结构松散、校际文化冲突等问题。为了改善学区的运作,需要完善学区规章制度,尊重各校的意愿,合理组建学区,强化学区内部平等和民主,突出学区品牌形成的集聚效应[3]。陈婧和陈建华认为,从历史演进来看,学区曾经以教育行政部门派出机构的身份出现在地方政策中,而 21 世纪以来的政策将学区定位为教育资源治理共同体,淡化了行政色彩。这一变迁历程反映出,学区政策的发展始终以治理实践问题为动力,展现出由注重效率向强调公平转变的价值取向。同时,政策一直以权力配置的矛盾作为实践问题的归因,调整

---

① Barnhardt S, Field E, Pande R. Moving to opportunity or isolation? Network effects of a randomized housing lottery in urban India[J]. American Economic Journal: Applied Economics,2017(1):1-32.

② Alves F, Elacqua G, Koslinki M, et al. Winners and losers of school choice:Evidence from Rio de Janeiro,Brazil and Santiago,Chile[J]. International Journal of Educational Development,2015(3):25-34.

③ 吴晶.基础教育学区化办学的可行性与障碍分析[J].教育探索,2017(5):20-27.

了学区的权力属性、范围和运作方式①。魏红梅和黄明东提出，学区制作为政府推动义务教育优质均衡和基本公共教育服务均等化的关键制度设计和现实选择，与英美的"学区制"相比，我国的学区制更受行政管理逻辑的影响，呈现出"自上而下"的路径依赖特征。这导致学区的自主发展能力较弱、改革内生动力不足，使学区制改革陷入低效的"纳什均衡"状态。优化学区制改革的最佳路径是实现从"管理"到"治理"的组织管理模式转型，由"行政驱动"向"自主变革"转变制度变革方式，最终形成"自治""主动""内生""开放"的自组织形态②。郭元婕运用实证主义研究范式，对我国六个省份（北京、上海、广东、辽宁、陕西和山西）的学区制改革进行了实地考察，并运用案例调查法、访谈法和文本分析法进行系统分析。研究表明，学区制改革已经在缓解"择校热"、促进城乡一体化建设和提高基层教育治理水平等方面取得了显著成效。为进一步促进学区制改革，需要合理确定学区的管理层级，全面优化学区的治理结构，统筹各项配套制度改革，结合督导开展学区评价，促进学区主管团队专业化建设③。

在教育部门明令禁止经济择校之后，学区房在政策要求就近入学的前提下，成为购房者选择教育质量较高学区的一种行为，这突破了政府政策限制，并反映了我国教育政策在资源分配制定和执行层面的缺陷。陈友华等人通过文献整理和学术分析认为，学区房概念在2005年左右诞生，2013年起相关学术研究开始快速增加，随后学区房研究出现井喷现象。学区房成为地方政府经营城市的手段，最终演变为对

① 陈婧，陈建华. 从"管理"到"治理"：学区政策的演进逻辑和发展趋势[J]. 南京社会科学，2020(9)：113-140.
② 魏红梅，黄明东. 义务教育学区制改革：制度逻辑、实践困境及优化路径[J]. 教育科学，2017(8)：17-23.
③ 郭元婕. 新时代我国学区制改革的困境与出路——基于我国六个省份的实证研究[J]. 中国教育学刊，2022(12)：52-58.

知名学校标志的运作①。

　　石忆邵和王伊婷采用多元回归分析方法,在价格模型的基础上,对上海的学区房价格进行了研究。他们研究了学校的排名、距离和重点等级等因素,以分析这些因素对价格的影响。实证结果表明,重点中小学对周边住宅价格存在比较重要的积极影响②。于涛和于静静利用特征价格模型对天津 13 个区域共 3000 多个楼盘的住宅进行了分析。研究结果表明,学校类别(教育资源)对房屋价格存在溢价效应,而且优质教育资源的溢价效果比普通教育资源更为明显。区域之间房屋均价差异主要源于学区房的价格差异,而房屋户型大小等因素对价格影响较小③。胡婉旸等人以北京为例研究了学区房的价格。他们发现,全市重点小学占比尚不足 10%,并且 60% 以上的重点小学集中在三环以内的主城区。在排除住宅特征和区位条件等其他因素的情况下,仅存在是否为中关村一小学区房的差异,学区房的价格年增速是非学区房的 1.5 倍④。

　　从社会学的角度,李佳莹和孙凤通过符号消费的理论,运用线上参与观察、访谈等虚拟民族志和线下访谈相结合的方法,以新生代中产家长对学区房符号的认知为例,分析了学区房附加的优质文化资本符号、经济资本符号和社会符号内涵,揭示了学区房消费所引发的新生代家长地位焦虑情绪和结构性动因。研究结果表明,通过高额溢价的筛选过程,学区房消费推动了该区域生源家庭社会经济背景的提

---

　　① 陈友华,施旖旎,季春梅.学区房的形成机制及其社会后果研究[J].社会科学文摘,2017(10):56-58.

　　② 石忆邵,王伊婷.上海市学区房价格的影响机制[J].中国土地科学,2014(12):47-55.

　　③ 于涛,于静静."就近入学"下的住宅价格分析——学区房中的教育资本化问题[J].中国房地产,2017(6):3-13.

　　④ 胡婉旸,郑思齐,王锐.学区房的溢价究竟有多大:利用"租买不同权"和配对回归的实证估计[J].经济学(季刊),2014(3):1195-1214.

升,进一步提高了学校的成绩和知名度,促成了学区房符号的再生产[①]。聂晨认为,学区房市场的热度扰乱了住房市场,影响了教育公平,减少了阶层流动的机会,引起了社会各方面的关注。现有的研究大多关注购买学区房的市场动机,但忽视了学区房在阶层再生产过程中与文化和社会因素的联系。基于邻里的文化资本兑换理论,聂晨探讨了购买学区房的多元化动机、动机的形成过程以及影响因素。通过对访谈材料的对比分析,他发现虽然形成于西方经验的理论在一定程度上可以解释学区房的购买动机和形成过程,但在中国,购买学区房的动机更加多样化,资本兑换更为全面和复杂,影响购买的因素也更加动态[②]。

(四)关于公共服务资本化的相关研究

1.国外的相关研究

教育资源作为一种公共物品,与住房的联系日益密切。在国外,学者开始研究教育资源与住房价格的关系。20 世纪 50 年代,美国公共经济学家蒂伯特最先提出了公共服务资本化的概念,其中包括了"用脚投票"和"蒂伯特选择问题"(Tiebout Choice)。蒂伯特提出,家庭在选择居住地时会考虑其自身的偏好和经济能力,而地方政府会提供高质量的公共服务,以吸引更多的富裕家庭流入该地。这些富裕家庭可能有着相似的偏好和经济能力,因此他们会聚集在一起形成居住群体。蒂伯特的理论有许多政策含义,例如,在公共教育方面,地方政府提供优质的公共教育服务会吸引那些对教育有强烈需求、有较高购

---

① 李佳莹,孙凤.学区房符号消费与新生代家长的地位焦虑[J].中国青年研究,2021(9):56-63,13.

② 聂晨."学区房热"探析——文化资本视角下对学区房购买动机的研究[J].广东社会科学,2019(1):196-204.

买力的家庭流入。在住房供应受限制的情况下,优质教育服务将会被房价资本化,形成学区房价溢价①。自此,人们开始关注公共品内化的资本化效应及其在房价中的体现。奥茨通过最小二乘法较早地对美国地方公共教育支出水平与住房价值的正相关性进行了研究。以纽约市 53 个社区为样本,他对蒂伯特的理论模型进行了两阶段最小二乘法的实证检验,证实了公共服务资本化的真实性。他考虑到教育质量对住房价格的影响,在研究中加入了教育质量、学校经费和学生考试成绩等因素②。此后,公共服务资本化理论和模型得到了长足的发展。教育资本化将公共服务的研究集中在教育质量和政府教育支出方面。国外学者通常使用教育支出、学生成绩、教学质量和设施等指标来评估教育资源。拜耳等人对旧金山地区进行了一项旨在探究学校教育质量与居民购房意愿之间关系的研究,研究结果表明,学校教育质量与居民购房意愿呈正相关的关系。拜耳将学校教育质量作为一种重要的社会资本来考虑,发现随着学校教育质量的提高,旧金山的住房价格也随之上涨,该研究得出结论:学校教育质量是一种能够促进居民购房意愿的因素。这项研究还探讨了其他一些因素对居民购房意愿的影响,例如,当地的失业率、收入水平和种族多样性都会对居民的购房决策产生影响。然而,学校教育质量仍然是一个显著的因素,对于影响居民购房意愿起到了重要作用③。拜耳的研究表明,学校教育质量是一个重要的社会资本,能够影响居民的购房意愿。这一发现有助于我们更好地理解住房市场和社会资本的关系,为未来的城市

---

① Tiebout C M. A pure theory of local expenditures [J]. Journal of Political Economy,1956(5):416-424.

② Oates W E. The effects of property taxes and local public spending on property values:An empirical study of tax capitalization and the Tiebout hypothesis[J]. Journal of Political Economy,1969(6):957-971.

③ Bayer P,Ferreira F,McMillan R. A unified framework for measuring preferences for schools and neighborhoods [J]. Journal of Political Economy,2007(4):588-638.

规划和社会政策制定提供参考。

在资本化相关的实证分析中,常常采用蒂伯特价格模型进行研究。最初,该模型被应用于农地价格的研究,由哈斯首先使用;后来,美国汽车分析专家肯特将特征价格方程(即蒂伯特价格模型)正式应用于研究汽车价格。20 世纪 80 年代,人们开始将蒂伯特价格模型用于研究房地产。经济学家罗斯以房地产为例,构建了市场供需均衡模型,并对特征分析方法的理论基础进行了深入研究。蒂伯特价格模型为教育资本化的实证研究提供了强有力的分析工具。切希尔和谢泼德进行了一项关于英国教育资本化的研究,他们使用了蒂伯特模型来分析学生成绩和房价之间的关系。他们的研究发现,英国小学和中学的教育质量与住房价格呈现出正相关的关系。这意味着,随着教育水平的提高,住房价格也会相应上涨。这种正相关的关系可能是由于家长们更愿意为孩子接受高质量的教育支付更高的房价。此外,高质量的学校也可以提高当地社区的整体价值,从而使房价上涨。这项研究结果表明了教育和房价之间的紧密联系,这对于了解英国教育市场的运作方式以及房价的变化有着重要的意义[①]。豪林和布拉辛顿在研究过程中发现,学生的考试成绩与住房产生了密切关系。他们发现,学校整体的考试成绩越好,该区域的学区房价格就越高。此外,学生的考试成绩每变动 1%,周围的二手房价格随之变动 2%。这表明,学校的整体教育质量对于当地房价的影响是非常显著的。然而,房价不仅仅受到学校教育质量的影响,它还受到很多其他因素的影响。例如,房子的结构、周边环境以及配套设施等,这些因素也可能会对房价产生影响。但是,研究表明,学校教育质量和房价之间确实存在一定的统计学关系。研究进一步比较了拥有名校资源和普通学校资源的地

---

① Cheshire P, Shepard S. Capitalising the value of free schools: The impact of supply characteristics and uncertainty[J]. The Economic Journal, 2004(499): 397-424.

区,发现拥有名校资源的地区二手房的价格比拥有普通学校资源的地区要高很多。这一结果也得到了实证结论,二者之间存在着正相关的关系[1]。法克和格雷内特在研究中采用了边界固定效应的方法来研究学校教育质量与房价之间的关系。这种方法通过选择同一学区边界两侧特征相似的房屋,比较它们的交易价格和学校教育质量来进行研究。研究发现,学校教育质量对房价有显著的正向影响,但资本化效应远远小于传统的特征价格模型估计。这表明,虽然学校教育质量是房价的重要因素之一,但房价受到许多其他因素的影响。同时,遗漏变量与房价之间也存在正相关的关系。边界固定效应是一种控制遗漏变量的方法,它可以帮助研究人员排除一些潜在的影响因素,从而更准确地评估变量之间的关系。通过采用这种方法,他们可以更加精确地评估学校教育质量对房价的影响,并确定资本化效应的大小。研究结果表明,虽然学校教育质量对房价有影响,但影响程度比传统的特征价格模型估计要小得多。这项研究对于了解房价形成的机制非常有帮助,它揭示了学校教育质量对房价的影响,以及其他可能影响房价的因素。在实际应用中,这些发现可以帮助政策制定者和市场参与者更好地了解房价的变化,以及如何最大化投资回报[2]。

2. 国内的相关研究

公共服务资本化是指公共服务逐渐被视为一种具有投资价值的资产,并被纳入市场化经济体系中,最早起源于国外。在国内,学者主要关注交通、医疗、教育等方面的公共服务资本化问题。在这些公共服务中,存在一定程度的资本化现象。家庭会根据自身的收入和税收

---

① Haurin D R, Brasington D. School quality and real house price: Inter- and intrametropolitan effects[J]. Journal of Housing Economics, 1996(4):351-368.

② Fack G, Grenet J. When do better schools raise housing prices? Evidence from Paris public and private schools[J]. Journal of Public Economics, 2010(1-2):59-77.

成本来综合选择符合自己偏好的公共服务,这被蒂伯特选择模型解释为"以脚投票"的自由迁徙过程。高收入家庭会自发迁徙至教育水平高、公共服务好的社区。教育供给的变化会自然地引起价格变化,房价也会因此上涨。提供高水平公共服务和高质量教育的社区能够通过房价反映出来,这就是公共服务及教育资本化的体现。

张浩等人对我国一线城市北京、上海、广州和深圳等地的教育资本化现象进行了研究。他们发现,我国基础教育资源正通过资本化过程不断蕴含在房屋价格之中,并由公共品逐渐转变为消费品。教育资源配置对房价具有持续性影响和"沉淀效应"。我国的教育资本化本质上是教育资源的"垄断溢价"。一方面,正是由于优质教育资源本身的匮乏和分布不均,以及相关制度原因造成教育资源被"资本化";另一方面,政府对于教育资源的垄断以及市场供给受限,使消费者只能通过购买住房去接受超高的"垄断价格"获取教育资源。在教育资源丰富的地区,房价上涨更快,长期来看更有投资价值[①]。

郑磊和王思檬利用公共经济学理论指出,在地方政府主导的教育投资模式下,教育服务质量的高低会部分反映在房价上。就近入学政策激励家庭通过购房选择学校,这意味着入学机会基于居住地分配实际上是按照家庭社会经济地位进行分配。他们利用北京两个城区的小学资源分布和楼盘价格数据,运用特征价格模型,研究了学校教育质量与房价之间的关系。研究发现,周围有良好或优秀口碑小学的楼盘与对应的学区房价格存在显著的正相关关系,并基于此反思了就近入学政策对教育机会公平分配和教育均衡发展的影响[②]。

---

① 张浩,李仲飞,邓柏峻.教育资源配置机制与房价——我国教育资本化现象的实证分析[J].金融研究,2014(5):193-206.

② 郑磊,王思檬.学校选择、教育服务资本化与居住区分割——对"就近入学"政策的一种反思[J].教育与经济,2014(6):25-32.

　　王永超等人选取沈阳市中心城区 53 所重点中小学对应的 321 处学区房,以 82 处非学区房作为对照组,利用价格特征模型得出学区房的教育因素起到根本作用,其他影响房价的因素在学区房上被弱化。研究表明,在控制其他因素的情况下,单一学区的房价溢价为 18%,双学区的房价溢价为 44%,教育质量与学区房的溢价成正比。通过空间自相关分析单一学区、双学区、全部学区和非学区房价的空间“冷点—热点”,并得出学区房与非学区房的价格空间集聚存在差异性和关联性,学区房与非学区房的空间偏好呈现交叉影响的相关结论①。

　　王振坡等人发现,在推行“学区制”的过程中,测量基础教育资源的资本化程度并寻求其均衡布局的有效途径对决定教育服务的供给效率非常重要。他们基于特征价格模型和天津市和平区二手住房市场的样本数据,定量分析了基础教育资源的资本化程度,并进一步探讨了其成因和外部效应。研究结果表明,公办小学对住宅价格具有正向的资本化效应,小学质量每上升一个等级,其学区内住宅价格会增长 14.7%。研究结果表明,该区域资本化程度高于英美国家,这是制度因素和市场因素相互作用的结果,应该通过学校标准化建设和推行名校集团化管理来规范教育市场,结合相关制度改革有序推行“学区制”②。

　　石绍宾和鞠镇远运用时间断点回归模型,研究了济南市义务教育“零择校”政策对学区房价格的影响及其异质性特征。结果表明,实施“零择校”政策后,学区房价格显著上涨,优质学区房溢价更高。此外,不同质量学区内的居民购房偏好存在差异,优质学区内居民更偏好购

　　① 王永超,王光宇,董丽晶.教育资本化背景下学区房溢价水平和价格空间集聚特征研究——以沈阳市中心城区为例[J].人口与发展,2020(1):108-117.
　　② 王振坡,梅林,王丽艳.基础教育资源资本化及均衡布局对策研究:以天津为例[J].现代财经(天津财经大学学报),2014(7):92-102.

买小户型、低层住宅，而普通学区内居民更倾向于大户型、高层住宅。学区房溢价效应本质上反映了义务教育发展的不均衡，需要从供需两侧双向发力，增加优质教育资源总量，缩小教育质量差异，推动教育均衡发展，促进基本公共服务均等化①。

这些学者的研究表明，我国现行的就近入学政策中存在学区划分入学的教育资本化现象。这种现象导致学区房和普通房的价格存在巨大的差距，因为在教育资本化的影响下，学区房的价格一直处于高位。同时，这种资本化效应也导致了教育等资源出现了"马太效应"，即越富裕的社区拥有越好的教育资源，部分地区则面临教育资源不足的问题。此外，这种教育资本化现象也导致了教育资源在空间分布上的不均衡，以社区为单位呈现群分布。也就是说，教育资源的分布并不是均匀的，而是被划分为不同的社区和学区。这种现象也进一步加剧了贫富之间的教育差距，使得一些孩子无法享受到优质的教育资源。因此，解决这种教育资本化问题，应该着手推动教育资源的均衡分布，让每个孩子都能够有机会获得优质的教育资源，这需要政府、学校和社会各方面共同努力，加强教育公平，打破教育资源的地域障碍，让教育资源真正服务于每一个有需要的孩子。

（五）对当前研究现状的综合述评

综上所述，国内外学者们从多学科、多领域、多维度对教育公平、教育均衡、学区房与学区制、公共服务资本化进行了探讨，研究成果颇丰。曼曾说过："教育是实现人类平等的伟大工具，它的作用比任何其他人类发明都大得多。"②这句话强调了教育的重要性，它不仅是个人

① 石绍宾，鞠镇远.教育资本化效应的再测度——基于"零择校"政策的学区房溢价断点回归[J].南开经济研究，2022(8)：139-157，175.
② 布鲁贝克.高等教育哲学[M].王承绪，等译.杭州：浙江教育出版社，1998：71.

成长和发展的关键，而且是实现社会公平的重要途径。在当今社会，教育公平已成为社会公平的重要内容。它不仅体现了社会对于每个人机会平等的追求，也是中国特色社会主义的内在要求。"求木之长者，必固其根本；欲流之远者，必浚其泉源。"在实现社会公平的过程中，教育公平是实现社会公平的重要内容之一，发展是"总钥匙"。从实现教育公平的角度来看，解决教育供求矛盾是非常关键的。这个问题的本质是教育资源的不均衡分配和利用，所以要想办法调节教育的供需关系，更好地实现教育公平。其中，合理配置教育资源是实现教育供求平衡的重要手段。在教育供求矛盾问题中，学界通常更偏向于研究教育供给方面。如果只是关注教育供给方面而忽略了教育需求方面的问题，那么就无法真正解决教育供求矛盾问题。因此，必须同时重视对教育供给和教育需求的研究，才能够更好地促进实现教育公平。同时，应该从多个角度出发，综合考虑社会和经济等方面的因素，以制定更加科学和有效的教育政策和措施。只有这样，才能够让每个人都能够享有平等的受教育机会，从而共同推动社会的进步和发展。

基础教育是公共服务的一部分，旨在为全体学生提供平等的教育机会和资源。然而，优质教育资源的稀缺性和分布不均以及教育资源分配的过程逐渐被资本化，导致部分地区学区房的定价脱离了房屋本身的基本特征，而是取决于该房产能够提供的学区资格以及该资格的市场价值。实际上，无论是早期的交纳赞助费择校还是现在的通过购买学区房择校，都使得原本应由政府提供的公共基础教育资源必须通过消费的方式来获取，以致出现了教育资源的资本化和消费化现象。这些现象使得有经济能力的家庭可以通过购买学区房就近进入高质量的学校，而家庭经济条件较差的孩子则无法获得相同的优质教育资源，导致教育资源分配的不公平现象。由此，教育资源成为一个社会阶层分化的因素，使得优越阶层的孩子从小就享有更多的机会和优势,而其他孩子则始终落后。

因此,如何评价学区制和学区房择校现象? 如何采取措施减少教育资源的资本化和消费化现象,使每个孩子都能够获得平等的教育机会和资源,以实现教育公平? 政府如何采取积极的措施改善教育资源的分配,包括提高公立学校的教育质量和学生的竞争力,以及增加公立学校的资源投入? 如何对学区房进行监管,防止它们的存在使得教育资源分配更加不公平? 学区该如何治理进而促进教育均衡发展? 学区制改革已不仅是一个单纯的教育问题,也成为一个重要的社会议题,本书将对以上问题做出系统的回应。

四、研究方法

社会研究方法是科学研究的方法,它的基本特征是科学性、客观性和工具性。我国学区制改革与发展的研究属于人文社科类的研究范畴,具有一定的理论性和较强的实践性,由于它的研究内容不单涉及教育学,还涉及经济学、管理学、社会学等学科知识,本书借鉴了多个学科的理论和观点,运用文献研究法、历史分析法、访谈调查法、案例研究法和比较研究法等方法进行研究。

(一)文献研究法

文献研究法主要指鉴别、搜集和整理文献,并通过对文献的研究形成对事实的科学认识的方法。本书使用的文献包括学术著作、期刊文献及相关网站信息等,运用 EndNote 软件对大量文献进行收集、整理和分析,以此全面掌握对学区制改革的研究现状,对研究对象有了较为完整的理性认识,并为确立清晰的研究目标、研究思路、研究框架和研究内容打下坚实基础。

（二）历史分析法

历史分析法将历史作为一种分析工具。将政治、经济、文化事件、过程以及对问题的解释置入具体的历史背景之中，能够在研究中展现一幅全景的画面。学区制改革是一个不断延续和动态演进的过程，因而研究学区制改革必须从历史行进中考察教育领域的教育政策改革以及经济领域的房地产发展基本演进模式，需要使用宏观历史的分析方法。本书梳理了中国近几十年以来学区制发展在不同时期的历程及政策变迁，基于制度和环境的变化，对学区制改革和发展的外部系统环境进行研究。

（三）访谈调查法

访谈法作为社会调查的一种手段，根据访谈提纲，由经过专业培训的访谈人员对受访者就提纲中的问题展开一对一咨询，以探讨访谈对象对研究主题的观点、态度及认知等，从而收集所需的访谈资料，适用于定性研究。访谈结束后，需将访谈记录或录音整理为文本形式，供研究者分析使用。本书的访谈对象包括学区房业主、普通市民、置业顾问等房地产从业人员以及学生家长等。通过对这些访谈对象的访谈，获取一手数据，从与学区房相关的多元人群视角深入了解他们对于学区房的认知和态度，收集他们对学区制改革的不同观点，探讨不同群体对义务教育阶段教育均衡的需求和建议，为制定后续的学区制政策方案提供参考。

（四）案例研究法

案例研究法是实地研究的一种。研究者选择以一个或几个场景为对象,系统地收集数据和资料,进行深入研究,用以探讨某一现象在实际生活环境中的状况。本书选择区域范围内不同发展特色的学区作为研究点,对这些研究点进行实地考察、调查研究和案例跟踪,取得第一手的资料。在对案例分析与研究的基础上,提炼出我国学区制办学的基本情况、办学特征、成效以及存在的问题和面临的挑战等。不同地区的经济发展水平和社会发展背景的差异较大,各类中小学在进行学区制改革过程中的问题也不尽相同,但是也存在一些共性的问题。在研究过程中总结归纳案例中的异同点,并提出具体的学区制改革的治理经验,为我国学区制改革的深入发展提供一些有益的启示。

(五)比较研究法

进行学区制的比较研究可以帮助我们了解不同国家和地区在该领域的政策实施情况及其效果。例如,有些国家或地区实行强制性的学区制,有些国家或地区则允许家长自由选择学校。不同的学区制度对教育资源的分配、教育质量的提高、教育公平的实现都有着不同的影响。通过比较研究,我们可以发现不同国家和地区的学区制度存在的优点和缺点,可以从中汲取经验,为制定更合适的改革方案提供参考。此外,进行比较研究还可以帮助我们了解不同国家和地区之间在学区制改革和发展方面的差异。例如,一些国家和地区的学区制度已经相对成熟,但仍存在一些问题,需要进一步改进;有些国家和地区的学区制度还处于起步阶段,需要更多的实践和探索。通过比较研究,可以了解不同国家和地区在学区制度改革和发展方面的差异,发现其原因和影响因素,为制定更合适的改革方案提供参考。

第一章　学区制的形成及其副产品

　　自中华人民共和国成立以来,我国的经济水平在整体上呈现出不均衡的发展态势,表现为城市之间、城乡之间以及不同地区之间的差异显著。在这一背景下,为了最大限度地利用有限的资源条件,在较短的时间内推动人才建设,实现科学技术和教育事业的繁荣发展,政府决定采取集中力量办大事的策略,将教育经费等资源优先投入我国教育事业发展的重点领域和重点学校的筹建工作。政府遵循的原则是在基础设施完善、人才培养速度较快的地区优先配置资源。这种将学校划分为"重点"和"非重点"的做法是在经济发展不均、各行各业尚待振兴的特定历史背景下出现的,在发展过程中造成了我国教育发展的不均衡格局。1953 年,国家首次部署重点小学的筹建工作。同年,教育部发布文件,将中学纳入建设重点学校的计划,义务教育阶段的重点学校制度正式登上中国教育事业的历史舞台。1959 年,周恩来总理根据我国的国情,提出了关于重点学校制度的发展建议。改革开放后,邓小平明确提出教育要"两条腿走路"的指导思想,即在全国范围内普及教育的同时,不断提高教育质量。20 世纪 90 年代,义务教育阶段的重点学校制度得到了基本完善,直至 2006 年,重点学校政策才被正式取消。重点学校制度在一定程度上符合特定时期的经济社会发展要求,为培养人才和发展科教事业做出了贡献。然而,长期的政策和资金倾斜使得教育资源配置不均衡,非重点学校在政策、办学制度、师资、设施条件等方面处于劣势地位,导致教育机会、过程和结果的不公平。

为了追求在顶级学校和重点班级就读的机会,家长们竭尽全力,采用各种手段让孩子能上好学校。在特定历史时期,重点学校制度确实顺应了时代背景和历史潮流,具有其存在的合理性。我国在短时间内实现了社会经济建设和教育事业的迅速发展,这在很大程度上得益于国家政策和资金的倾斜。然而,以牺牲公平为代价的重点学校制度也加剧了教育不公。由于教育资源配置不均和校际在资源、政策等方面的差距日益扩大,购买学区房、缴纳择校费或赞助费、"共建生"和"特长生"等择校现象凸显了教育机会的不平等。因此,这种制度导致的社会问题日益严峻。曾经的重点学校制度立足于特定时期,是符合经济社会发展要求的政策,然而,长期的政策和资金倾斜使得我国教育呈现出不均衡的格局,非重点学校和学区在政策、办学制度、师资和设施条件等方面远远落后于重点学校,发展受到严重制约。

基于户籍划分学区和学区房的新型择校方式使没有优势的非重点学校和学区在教育发展上面临更为严峻的挑战。教育资源差距逐渐拉大,教育机会的获得仍然与家庭背景、人际关系和经济资源等因素密切相关。在义务教育阶段,孩子受教育的机会受到家庭社会经济背景的显著影响,家庭所拥有的各种资本,如政治地位、经济状况和文化资本,在很大程度上也影响着他们的入学机会。当父母在这些方面具有优势时,他们可以通过购买学区房或其他途径帮助孩子获得优质教育入学机会。因此,虽然学区制的初衷是为了实现教育公平,但在现实中,这种制度往往导致教育资源分配的不公和教育机会的不均等。因此,在当前社会背景下,我们有必要重新审视和调整重点学校制度,以缩小教育资源和受教育机会的差距。

一、教育公平与教育均衡

教育公平与教育均衡发展是教育领域广受关注的话题。在全球范围内,教育公平和教育均衡发展一直是政府和教育机构关注的重点。通过相关文献的研究,下文将探讨教育公平和教育均衡发展的概念、特点和影响因素。

(一)教育公平的概念

公平是一个广泛的概念,通常用来描述一个公正、平等地分配资源和权力的理念。公平意味着每个人都有相同的机会,不受种族、性别、社会经济地位等因素的影响。在社会中,公平意味着公正地对待每个人,让每个人都有机会实现自己的潜力。教育公平作为社会公平正义的重要体现和人类文明进步的关键指标,对于推动经济社会发展和构建和谐社会具有至关重要的意义。它不仅体现了公平价值理念在教育领域的具体表现,而且也是衡量社会公平水平的一个重要子系统。教育公平是现代教育的基本目标和原则,其概念会随着不同时期、不同国家的经济、社会、文化等多方面因素而有所变化。

教育公平可以被理解为所有民众在享受当地公共教育资源时具有平等自由的权利和机会。它既是一种理想和原则,也是一个动态发展的过程,需要在实践中不断调整和完善。教育公平具有以下三个特点:首先,教育公平具有历史性。随着经济社会的发展和文明进步,教育公平的定义和内涵会随之发生变化。其内容会不断拓展,与经济、社会、文化伦理等诸多因素紧密联系。经济发展水平和社会文明程度越高,对教育公平的要求和期待也越高,教育公平的内涵也会更加丰富。其次,教育公平是一个循序渐进的过程。在教育的不同阶段,教育公平的要求和关注点也会有所差异。例如,在义务教育阶段,教育机会公平是最主要的目标;在中等教育阶段,教育过程公平成为重点;在高等教育阶段,则以教育结果公平为主要追求。这些不同阶段的教育公平问题需要分阶段、分类加以解决。最后,教育公平具有相对性。受制于现阶段的社会发展水平、教育制度等多种因素,教育公平往往以理想和原则的形式存在,引导人们不断追求更高水平的教育公平。实现绝对的教育公平是不现实的,教育公平只能是一个相对性的概念。在纵向上,与过去相比,教育公平得到了更好的实现;在横向上,与世界各国和各类群体相比,教育公平也取得了显著的提升。因此,教育公平成为一种行动指南,引导着教育部门在供给侧教育体制改革中不断努力,以求在实践中逐步实现教育公平的理想。追求教育公平是一个持续、动态的过程,需要在实践中不断调整和完善,以适应社会发展和文明进步的要求。

综上所述,教育公平作为教育领域的核心,是指每个人都有平等的机会接受教育,不受社会阶层、性别、财富等因素的影响,这包括确保教育资源的公正分配以及消除制约某些群体接受优质教育的障碍。它体现了社会公平正义,教育公平是实现社会公正和个人自由的基础,是人类文明的主要表征之一。教育公平既是一个原则,又是一种理想,同时也是一个不断发展和逐步实现的过程,对促进人才发展、防止阶级固化和实现和谐社会具有重要的意义。

(二)教育公平的内涵

教育公平是一个历史范畴,其影响因素众多,主要包括经济发展水平、教育需求与教育资源的矛盾、教育领域的现实问题、收入差距、教育体制和教育政策等。在不同的历史时期和国家背景下,教育公平的内涵存在差异。随着社会经济的发展,教育公平的内涵也在不断扩大。关于教育公平的内涵,学术界存在多种观点,主要是对"公平"概念外延的不同理解导致对教育公平定义的多样化。总体来说,主要有以下五种观点。

第一,教育公平与教育平等并不等同。一些学者未能充分理解二者之间的区别,因此将它们混为一谈。教育平等强调个体间的等同关系,而公平的本质在于合理性。实现教育平等是实现教育公平的基础,但有时平等和不平等都可以体现公平原则。例如,在教育机会平等和教育权利平等基础上的教育结果不平等是公平的;同样,对弱势群体的教育资源倾斜和对特长生实行特招政策虽然是不平等的,但却是公平的。

第二,教育公平意味着教育机会均等。这包括两个方面:一是每个人受教育机会均等;二是每个人接受高质量教育的机会均等。这涉及教育机会公平和教育权利平等的问题。

第三,教育公平并非单一概念,其内涵具有三个层次:第一层次为观念层面的教育公平,这是对后两个层次的主观价值判断,具有很大的模糊性;第二层次为教育市场公平,这是教育资源配置效率最大化的表现形式,包括机会平等、交易平等和竞争平等;第三层次为教育的社会公平,主要涉及财富和收入的平等。教育公平包括教育起点公平、教育过程公平和教育结果公平三个方面。关于这三个层次能否同时实现,学者们的看法各异。

第四,教育公平表现在理论层面和实践层面。理论层面分为多个方面,其中,在法律层面,教育公平意味着每个人都享有平等的教育权利;在政策层面,意味着每个人都享有相同的公共教育资源;在教育活动中,意味着每个人都被平等对待,且都能平等地获得教育成就和就业机会。在实际教学活动中,教育公平还包括在经济发展不平衡的阶段,教育资源的分配应倾向弱势群体。在实践层面,教育公平要求维护教育权利和教育机会平等。

第五,教育公平是合情合理地分配教育机会。其中,"情"指符合民众意愿,"理"指符合社会发展规律和教育的目的。教育公平既包括市场公平,也包括社会公平。

本书认为,教育公平的内涵主要表现为三个方面:教育机会公平、教育过程公平以及教育结果公平。这三者相互联系,共同构成了教育公平的完整体系。首先,教育机会公平是实现教育公平的基本前提,它关注受教育者的起点是否公平。一个教育机会公平的社会应确保所有人在获得教育的起点上享有平等的权利,以便为每个个体创造公平竞争的环境。其次,教育过程公平涉及教育资源的分配是否公正。这包括师资、设施、教材等各种教育资源,以及课程设置、评价制度等方面。教育过程公平旨在确保受教育者在整个教育过程中能够公平地获取和利用这些资源,以充分发挥其潜能。最后,教育结果公平关注受教育者在教育过程中实现目标和潜能的公平性。教育结果公平并不意味着所有人在教育成果上具有绝对的平等,而是强调在同等条件下接受同样教育过程的受教育者,应有同等的机会获得成功。然而,在现阶段的理论界,很多学者将教育机会公平和教育过程公平视为教育公平的全部,甚至有的将教育机会公平狭隘地界定为教育公平。这种理解忽略了教育结果公平的重要性,容易导致混淆教育结果平等和教育结果公平的概念。事实上,教育结果公平追求的是在同等条件下,受教育者能够获得与其潜力和付出相等的社会地位、物质条件和情感价值等。通过坚持教育公平原则,我们可以为受教育者创造一个公平的教育环境,使他们能够充分发挥自身潜力,实现个人价值和社会价值。

综上，教育公平的内涵主要包括三个方面：一是机会公平，意味着所有人在教育领域享有平等的机会，不受家庭背景、经济状况、地域、性别、民族等因素的影响；二是过程公平，指的是教育实施过程中的公平性，包括师资分配、教育资源配置、教学方法等方面；三是结果公平，强调所有学生在教育过程中的学习成果和发展机会应当具有公平性，不受非教育因素的影响。在追求教育公平的过程中，政府、教育部门和社会各界需要共同努力，以消除教育资源分配、教育质量和教育机会等方面的不公平现象。一是加大对教育的投入，优化教育资源配置，保障各类人群的受教育权利；二是改进教育质量评价体系，促进教育质量公平；三是推进教育制度改革，确保教育政策制定和实施更加公平合理；四是强化教育公平观念，引导全社会形成公平、包容、多元的教育价值观。总之，教育公平作为现代教育的核心目标和基本原则，对促进社会公平正义、提高人类文明水平具有重要意义。实现教育公平需要政府、教育部门和社会各界的共同努力，以确保教育资源公平、教育质量公平和教育机会公平在各个阶段和领域得到实现。

（三）教育均衡的概念

均衡概念起初源于物理学领域，最直观的解释是指各种力量之间的平衡。随后该概念逐渐扩展，被应用于各个领域，以描述事物对立的各个方面在数量或力量上的相等或相当。英国经济学家马歇尔将均衡概念应用于经济学领域，将经济活动中各种对立的、变动的力量相互制衡、相对静止、不再变动的状态称为均衡。这一概念在西方经济学中得到了广泛应用。在经济学中，均衡通常指经济体系内某一特定经济单位或经济变量在一系列经济力量相互制约下所达到的相对静止且保持不变的状态。最知名的均衡形态便是市场均衡，即在市场经济条件下，需求方与供给方在竞争过程中不断调整需求量与供给量,直至双方力量达到平衡,形成相对静止的状态。学者们将均衡概念引入教育领域,从而衍生出教育均衡这一概念。教育均衡既是理想追求,也是现实的阶段性目标。

教育均衡是一个历史性概念,随着社会的发展和时代的进步,其内涵也在不断演变。在大多数国家努力普及义务教育时,义务教育均衡的主要导向是为人们提供更广泛的受教育机会;在大部分国家基本实现义务教育普及之后,义务教育均衡发展的价值导向在于为全体人民提供基础教育;当社会经济、政治、文化等各方面发展达到一定程度后,义务教育均衡发展的具体目标在于为尽量多的人提供尽量优质的教育。教育均衡涵盖三个方面:受教育权利的均衡、资源配置的均衡和教育质量的均衡。一方面,教育均衡反映了教育资源供给与教育需求之间的对等关系,即教育资源在数量上恰好满足教育需求,既实现了教育资源的高效利用,又避免了教育资源的浪费;另一方面,教育均衡意味着教育资源在各教育主体之间平均分配,使受教育者能够平等地占有资源,这体现了社会的公平性。教育均衡性反映了社会发展中公平与效率并重的原则。然而,实现均衡状态是一种理想状态,在现实中很难达到。这主要是因为决定均衡发展的两个关键因素——公平与效率——在现实生活中难以兼顾。公平要求教育资源能够按需平均分配给每个人,而效率要求教育资源的高效利用。在现实中,公平往往滞后于效率,二者难以兼顾。

总之,教育均衡是指在教育公平原则指导下,教育机构和受教育者在教育活动中享有平等待遇的教育理想。而确保其实际操作的教育政策和法律制度应使各个层次、各个地区、各个阶段、各个领域的教育资源分配公平合理,以保证每个人都有接受教育的机会。教育均衡理念的核心是教育公平思想和教育平等原则,而教育政策和法律制度则起到保障作用。从一定意义上说,教育均衡是针对当前现实中教育需求与供给不均衡、教育发展水平和教育质量差距过大而提出的教育发展理念。其最基本的要求是在教育机构和教育群体之间平等地分配教育资源,实现教育需求与教育供给的相对均衡,以促进教育资源分配和使用的公平。

(四)教育均衡发展的内涵和原则

教育均衡发展作为一种理念,意味着在国家、地区和社会各层面之间,通过公共政策、资源配置和受教育机会的优化,实现教育资源、教育品质和教育成果的公平分配。具体来说,教育均衡发展涵盖三个层次的内涵:一是保证每个人都拥有受教育的权利和义务,通常由国家通过法律手段加以确认和保障;二是为全体人民提供相对公平的受教育的机会和条件,包括教学内容、教育经费、教育设施、教师素质等方面的相对平衡条件,确保学生在教育过程中受到平等待遇;三是实现教育成功机会和教育成果的相对平衡,要求每个学生在接受教育后都达到最基本的标准,能够在德、智、体、美等方面实现全方位发展。这三个层次的内涵是紧密相连且递进的。受教育权利和义务的平等是最基本的要求,为实现受教育机会平等、条件平衡、教育成功机会和效果相对平衡提供基础。接受教育的机会平等和条件平衡是更进一步的要求,为实现教育成果的相对平衡提供前提和条件。而教育成果的相对平衡是最高的要求。教育均衡发展所追求的最终目标不仅关注教育的"投入"平等,而且关注教育在基本成果上实现平衡。

义务教育均衡发展并非简单追求"均等发展",而是更强调协调、全面、可持续的发展。均衡是动态的而非静态的,是相对的而非绝对的。推动义务教育均衡发展是一个动态的、长期的、辩证的历史过程,关注的是过程而不是结果。其主要目标在于解决当前教育严重不平衡的问题,缩小学校之间过大的差距,全力提升每个学校的办学品质。

义务教育均衡发展并非追求千篇一律的"一致发展",而是寻求高水平、高层次的多样性和特色化发展。这意味着我们不能满足于低层次、低水平的一致和划一发展,而应该在保持教育公平的基础上,鼓励学校发挥各自的特色和优势。在义务教育均衡发展的具体实施过程中,应当充分考虑各个学校的办学特色,推动学校之间的错位发展。这样可以充分释放学校的办学活力,促进学校个性化发展,最终实现优势互补和整体提升。为此,政策制定者和教育管理者需要在教育资源配置、教育公共政策制定等方面做出努力,以促进义务教育的均衡发展。

原则是在规律和理论基础上建立的指导实际行动的操作准则,教育均衡发展的原则主要包括以下几个方面。

第一,公平原则。教育均衡发展强调公平性,意味着所有人应该有平等的受教育机会,无论他们的出身、性别、种族、经济状况或地域是否有差异。这要求政策制定者和教育工作者关注并消除教育不平等现象,确保每个人都有公平接受教育的权利。

第二,优质原则。教育均衡发展注重提高教育质量,使所有学生都能接受优质教育。这需要完善教育体制、课程设置、师资培训、教学资源等方面,为学生创造良好的学习环境,提高教育质量。

第三,可持续发展原则。教育均衡发展需要长远规划和持续投入。政府和社会应承担起持续推动教育公平的责任,加大投入,保障教育资源的稳定供给,以实现教育的可持续发展。

第四,区域协调原则。教育均衡发展要求在国家、地区和社会各层面之间实现协调,缩小区域之间的教育差距。这需要政府在教育资源配置、政策支持等方面给予较落后地区更多的关注和支持,以促进全国范围内的教育均衡发展。

第五,人本价值取向。教育均衡发展关注每一个个体的发展和成长。这要求教育机构把学生的需求和利益放在首位,尊重学生的个性和特长,关注学生的心理健康和身心发展,提供个性化、多元化的教育服务。

第六,社会参与原则。教育均衡发展需要政府、学校、家庭、社会等各方面的共同参与和支持。这需要加强社会力量对教育的投入,建立多元化的教育投入渠道,促进社会各界共同关注和参与教育公平事业。

综上,教育均衡发展作为一种理念和目标,旨在通过公共政策、资源配置和受教育机会的优化,实现教育资源、教育质量和教育成果的公平分配。这一目标并非单纯追求平均发展或同一发展,而是强调全面、协调、可持续的科学发展,旨在消除教育不均衡现象,缩小校际差距,提升各个学校的办学水平,并在高水平、高层次上实现多样化、特色化发展。实现教育均衡发展是一个长期的、动态的、辩证的历史过程,关注的是过程而非结果。在这一过程中,政策制定者和教育管理者应该发挥关键作用,推动义务教育的均衡发展。

二、就近入学政策与学区制的形成

就近入学政策是我国政府实施的一项针对基础教育的政策。其核心目的是公平分配教育资源,缩小教育差距,提高基础教育的质量。简而言之,就近入学政策要求学生在居住地附近的学校就读,而不是根据学生的成绩、家庭背景或其他因素进行选拔。这一政策适用于我国的小学和初中阶段。

就近入学政策是建立在 1950 年我国的户籍制度基础上的,遵循"一人一籍、籍随人行"的管理原则。20 世纪 50 年代,为了便于人口管理、适应计划经济体制和社会发展,我国制定了户籍管理制度,将全国人民划分为农村户口和城市户口。户籍管理制度作为国家的基本社会管理制度,与民众在医疗、住房、教育等方面的资源和利益分配密切相关。政府将学籍与户籍结合,统一分配教育资源,旨在便利教育分配与管理工作,增强同一区域内适龄儿童受教育机会的平等性。

改革开放以来,随着我国经济实力、社会发展水平及文明程度的大幅提高,个人和家庭可支配收入快速增加,教育发展速度加快、规模扩大,各级各类学校之间的教育教学水平差距不断拉大,尤其是20世纪80年代实行的重点学校政策,导致教育资源分配不均问题日益严重。一方面,部分学校因优质教育资源受到家长追捧,招生竞争激烈;另一方面,许多边远地区和农村地区的学校面临教育资源不足的问题。各校间教育资源不均衡引发了“择校风”盛行或称“择校热”的社会现象。开放式择校政策的初衷是保障家长的择校权利,推动公立学校深化体制机制改革,提高教育质量,但在一定程度上演变成权钱择校、择校高收费等社会不公现象。1986年颁布的《中华人民共和国义务教育法》提出了“就近入学”概念,旨在实现教育公平,一方面,减轻义务教育阶段学生学业压力;另一方面,保障适龄国民享有平等入学机会。此后,就近入学政策经历了多次调整和完善,逐渐成为中国基础教育阶段的重要政策之一。

2013年,党的十八届三中全会通过的《中共中央关于全面深化改革若干重大问题的决定》提出,“义务教育免试就近入学,试行学区制和九年一贯对口招生”。《教育部2014年工作要点》明确提出,要“通过学区制、学校联盟等有效途径不断扩大优质教育资源”。就近入学政策的初衷是改变重点学校制度的弊端,促进义务教育均衡发展,实现教育公平。该政策要求适龄儿童、少年按照户籍所在地就近到指定的行政规划学区接受义务教育,实行划片入学,限制通过缴纳择校费、赞助费、共建费等方式的跨学区择校。2014 年,《教育部关于进一步做好小学升入初中免试就近入学工作的实施意见》进一步明确提出,我国下一阶段要"试行学区化办学",希望"按照地理位置相对就近、办学水平大致均衡的原则",通过"将初中和小学结合成片进行统筹管理,提倡多校协同、资源整合、九年一贯"的方式,推动学区内学校之间校长和教师的均衡配置,促进设施、设备和运动场地等教育教学资源充分共享,"全面提升学区内教学管理、教师培训、学生活动、课堂改革、质量考核等工作水平",实现促进义务教育均衡发展的目标。2014 年出台的《教育部办公厅关于进一步做好重点大城市义务教育免试就近入学工作的通知》要求各地方教育主管部门充分利用信息采集系统,做好学籍信息管理,"小升初"学生实行线上登记派位入学。到 2015 年,我国大部分重点城市小学生源 95% 以上实现就近入学,初中生源 90% 划片入学。例如,北京市自该通知实行以来,通过整治乱收费、取消重点学校、发展民办教育和推进义务教育均衡发展等多项措施,对择校问题加以规范、围堵、疏导和消解。截至 2021 年,北京市义务教育阶段就近入学率达到 99%,这对于规范北京市义务教育阶段入学秩序、为中小学生营造健康的学习成长氛围起到了积极的推动和促进作用。

　　就近入学政策在一定程度上能够克服择校所产生的权力腐败以及金钱择校所产生的教育市场化的负面效应,解决分数择校所产生的学生负担过重等问题,从而促进义务教育的机会公平及健康发展。就近入学政策呈现以下几个特点:一是公平性。就近入学政策旨在消除因家庭背景、学生成绩等因素导致的受教育资源分配不均,让所有学生都有平等接受教育的机会。二是地域性。该政策按照地理位置划定学区,学生需要在所属学区内的学校就读,这有助于提高地区教育资源的利用率。三是减轻择校压力。通过实行就近入学政策,政府试图打破"名校"的概念,减轻学生和家长选择学校的压力,降低择校热度。四是提高教育质量。就近入学政策鼓励各地区提高自身教育质量,以吸引更多居民选择当地的学校,从而有利于提高整体教育水平。五是灵活性。虽然就近入学政策在很大程度上限制了学生的学校选择,但在一定范围内,政策还是具有一定的灵活性。例如,部分地区允许学生在学区内选择学校,或者在特殊情况下(如特长生、特殊教育需求等)允许学生跨学区就读。这样的安排为家庭提供了一定的选择空间,同时也在保持政策公平性的基础上满足了个别学生的特殊需求。就近入学政策的落实既有利于减少学生就学的交通与时间成本,避免不必要的租房费用,也有利于实现各个学校之间的生源均衡,并倒逼义务教育的均衡化变革。正是由于严格实施就近入学政策,学区制得以逐步形成。

当前,学者从多个视角对学区的内涵进行了定义。总的来说,主要包括地理区域学区、教育管理学区、资源配置学区以及教师发展学区等四个视角。

从地理区域的视角来看,学区主要是指与学生入学切身相关的地理范围,为特定地理空间内的适龄儿童提供义务教育服务。学区划分的目标在于消除以考试成绩作为招生资格的决定因素,规定中小学生只能就读所在学区附近的中小学校。学区突破了传统的行政区划限制,使教育资源分配更加公平和合理。

从教育管理的视角来看,学区是学校之间的基础教育管理组织。部分学区作为一个独立的实体管理机构,受教育行政部门的委托,对学区内的学校进行管理,对各校资源进行统筹管理,以推动学区内部教育的高质量均衡发展。

从资源配置的视角来看,学区是教育资源共建共享的区域性单位,是人力资源和物质资源共同建设与共享的平台。学区位于"学区内所有教育资源"与"学校单一教育资源"的中间地带,通过共享硬件设施、课程和教师等资源,原先静态的学校资源转变为在学区流动的动态资源,从而提高了资源利用效率。

从教师发展的视角来看,学区是教学研究及教师培训的重要单位。通过建立教师交流与合作机制,促进各校教师的专业发展与成长。学区是一种推动教师资源管理的创新组织结构,而不仅是传统教育行政链条中的一个环节。换句话说,学区是促进教师专业发展的教育联盟组织,有助于提高教育质量和教师发展水平。通过建立沟通协作机制,推动学区内校长与教师的专业成长。借助学区平台,各校教师可进行持续性的教育教学经验与学生管理经验的交流,关注学区内的教育智慧,并促进各校教师发展。

在本书中,学区主要有两个方面的含义:首先,它指的是具有管理所属地区教育系统职责的教育行政机构,亦即地方学区;其次,它亦指传统意义上的学区概念,与众所周知的学区房所涉及的学区观念相近,即依据学校所在地以及周边生源状况,同时兼顾居民区划定的各个学校学区,亦称为入学学区。在我国,义务教育阶段实行免试就近入学原则,学区并非具备行政权力的地方教育管理部门。学区治理的实践探索已逐渐成为推进教育治理体系及治理能力现代化的关键动力。

三、学区房的由来

地方教育行政区域的概念最初源自英美国家,即地方学区,该学区内的不动产就叫作学区房。由学区房形成的教育资本化通常基于两个前提:一是教育资源的稀缺性与分布不均;二是不同地区教育的差异性和排他性。学区的存在是学区房的核心要素,逐渐演化出学区房的概念。相较于国外,我国的学区房概念较晚出现,直至 20 世纪末才进入公众视野。随着教育与住房的发展演变,学区成为人们热议的焦点,引起舆论关注。学区房的概念有广义与狭义之分。狭义学区房即指因就近入学政策的严格限制,城市适龄儿童进入重点初中、重点小学的"通行证"成为其所在学区范围内的个人房产,因此位于重点学区内的房产便被称为学区房。广义学区房则是指地方教育相关部门依据就近入学政策,学校统一招收特定区域的学生,该区域的学生无须考试即可享受本地区的义务教育,而该地区的房产等不动产均被称为学区房。在我国的制度中,学区房的产生与两个教育政策紧密相关:一为品牌(重点)学校政策;二为就近入学政策。

从我国教育制度演变的角度来看,早期的重点学校制度与政策偏向为教育资源分布不均带来了潜在的历史问题,使实行就近入学制度前,各地区和学区之间的教育资源在质量、设施等方面存在显著差异。由于经济、政治等因素,我国教育资源在空间上长期分布不均,优质教育资源的稀缺性和难以获取性问题使教育资源配置失衡。中华人民共和国成立后,为了最大限度地利用有限的资源条件、在较短的时间内推动人才建设,我国教育体制在经费、师资、生源等方面向重点学校倾斜,教育部出台了《关于有重点地办好一批全日制中、小学校的通知》《关于办好一批重点中小学的试行方案》等一系列政策文件以推动建设重点学校。这样的政策导向也使公众偏爱就读于重点学校。

公众偏爱重点学校的情况在 20 世纪 90 年代末日益加剧,出现了经济择校的现象。经济择校是指在政府制定的相关制度安排之外,为争取重点学校入学资格而进行的交易。这种做法规避了考试和户籍等强制性要求,将民众对稀缺教育资源和商业主义的追求表现得淋漓尽致。在这一时期,教育资源分布不均的问题仍未得到完全解决,加之新生人口的生育高峰助推竞争有限的优质教育资源,择校风潮愈演愈烈。择校成为一种趋势后,尽管不合法,但金钱交易择校仍然泛滥,滋生出权钱交易、教育寻租、利益交换等现象。政府出台的禁令包括但不限于采用划片等行政手段。例如,国务院办公厅转发国家教委等部门《关于1996年在全国开展治理中小学乱收费工作实施意见的通知》明确规定,"小学实行就近入学,在普及初中教育的地方,小学毕业生免试就近入学",制止跨区域招生和收费的行为。此外,政策还会根据某一区域内适龄入学儿童的数量及教育资源的配置,规定区域内每所公办学校的招生范围,并根据诸如学校生源数量变化等指标,动态地确保大多数新生能够就近入学,并及时向社会公布相关信息。

重点学校的出现可以归因于当时教育资源匮乏的时代特点,主要是因为国家在有限的教育投入和对人才需求的背景下,为了尽快培养优秀人才,将有限的教育资源集中在重点学校。随着政府财政实力的提升和社会对教育公平的关注,重点学校政策开始进行调整。2006年修订的《中华人民共和国义务教育法》明确要求"缩小学校之间的办学条件差距,不得将学校划分为重点学校和非重点学校"。然而,长期的重点学校政策导致学校间办学水平和师资力量存在显著差异,使得众多教育资源仍然倾向于流向优质学校,产生了"马太效应"。因此,学校之间的差距仍然巨大。

学区房制度的另一个关键要素是就近入学政策。1986年颁布的《中华人民共和国义务教育法》明确规定,地方各级人民政府应当合理设置小学、初级中等学校,使儿童、少年就近入学。这一规定将"重点学校"与"就近入学"紧密联系在一起。然而,在实际发展过程中,由于单位"福利分房"制度的存在,房产交易受到限制,学区房的概念并未在这个时期诞生。直至1998年,国务院对住房制度进行改革,结束了长达40多年的福利分房制度,住房制度改革正式拉开了"市场交易化"的序幕,房地产市场进入高速发展阶段,为学区房市场创造了政策环境。与美国提供水电账单或租房合同就能在相应学区的公立学校上学或付费上私立学校的制度不同,我国的学区房制度是基于购买房屋并获得产权以实现落户,仅仅租住房屋无法获得同样的权利。2006年修订的《中华人民共和国义务教育法》明确规定,地方各级人民政府应当保障适龄儿童、少年在户籍所在地学校就近入学。自此,就近入学政策通过户籍进行限制,对教育资源进行配置。基础教育通过住房产权的结合将"重点学校"与"就近入学"联系在一起,我国学区房的概念正式确立。

因此,学区房的现象是在教育资源分配不公平和现行入学制度的共同影响下产生的,学籍构成了学区房的核心价值。然而,对于单个房产而言,无论其外观、面积、楼层等基本属性如何,其所具备的学区价值是一致的。这导致了学区房具有一个起始价格,该价格由学校的教学质量决定。

学区房市场有以下几个特点:一是关注总价而非单价。总价是门槛、底线和入场券。学区房价格上涨,首先体现为最低总价的上涨。二是刚性需求占主导地位。外行人难以理解,家长们疯狂追求,不同人群对学区房的认知差异巨大,这也是学区房市场的特点之一。学区房的需求主体主要为刚性需求群体,这类群体在需要考虑上学时才购买学区房。由于价格不断上涨,也有不少人将学区房作为投资。因此,学区房的价格由真实需求推动,价格的每一次上涨都是家长用实际资金换取的,这决定了其在市场波动中具有抗跌能力。三是教学质量决定房价。尽管高昂的学区房价格导致了社会不公,但实际上,在教育资源分配不均衡的背景下,以居住地来分配优质教育资源才是最大的不公平。在某种程度上,高昂的学区房价格正是对这种不公的纠正。通过市场手段解决资源配置问题,看似残酷,但实际上是合理的。

因此,教学质量是影响房价的决定性因素。特别是对于一些新建学校,一次期中考试的成绩就足以引起周边房价的波动。

另外,鉴于各地区就近入学政策的执行程度存在差异,在我国主要城市,该政策的覆盖面更广、执行力度更大。近年来,随着部分一线城市学区房价格的迅猛上涨,昂贵的学区房已经成为许多普通家庭无法承受的沉重负担。以北京为例,这个典型的一线城市学区二手房市场交易异常活跃。尽管北京汇集了全国优质的基础教育和高等教育资源,但基础教育资源在这个城市的分布却并不均衡。优质教育资源与房地产、户籍之间的捆绑关系导致学区房产权成为子女获得高质量公立基础教育的主要依据。许多"80后""90后"年轻一代通过教育迁移在北京取得居住权,并因此获得了一定程度的经济条件和社会地位。这些新一代中产阶级家长对下一代的教育投入更加重视,他们希望通过教育让子女实现阶级的传承或跃升,使子女在人生的起跑线上占据优势地位。为了实现这一目标,除了在课外辅导和兴趣班上投入时间和金钱,购买高价学区房也成为他们采取的主要手段。为了控制学区房价格的无序上涨,2017年,北京市发改委对商品房销售明码标价情况进行专项检查,并发布公告对开发商和中介的行为进行规范,详细规定了不宣传、不炒作"学区房"概念,公司内外网屏蔽"学区房"等敏感词汇等内容①。之后,在北京各大房地产中介网站上,已经无法搜索到"配套学区"等相关信息。线上交流平台也同样严格禁止中介与购房者讨论涉及"学校""学位"等关键词的话题。这种举措在一定程度上对学区房价格的无序上涨起到了抑制作用。

---

① 北京市发改委:严禁中介一年内买卖同一套房屋[EB/OL].(2017-03-29)[2023-08-31]. https://news.cctv.com/2017/03/29/ARTINkHPH5hPeHBczFmCKAbd170329.shtml.

同时，为了解决因学区房制度导致的受教育机会不平等，政策取向开始发生一定程度的变化，许多地区开始尝试实施学区房新政策。2016 年《教育部办公厅关于做好 2016 年城市义务教育招生入学工作的通知》提出，在目前教育资源配置不均衡、择校冲动强烈的地方，要根据实际情况，积极稳妥采取多校划片，将热点小学、初中分散至每个片区，确保各片区之间大致均衡。2019 年 1 月 1 日起，北京市海淀区颁布了相关政策，新登记并取得房产证书申请入学的学生，不再仅对应一所学校，而是实行多校划片；丰台区在部分学校推行了"摇号入学"的新政策，2019 年也将在部分学校实行购置"二手房"房主子女多校划片方式派位入学，即"摇号入学"；东城区对 2018 年 6 月 30 日后新登记住房的入学资格实行电脑派位制度。然而，学区房的需求并未因政策出台而减少，强烈的需求与房源稀缺共同推动了北京学区房价格居高不下，即使在严格调控的市场环境下房价依然坚挺。将"择校"转变为"择房"，是许多家长对教育资源分配不公和教育体制单一的无奈妥协。

时至今日，基于就近入学政策，优质教育资源分配模式已从过去的经济择校转为"购置房产以选择学校"。全国各地普遍存在学区房现象，不仅限于一线城市。学区房本质上属于居住性质，是房地产市场的一种衍生产品。然而，受到就近入学政策的严格约束，期望子女成才的家长对学区房的热衷推动了优质学校周边的住宅价格上涨，从而导致学区房资本化。这反映出优质教育资源分配不均、教育资源垄断以及社会阶层固化等问题，这些问题也成为教育改革所面临的制约因素。

四、公共服务供给与教育资本化

(一)公共服务供给的教育属性

一般而言,社会产品可划分为公共产品、私有产品以及介于二者之间的混合产品。公共产品是指全体社会成员共同享有的消费品,每个人对该类产品的消费并不会减少其他人对其的消费,它具备两大特性:消费的非排他性和非竞争性。相对而言,私有产品则表现出消费的排他性与竞争性特征,而混合产品则介于二者之间。政府所提供的纯公共产品,特别是行政部门,主要通过公共生产与公共供应的方式来提供公共服务或劳务。

从我国公共服务政策的发展脉络来看,自党的十六届三中全会以来,公共服务逐渐被明确为政府职能的重要组成部分。公共服务主要是指政府、非政府公共组织经法律授权,以及相关工商企业运用公共财政或公共资源为全社会成员提供纯粹公共物品、混合性公共物品以及特殊私人物品的一系列公共活动,以及在这些活动的生产和供应过程中所承担的责任。

对于公共服务而言,又可分为基本公共服务和一般公共服务。基本公共服务是指基于一定的社会共识,在一个国家的经济社会发展阶段和总体水平下,为保持经济社会稳定、基本社会公正和凝聚力,维护个人最基本的生存权和发展权,实现人的全面发展所需的基本社会条件。这包括义务教育、就业服务、社会保障等,它们是当前我国基本公共服务的主要内容。除基本公共服务之外的服务均属于一般公共服务,如国防、高等教育、一般应用性研究等。

党的十七大进一步提出了"加快行政管理体制改革,建设服务型政府"的战略目标,将服务型政府建设从地方实践探索提升至国家战略层面,并将其视为行政管理体制改革的方向。在这一阶段,服务型政府主要强调政府从"管理型"向"服务型"的转变,包括服务理念、服务模式、服务方式等方面的全方位改革。因此,在这一背景下,公共服务涵盖了政府在执行公共事务管理过程中的全面职责和角色。

党的十八大提出"建设职能科学、结构优化、廉洁高效、人民满意的服务型政府",并将"健全基本公共服务体系"视为"加强和创新社会管理,推进社会主义和谐社会建设"的重要途径。这一阶段将服务型政府建设与社会建设有机地结合在一起,赋予了服务型政府新的内涵。在这一发展过程中,公共服务作为政府职能与服务型政府作为政府理念和属性被置于同一层次,既包括广义上的政府提供的所有服务,也特指政府在保障民生改善方面承担的基本公共服务。

党的十九大报告中明确提出,要"完善公共服务体系,保障群众基本生活,不断满足人民日益增长的美好生活需要,不断促进社会公平正义,形成有效的社会治理、良好的社会秩序",彰显了公共服务体系完善是提高社会治理质量的关键途径。2018年,政府工作报告关于公共服务供给方式创新、机制优化、体制改革、能力提高等方面的论述成为焦点。

党的二十大报告强调,要"着力解决好人民群众急难愁盼问题,健全基本公共服务体系,提高公共服务水平,增强均衡性和可及性,扎实推进共同富裕"。教育部部长怀进鹏强调,要坚持以人民为中心发展教育,加快建设高质量教育体系,发展素质教育,促进教育公平,优化区域教育资源配置,着力解决人民群众急难愁盼的教育问题①。

---

① 怀进鹏.为全面建设社会主义现代化国家贡献强大教育力量[N].光明日报,2022-11-30(4).

使全体社会成员享有大致平等的基本公共服务,确保每个人的基本生存和发展权、确保社会的公平和正义,是实现基本公共服务平等化的目标。政府应当为广大民众提供基本、分阶段、具有不同标准但最终达到基本平等的公共产品和服务。实现基本公共服务平等化的关键在于政府充分发挥保障公民在生存、健康、居住、受教育、工作和资产形成等六项基本权益方面的作用。在教育服务体系方面,政府应努力逐步实现基本公共教育服务平等化,以缩小地区之间的差距。基本公共教育服务平等化的目标是让全体社会成员享有基本相等的公共教育服务,保障每个人的基本教育权益,确保社会公平和正义得以实现。为了推动教育基本公共服务平等化,政府需要完善相关政策措施,健全教育服务体系,完善教育服务监管与绩效评估机制,提升教育服务能力,合理配置教育资源。义务教育作为纯公共产品,在当前社会发展阶段是政府应当向全民提供的最基本的公共教育服务之一。在这方面,政府有责任确保每个公民享有平等的受教育机会,使全体社会成员都能够接受优质、平等的教育服务,为社会的持续发展和进步奠定基础。

(二)基础教育的资本化

资本化现象指的是高品质公共服务和公共品逐步内化,体现在不断上涨的房地产价格中。公共服务资本化起源于蒂伯特选择问题。在经济学家萨缪尔森、曼昆等人的研究中,他们认为公共物品容易出现"搭便车"现象。这种现象意味着个人倾向于隐瞒自己的偏好,以便在不承担公共物品使用成本的情况下获益。由于市场失灵和外部性,政府部门通常负责提供公共物品。公共服务资本化理论为当前社会人们非常关注的学区房现象及其日益高涨的住房价格提供了合理解释。

众所周知,城市住房价格差异的关键因素是区位,而区位差异很大程度上通过公共服务供应来体现。学术界早已达成共识,即地方政府提供的公共服务数量和质量在一定程度上会以"资本化"的形式反映为当地住房价格。义务教育阶段的公立教育资源仍以公益性为主导,具有一定的排他性和竞争性。为争取入学权,人们在国内购买学区房或在国外购买或租赁学区房,这是义务教育资源在房价中资本化的主要形式。因此,一般学区内的住房购买价格基本上不会因学校的教育质量产生额外溢价,公益性更加突出。然而,优质学区内的住房价格会包含因优秀学校的教育质量产生的溢价,这种溢价的确使优质公立义务教育资源在一定程度上具备了"一般商品"的市场性。

考虑到教育服务在文化和阶级再生产、阶级流动方面具有极为重要且特殊的作用,教育资源,特别是优质的义务教育资源对我国城市住房价格产生了显著的资本化效应。尽管在英国、美国等西方国家也出现了类似的资本化现象,但由于租购同权和学区规模等因素,其资本化程度可能略低于我国。在国内公立义务教育阶段,各级各类学校构成了教育资源的主体。从稀缺资源的视角来看待学区房问题,教育资本化的本质是教育资源的稀缺性和分布不均。当前,我国义务教育阶段小学招生坚决执行就近入学的政策,尽管在一定程度上限制了重点小学的择校现象,但由于优质小学资源相对缺乏且分布不均,家长为了让孩子进入更好的学校,不得不参与争夺名校学区房的竞争。尽管基础教育本质上属于公共服务,但由于优质资源的稀缺和分布不均,教育资源在分配过程中逐渐呈现"资本化"特征。这导致部分学区房的定价不再仅仅取决于房屋本身的楼层、朝向和所处地段等因素,而更依赖于其所能带来的入学资格以及该资格的市场价值。

从根本上说,无论是通过缴纳赞助费选择学校,还是通过购置学区房选校,这些方式都导致原本是政府提供的公共教育资源需通过

"消费"手段来获取。教育资源的"资本化"和随之而来的"消费化"现象使得经济条件较好的家庭能够通过购买房产就近进入优质学校,而经济条件相对较差的家庭则无法获得高质量的教育资源,使得孩子处于不利的"起跑线"。教育资源的资本化是教育供给的垄断所导致的。从教育资源的角度来看,将其"资本化"后作为商品按照市场价格出售并无不妥,因为市场竞争的"无形之手"能够推动教育资源的"价格"趋于合理。然而,目前在部分城市,有学校与房地产开发商合作,在开发商的楼盘内直接设立新的学校,这使得开发商凭借拥有名校而提高房价,教育部门也可以免费获得校舍等固定资产,购房者则不得不支付"垄断价格"来获取这部分优质教育资源。

总的来说,我国的基础教育资源经历过一场"资本化"过程,其逐渐从公共品转变为消费品,使房屋价格中包含了教育资源的价值。在我国一线城市,教育资源资本化现象日趋明显,优质教育资源会对所在地区的房价产生显著的提升作用。与此同时,教育资本化呈现出明显的"沉淀效应"。教育资源配置一旦确定,对房价的影响具有持久性。区域内教育资源沉淀得越多、时间越长,则房价越高,且随着时间推移,教育资源对房价的推动力会愈发明显。教育资本化实质上是教育资源的"垄断溢价"。一方面,优质教育资源的稀缺性和分布不均以及相关制度原因导致教育资源被"资本化";另一方面,政府对教育资源的垄断和市场供应受限使得消费者只能通过购买住房、承担超高的"垄断价格"以获取教育资源。优质教育资源明显推动了房价的增长。教育资源丰富的区域房产房价具有更高的增长率,长期看来具有较高的投资价值。因此,从房屋保值增值的角度考虑,投资者倾向于投资教育资源丰富的区域房产,从而进一步推动了我国教育资本化。

第二章 学区制的理论基础

一、马克思主义公平思想

19世纪中叶,随着无产阶级与资产阶级矛盾的加剧,马克思主义逐渐崭露头角。马克思站在与资产阶级公平观相对立的立场,提出了真正关乎人类自由全面发展的公平观,这一观点与资产阶级学者的见解迥然不同。在《德意志意识形态》《共产党宣言》与《资本论》这些著作中,集中阐述了马克思对公平观的深入研究。马克思认为,随着生产力的持续进步及其潜力的充分发掘,人类社会将不可避免地超越资本主义生产关系,进入共产主义社会,实现真正意义上的公平。这需要通过"颠覆一切旧的生产关系和交往关系的基础",推翻资产阶级的统治,消灭剥削,解决阶级对立问题,最后实现人的自由个性的解放,使整个社会达到真正的公平。公平本身是在处理彼此关系时,不同实践主体形成的双方或多方皆可接受的规则与观念。公平受限于一个国家特定的社会经济结构、政治结构、文化结构等因素,具有相对性、历史性和客观性。社会公平的实现程度总是与特定的社会制度相联系,它是一个历史演变的过程。

　　尽管马克思与恩格斯并未直接对教育问题进行系统阐述,但在探讨社会公平问题的过程中,他们确立了包括教育权利、教育机会均等、社会教育和个人全面发展等在内的教育公平观念。马克思主张,教育公平应建立在一定社会生产力发展水平的基础之上,受制于物质经济基础、上层建筑和意识形态的发展条件。在这些条件允许的范围内,应最大限度地确保和实现教育公平。马克思主张"教育平等是'人类发展的正常状态'以及每个公民的'真实利益'"[①]。他认为,教育对于人类发展和社会进步是必不可少的,而且每个社会成员,无论其职务和收入高低,都应该平等地享有这一基本权益。"用国家资金为所有儿童提供普及教育,使他们能够成为独立的社会成员,这对贫困阶层来说是公平的,因为每个人都有全面发展自己能力的权利。"[②]因此,马克思和恩格斯强调,教育公平对于无产阶级实现自我使命、推动社会发展具有重要意义,同时也是实现人类解放和迈向自由之路的驱动力。因此,保障无产阶级的受教育权利是他们的重要课题,他呼吁无产阶级团结起来,为教育公平而奋斗。

　　从马克思主义的视角来看,社会历史进程中的教育公平受到生产力与生产关系阶段性制约、社会结构阶级性及特定社会人为因素的影响,这主要体现在以下几个方面:一是教育公平的实现水平受制于生产力发展阶段。马克思依据社会生产关系将西欧社会划分为原始社会、奴隶社会、封建社会和资本主义社会。这种划分虽非普遍适用,但具有代表性。在不同社会形态中,教育资源总量及分配方式存在显著差异,这导致教育公平程度存在巨大不同。二是自阶级诞生之时起,不同社会的阶级状况各异,同一社会的不同历史时期阶级结构与层次

---

　　① 　上海师范大学教育系.马克思恩格斯论教育[M].北京:人民教育出版社,1979:127.

　　② 　上海师范大学教育系.马克思恩格斯论教育[M].北京:人民教育出版社,1979:55.

差异也导致教育水平的不均衡。此外,教育具有阶级性,它传递统治阶级的思想价值观,维护现有社会秩序并具有社会整合功能。这使教育无法充分维护所有人的受教育权益,呈现出一定程度的偏向性。总的来说,在社会体系中长期处于被压迫与剥削地位的阶级,其教育资源分配和所受教育程度相对较低。三是在特定社会环境中,人为因素也会导致教育公平问题。例如,在社会主义市场经济背景下,教育产业化虽提高了教育总量,但同时也产生了新的教育不公现象。回顾人类历史,教育不公的根本原因主要集中在马克思强调的"三大差距"(工农差距、城乡差距、脑力劳动与体力劳动差距)的历史现实中。这些差距导致了普遍的社会不平等,因此教育不公也成了普遍的客观现实。

马克思对未来社会主义公平教育的设想是马克思教育公平思想的现实指引,并在批判与建设的逻辑路径和理论维度中得以体现。一方面,实现教育公平的基础是确保每个人都有平等的受教育权利。一个社会的教育公平与公正程度是衡量其公正性的关键指标。教育公平不仅涉及每个人都拥有平等的受教育权利和相对公平的受教育机会与条件,还包括平等的教育成就机会和效果。其中,平等的受教育权利是实现教育公平的基石。在对资本主义社会教育不公进行批判的过程中,马克思揭示了机器大工业使众多童工失去了接受教育的权利,无法获得平等的教育资源,导致大量未成年人的智力被浪费。因此,在设想未来社会教育事业时,马克思首先关注未成年人的基本受教育权利。在《共产党宣言》中,马克思提出在新社会的初期要"对所有儿童实行公共的和免费的教育。取消现在这种形式的儿童的工厂劳动"①。这实际上意味着在新社会中,每个儿童都应该拥有接受教育

---

① 马克思恩格斯文集(第二卷)[M].中共中央马克思恩格斯列宁斯大林著作编译局,编译.北京:人民出版社,2009:53.

的权利,而免费教育将促使儿童更容易获得平等的教育资源。因此,在马克思看来,拥有平等的受教育权利是实现教育公平的基本条件。另一方面,培养自由且全面发展的个体是教育公平所追求的价值目的。马克思主张,在资本主义社会中,对劳动阶级后代进行教育的直接宗旨在于使劳动阶级变得更为强大,通过科学技术、知识文化为劳动阶级武装头脑,提高劳动阶级的整体素质,增强他们与资产阶级抗衡的实力,将国际工人运动推向新的高度,解除束缚无产者的枷锁,创立无产阶级专政的新型社会。关于未来社会教育的目标,马克思在《资本论》中提出:"未来教育对所有已满一定年龄的儿童来说,就是生产劳动同智育、体育相结合,它不仅是提升社会生产的一种方法,而且是造就全面发展的人的唯一途径。"①在共产主义社会中,得益于科学技术的进步,社会生产力获得高度发展,人们为满足生活需求而减少劳动时间,从而使人的自由活动时间大幅增加,人们有更多的时间自发学习,享受公平的教育,投身于科学、艺术等创造性活动。在这种情况下,公平教育成了实现自由且全面发展的人的关键途径,而培育自由且全面发展的个体成为教育公平所致力实现的价值目标。

中华人民共和国成立以来,党和政府领导人继承并弘扬了马克思主义关于教育公平的思想。党的十八大以来,中国特色社会主义进入新时代,要进一步确立教育公平的理念,并以此为核心推动教育制度改革,关注对弱势群体教育权益与机会的保障,实施教育扶贫、教育资助等措施,大力弘扬教育公平理念。党和政府致力于为人民办好教育,提供满足人民需求的优质教育,推动学区制改革的同时降低学区房炒作、统一学校建设标准、缩小城乡教育差异,确保最广泛的人民群众享有教育的获得感,这一直是党和政府努力的方向。

---

① 马克思恩格斯文集(第五卷)[M].中共中央马克思恩格斯列宁斯大林著作编译局,编译.北京:人民出版社,2009:556-557.

二、新制度主义理论

根据新制度主义代表性学者诺斯的观点，一个新的制度能否取代原有制度受到诸多因素的制约，其中，主体的有效性——主体愿意并具备实现变革的能力，成为制度变迁的核心要素。同时，在新制度经济学的视角下，利益关系的调整会影响到利益相关者之间的供需平衡和协商效果，最终引发制度规则的重塑或彻底改革。换句话说，仅当某一制度已确立并形成相对稳定的利益平衡关系时，要用新制度取代旧制度，必须具备足够的动力和能力打破现有的利益平衡关系，并通过谈判与博弈建立新的利益平衡，制度变迁方可实现[①]。在制度变迁过程中，若利益受损，既得利益者将成为新制度建设的有力反对者。

新制度主义学派认为，教育组织不仅是技术环境所孕育出的产物，同时也是制度环境下的结果。组织制度化的表现不仅体现在政策从上到下的执行过程中，也反映了组织或个体持续地接受并采纳外部所认可或认同的方式、实践或"社会事实"。学区制作为一种依托地域性学校共同体自主办学的组织管理模式，是建立在现代学校制度基础之上的教育现代化治理结构，其目标是打造优质、富有特色、均衡发展的学区[②]。学区制的制度化进程是指学区组织逐渐吸纳政策导向，最后达到与政策设计相吻合的稳定状态。

根据新制度主义理论观念，在新旧制度产生冲突的情况下，新制

---

① 陈武林,苏娜,谭美瑶.均衡发展视域下"学区制"实施的制度隐忧与突围[J].中国教育学刊,2016(7):27-31.

② 赵新亮,张彦通.学区制推动区域教育优质均衡发展的理论与机制[J].教育理论与实践,2015(28):28-31.

度是否能替代旧制度并完成制度变革,不仅取决于新制度本身配置效率的优缺点,还取决于制度主体的动力、能力以及对旧制度依赖程度的降低。在特定的经济环境中,"学区制"的内涵暗示着改变当前行为规范和所有权结构的推动力,其追求制度变革的结果势必导致在新规则下对利益关系的重新分配。因此,这给学区制度化过程带来了一系列的挑战①。

一方面,现有的组织运行模式并不能充分满足技术协作方面的需求。部分教育管理部门和学校在实行学区制时,主要出于对政府要求的执行,而非真正基于学校之间技术协作的迫切需求。在这种情况下,上级政府的要求成为基层政府开展学区工作的主要依据和驱动力。对于学校而言,参与学区的过程更多是为了响应政府的号召。由于学区的建立并非完全基于技术所有者之间的技术协作需求,学区内部的动力与外部的合法性之间便产生了冲突。这导致参与学区的学校在实施过程中不断采用偏离政策设计的方法,进而出现分化现象。在组织设计方面,各区县已经制定了学区章程草案,并在这一基础上构建了各校权责基本均衡的治理结构。在实际操作过程中,牵头学校承担了大部分组织工作,包括学区章程和规划的起草,具体活动的设计、实施以及总结等环节,虽然成员学校也参加了会议和活动,但在决策和执行过程中,他们的参与相对较为被动。在牵头学校看来,这种现象是为了完成政府任务的无奈选择;而在成员学校看来,这种参与更多是为了"配合"牵头学校,表现出一种"敷衍"的策略。

这种失衡现象导致了治理结构设计与实践之间的分离。在教育教学科技领域中,学区在一定程度上促进了课程资源的共享。然而,这种共享主要集中在特色课程和文体活动上,而较少关注与升学密切

---

① 陈婧,夏彧.学区制度化困境的多重逻辑分析[J].教育学报,2021(2):129-140.

相关的核心课程。实际上,正是这些核心课程才是民众评价"优质学校"的关键要素,同时也是教育公平与质量的重要焦点,更是政策所需解决的实质性问题。然而,在资源交流方面,学区选择性地回避了政策对技术协作的要求,未能满足学校发展的核心技术需求,从而导致形式主义的参与。这种回避政策的做法削弱了学校在教育教学科技领域的交流与互动,与政策初衷相悖。这也意味着,在实际操作中,学区的资源共享与合作并未真正实现提升教育教学质量和促进教育公平的目标。

另一方面,组织运行与组织框架之间存在脱节的现象。评估和监督本应成为确保组织效能、协作稳定性和可持续性的关键环节。然而,在现实中,基层政府与学校普遍采用抽象或形式化的方式进行评估和监督,较少在推动相互依赖的技术交流与产出方面开展实质性工作。在评估方面,学区未能建立一套有效的内部互评制度,过分依赖政府进行的外部评估。尽管外部评估试图加强政府问责机制,但在评估内容和方法上却导致评估目标模糊、空洞以及被替代,使得评估流于形式。这种现象不仅削弱了评估对学区工作的促进作用,还可能导致学区内部的资源分配与合作失衡。政府对各学校进行单独评估,仅以是否参与学区为标准,这种做法无法全面审查学区的整体工作,也难以区分不同单位与个人在学区发展中的具体贡献。

在监督方面,内外部监督制度的不完善为机会主义行为提供了可乘之机。在学校之间,内部监督机制处于真空状态。例如,学区章程未涉及内部监督机构与机制的设计,财务、人事等核心信息在学校间缺乏充分共享,导致大多数学校在监督方面缺乏信息支持。这种状况使监督的实质性工作难以开展,进而削弱了学区制度的实施效果。从外部监督来看,尽管学区章程将教育局和社区设为监督主体,但实际成效甚微。区县教育局将评估与监督合并,同时难以掌握评估监督对象、指标和技术,这反映出行政部门对新兴学区制度的适应能力不足。社区受到信息机制的限制且无行政效力,因此难以真正发挥监督职能。正是因为缺乏有效的监督机制,追求个人利益的机会主义行为时有出现。现有的监督机制仅能反映学校"是否完成"任务,而无法检视"如何完成"以及"完成情况如何",从而导致诸如"搭便车"等不良行为在制度漏洞中隐匿起来[①]。

总体而言,依据新制度主义理论,制度总是在从均衡到非均衡再回到均衡的演进过程中,而制度演变的驱动力源于主体追求最大化潜在利益。现行制度无法实现最大收益,制度出现非均衡状态,从而催生制度变革的需求。在制度适应性不足的背景下,我国原有的义务教育发展制度受到路径依赖和制度惯性的影响,过分关注效率,忽略了教育公平原则的重要性。特别是在当前的义务教育阶段,传统公共政策的影响使得学校发展出现分层化趋势,人为地破坏了义务教育的普及性、公益性和公平性等核心特点。在这种情况下,原有制度下实施的调整政策难以从根本上解决择校问题。

以学区为基本单位的管理制度有望有效推动学区内学校之间的公平竞争和形成办学特色,使校长树立危机意识,激励学校努力提高办学水平。这将有助于解决择校、教师流失等问题,同时在一定程度上拓宽家长、学生的教育选择范围,提高教育公众满意度。目前已经出现了一批理念先进、机制创新、具有示范意义的学区,在一定程度上促进了校际课程和师资交流。然而,在实际运作过程中,学区制面临制度实践困境,仍难以突破既得利益群体影响下的资源分配模式,存在制度化困境。为了摆脱这些困境,学区制需要通过制度变革激发教育共同体的巨大潜能,使得利益在调整后的体制中更加均衡地分配,

---

① 陈婧,夏彧.学区制度化困境的多重逻辑分析[J].教育学报,2021(2):129-140.

从而提高体制活力。这将有助于推动我国义务教育制度朝着更加公平、高效和可持续的方向发展。

三、利益相关者理论

利益相关者理论源于公司的社会责任之争。1960 年以后,像英、美两国这样长期奉行外部控制型公司治理模式的国家通过利益相关者理论把企业管理从"以股东为中心"转为"利益相关者主义"。1963年,斯坦福大学研究所(Stanford Research Institute,SRI)对利益相关者做出了明确的定义:企业除了所有者和代理人还有其他一些利益群体,企业需要有他们的支持才能有序的运行,即利益相关者的存在实际上就是维系企业生存的相关团体。在此之后,利益相关者理论得到了进一步发展。瑞安曼认为,企业与其利益相关者的利益高度捆绑,企业依靠利益相关者来实现盈利目标,利益相关者则依赖企业以获取收入并实现个人价值。瑞安曼让研究者认识到可以在不同的视角下对利益相关者进行定义,而不只是单纯的"影响企业生存"这一视角。弗里曼在《战略管理:利益相关者方法》一书中对利益相关者进行了广义的诠释,他认为组织的利益相关者是指"那些能够影响组织目标的实现或受组织目标的实现影响的个人或群体"[1]。由于利益相关者来自不同的主体,各方主体拥有资源的多寡各不相同,因此对组织的影响也有强弱之分。查卡姆与弗里曼的观点略有不同,他认为利益相关者是那些在企业中具有实物资本、人力资本、财务资本等资本份额,并且在企业的经营中承担了部分风险,因此享有参与企业治理决策的权

---

[1] 弗里曼.战略管理:利益相关者方法[M].王彦华,梁豪,译.上海:上海译文出版社,2006:99.

力的主体。他还提出，股东、股票及债权持有人、雇员、行业团体和顾
客都是企业经营的利益相关者，还包括社会公众和媒体等外部环境主
体，他们都会对企业的经营活动产生直接或间接的影响①。米切尔等
人综合了各学者对利益相关者的观点，提出了"米切尔评分法"。该评
分法是现今运用最多的利益相关者理论的工具性方法。他们认为，组
织的利益相关者必须具备合法性、影响力和紧迫性的全部或某种特
性，如果同时拥有这三种特性则被称为确定型利益相关者；有三种属
性中的任意两种，被称为预期型利益相关者；只具备三种属性中的其
中一种，被称为潜在型利益相关者。通过该方法，使得利益相关者理
论具有更强的可操作性②。

　　尽管利益相关者理论源于企业管理领域，但"利益相关"现象并非
仅限于企业内部。在其他行业中，只要存在需求和竞争，便会涉及各
利益相关者之间的博弈，因此，该理论逐渐成为管理学研究的关注焦
点。简单来说，利益即为好处，与之密切相关的则是人们的需求。由
此可见，利益可定义为人们为满足生存和发展所产生的各种客观需
求。人类需求具有多样性，利益因而具有多个层面。通常而言，寻求
利益、避免损失是人类的本能行为。因此，在某种程度上，人们追求的
一切皆与自身利益密切相关。进而，追求利益成为人们的驱动力，也
是推动人类活动发展的动力。需求构成了人类利益的心理和生理基
础，可以认为需求是利益的基石，利益则是需求的社会表现形式。换
句话说，心理和生理需求得到满足的过程便是利益产生的过程。在学
区治理中，众多利益相关者的博弈表现为诸如争夺学区房、制定学校

　　① Charkham J. Corporate governance: Lessons from abroad[J]. European Business Journal, 1999(4):8-16.

　　② Mitchell R，Agle B，Wood D. Toward a theory of stakeholder identification and salience: Defining the principle of who and what really counts[J]. Academy of Management Review,1997(4): 853-886.

招生划片规则等,涉及不同群体的利益。在难以满足各方需求的情况下,利益相关者在规则制定过程中将展开激烈博弈。

教育需求反映了人们在不同时间和社会环境下对教育理想或目标的期待。当教育理想和目标实现或部分实现时,需求往往会产生新的变化,这是一种普遍现象。在教育领域中,教育是利益的客体,教育及其管理活动则是利益的中介,而利益相关者是利益的主体。要满足学区教育利益相关者的需求,学区管理者必须通过各种教育及其管理活动,确保学区提供的教育服务(即教育利益客体)满足教育主体(即利益相关者)的需求。因此,在学区管理或组建过程中,首先要明确实现学区善治所涉及的利益相关者,以及哪些利益相关者可以加入管理或决策层,哪些人可以作为顾问为决策提供信息。通常情况下,学区教育利益相关者可分为三个层次:第一层是教育系统内部的利益相关者,如学生、教师、学校、家长、教育行政管理者和学区管理者;第二层是政府中为教育供给和投入提供保障的组织机构以及个人;第三层是社会相关人员,如社区居民和热心人士等。为了优化学区管理制度,应尽可能满足各利益相关者的需求。

在制定和执行学区政策的过程中,学区管理者需对利益相关者进行分类,并针对不同情况进行区分。学区的任何决策都会涉及多方利益,因此学区管理者需要明确区分强利益相关者与弱利益相关者。通常来说,应优先满足强利益相关者的教育需求,并适当降低弱利益相关者的教育需求重视程度。以学校招生划片为例,学生、家长以及学校属于强利益相关者,而房地产商和政府非教育行政部门则属于弱利益相关者。在制定学校招生范围标准时,应优先考虑强利益相关者的需求;当强利益相关者之间存在意见分歧时,应根据国家招生政策进行裁决。利益相关者的强弱属性会因时间和情境而变化,其地位并非固定不变。例如,在争取学区学校更多教师编制的过程中,负责编制的政府部门便成为强利益相关者①。由此可见,正确识别利益相关者是应用利益相关者理论的首要任务。

四、治理理论

治理这一术语最早起源于古典拉丁文与古希腊语中的"掌舵"概念,表示控制、引导和操控,长期以来与统治相互交融,并主要应用于与国家公共事务相关的管理和政治行为。20世纪90年代起,伴随全球化发展、所谓"公民社会"崛起以及政府和市场交替失灵的管理危机出现,西方政治学与经济学学者为"治理"赋予了新的内涵,与"统治"的含义截然不同。作为政治概念,"治理"的最大优势在于"以温和方式表述敏感政治议题"②,这也是"治理"一词广泛传播的关键原因。1995年,全球治理委员会发布名为《我们的全球伙伴关系》的研究报告,在报告中对"治理"一词进行了阐释:治理为公共或私人机构处理共同事务的诸多方式之总和,为实现相互冲突或不同利益的调和并采取联合行动的持续过程③。这不仅包括具有强制性的正式制度与规则,还包括人们认同或认为符合其利益的非正式制度安排。治理具有四个特征:一是治理并非规则体系或活动,而是过程;二是治理过程的基础非控制,而是协调;三是治理涵盖公共领域与私营领域;四是治理非正式制度,而是持续互动。此解释强调了治理作为公私部门共同参与的动态过程。

---

① 郭元婕.学区化管理研究[M].北京:科学出版社,2021:26-27.

② 李泉.治理思想的中国表达:政策、结构与话语演变[M].北京:中央编译出版社,2014:94.

③ Commission on Global Governance. Our Global Neighborhood: The Report of the Commission on Global Governance[M]. New York:Oxford University Press,1995.

治理理论的重要奠基人之一罗西瑙认为:"治理为管理机制在一系列活动领域中的体现,与统治有所区别。治理虽未获得正式授权,但依托共同的目标与愿景支撑其行为,能够发挥有效作用"①。治理实质上是指政府部门与非政府部门等多个行动主体为实现和提高公共利益而相互协同的合作管理模式。在这一模式中,各方在相互依赖的环境下共同处理公共事务、共享公共权力,实现由被动管理向主动参与的转变。学区建设作为教育治理的一种典型形式,充分体现了治理理论在教育领域的应用。教育治理的目标是明确教育治理主体及利益相关者的职责与权力,确保教育系统在相互制衡的格局中稳定运行②。学区建设是教育治理的一种典型形式,体现了治理理论在教育领域的运用。

党的十八届三中全会提出"推进国家治理体系和治理能力现代化"。教育作为准公共产品,既要确保教育的公共性,同时也要保障教育产品的质量,提升教育效率。党和国家提倡从"管理"向"治理"的转变亦适用于学区这一教育单位。将治理理论体系延伸至教育领域,在学区化改革中进行地区教育治理的基层探讨,具有极高的价值。地方教育行政部门通过设立学区,将基层与教育相关部门及各类社会组织紧密联系,共同参与地方教育治理,揭开了地方教育共治的新篇章。

一般来说,学区治理既要求内部权力分配的有效性,也需要适应外部环境。一方面,通过各学校之间职责、权利与义务的划分,促进学区内部治理;另一方面,在良好制度环境的基础上,政府监管与利益相关者监督共同构成学区的外部治理。无论内部因素还是外部环境都处于动态变化之中,因此学区治理需要进行自我调整,以适应内部因

---

① 罗西瑙.没有政府的治理[M].张胜军,刘小林,等译.南昌:江西人民出版社,2001:5.

② 黄传慧,鲍传友,叶铖垒.多元主体参与下的学区治理困境与突破:一个案例的研究[J].教育学报,2019(6):104-111.

素和外部环境的变化。教育治理旨在明确不同治理主体与利益相关者的权利与责任,建立有效的相互制衡关系,确保教育系统的健康运行。学区组建体现了教育治理形式,教育管理部门应正确理解教育行政机构、学区、学校和社区各自的功能与职责。教育行政机构负责确立教育事业发展的目标和方向,保障教育发展条件,如基础设施、师资和经费等;学区负责协调区域内学校的优质资源,实现人才的灵活交流和资源的合理共享;学校充分发挥教学自主权,努力提高教育教学质量,促进学生的全面发展;社区参与教育行政机构与学校对教育事业的管理,承担咨询、建议和监督等职能。如此,学区化办学彰显了多元综合治理的理念,在不增加新的管理层次的基础上,由单一行政部门管理向多元治理转变。

地方政府应围绕激发学区管理活力、增强学区发展动力和推动教育资源合理配置等方面进行区域内教育治理。通过多元主体共同参与办学加强教育与社会互动,逐步构建"政府监管、学校运营、社会评价"的教育治理体系。作为承担政府部分教育管理职责的一级组织,学区能协助政府将教育从传统管理模式转向现代治理模式,使我国中小学教育管理在"主体""权力来源""权力运行方向"和"运作模式"等方面实现转型。在治理理念的指导下,学区的内涵逐步从简单的学区划分向管理实体转变,政府对学区的认识也从被动的"划分学区"向主动的"组织学区"演进,这是我国教育治理体系建设的实践探索,也是实现教育治理体系现代化和创新区域教育管理体制的重要尝试。部分学者主张,应以学区为基本单位建立现代化的教育治理体系,由单一行政部门管理向多元治理转型,将学区与社区紧密融合,构建教育与社会的联动机制。

总的来说,学区制是当前中国义务教育治理改革的关键路径。将治理理论与利益相关者理论相融合,建立区域层面的系统规划、资源整合和多元治理的教育格局，激发多元主体的参与积极性，鼓励政府、学校、家长、社区等共同参与教育公共事务管理并承担各自相应责任，以实现教育公共利益的最大化，逐步实现平衡、持续和共享的教育治理愿景。

五、社会分层理论

社会分层（social stratification）可以理解为社会成员和群体因占有不同社会资源而形成的层次化或差异化现象，特指基于法律和法规的制度化社会差异体制。此外，社会分层还体现为经济收入、社会声誉、教育机会等资源在不同群体之间的不平衡和不平等分配。社会分层理论是社会学领域的一个核心理论，涵盖了社会流动和分层的社会结构[1]。学术界普遍认可马克思和韦伯在社会分层理论研究上的理论和框架贡献，但他们对该理论有不同的诠释。

马克思的阶级理论在古典经济学和历史学的基础上，更侧重于分析阶级的本质关系，涉及哲学、经济、社会和政治等多个方面。他从唯物史观的角度认为，以经济地位为主导因素的生产方式是导致社会不平等的根本原因，从而引发社会地位和政治地位的不平等。社会成员的地位差异基本上可以通过其拥有的财富来判断。马克思主张，阶级存在导致社会结构呈现出对立的两极模式，即统治阶级与被统治阶级的对立。由于阶级在经济结构上的划分，社会成员的经济地位各异，进而出现社会和政治地位的差距[2]。马克思的社会分层理论从社会整

① 伦斯基.权力与特权:社会分层的理论[M].关信平,陈宗显,谢晋宇,译.杭州:浙江人民出版社,1988:5-10.

② 李强.社会分层十讲[M].北京:社会科学文献出版社,2008:1-5.

体视角动态地把握阶级变化的规律及其影响。韦伯的社会分层理论主要依据三个维度进行划分:经济、社会地位和政治力量,即财富、声誉和权力。社会分层主要源于经济资源的不平等分配。在韦伯看来,经济因素主要体现在财富和收入上,地位分层则从生活方式、教育程度和职业声望等方面反映社会地位,而政治力量则涉及在政治领域中获取权力地位和各种利益的能力及手段。韦伯主张,阶级的核心在于经济实力,这决定了个体的经济地位以及阶级地位。在阶级内部,根据经济实力的差别,可以划分为若干大类群体,包括掌握资本、产品、管理技术和劳动力等方面的群体。因此,韦伯的阶级划分相较于马克思的两大阶级划分更为细致,意味着群体间的矛盾和对立相对较弱,不如两大阶级间的矛盾尖锐,同时阶级被分成更多细分的群体。

从教育的角度而言,其具备选拔人才的作用。然而,选拔功能的实现并非完全取决于个人需求和自主控制,而是受到个人能力、家庭背景、考试制度等多重因素制约。教育也能推动社会流动,使处于社会底层的群体有机会通过教育提高自身的社会地位,助力其向上流动。同时,教育也有助于中上层群体巩固或提升现有的社会地位。选择优质教育将极大地增加人们实现上升流动和获得良好教育资源的机会,因此家长都希望为子女选择一所优秀的学校。对于中产阶级而言,他们不仅承受着向上流动的压力,更面临失去中层地位的风险。中产阶级的资本储备相对上层阶级较为不足。在这种困境中,他们将子女教育视为首要任务,因为大部分中产阶级通过积累文化资本获得社会地位。中产阶级在面对向上流动困难的同时面临阶层地位丧失的风险,在这种情况下,对子女教育的投入成为维持自身社会经济地位的选择,能够在一定程度上缓解中产阶级的焦虑。尽管中国社会分层结构目前逐渐向橄榄型转变,但实际上仍然更接近金字塔形,底层群体在中国社会占比较大。底层群体无疑是社会的弱势群体,他们的资本储备少、社会地位低，但渴望向上流动。因此，教育成为他们改变阶层地位的首选途径。然而，教育资源的不均衡分布和市场效应使得底层群体难以获得优质教育资源以积累文化资本，进而影响其向上流动的速度。

　　按照我国目前实行的就近入学政策，购置学区房进行择校的孩子通常来自家庭经济和社会地位较高的家庭，他们可以借助这种社会资本来获得优质的义务教育资源。相对而言，社会地位较低的孩子，其家庭的社会关系和经济实力较弱，难以承担购买学区房的高昂费用进行择校，只能按照政策规定接受就近入学。这些家庭所居住的区域往往对应较低水平的学校，孩子们的教育环境相对较差。社会地位较高的家庭更有能力购买学区房为孩子择校，因此孩子们可以获得更丰富、更优质的义务教育资源。而社会地位较低的家庭则难以实现学区房择校，其孩子所获得的义务教育资源相对较少且质量不高。这种基于不同阶层的学区房择校现象反映了教育机会的不平衡分布，义务教育资源在优势家庭和劣势家庭之间的分配不均。这与义务教育就近入学的初衷背道而驰，使贫困家庭的孩子难以实现平等接受教育的权利。实际上，学区房择校现象是社会阶层和社会关系在教育体系中的体现，社会分层现实与义务教育政策的公平目标发生激烈冲突，反映了严重的教育不公问题。若不对学区房择校现象进行有效管控，这将加剧教育不公平的情况，使社会分层与教育公平原则之间的矛盾愈发尖锐。

第三章　资本与学区制

一、如何看待资本

在现代社会学与经济学领域,资本概念是具有广泛影响力的解释概念。林南对资本的定义是在市场环境中期望获得回报的资源配置。资本本质上是在以追求盈利为核心目标的活动过程中投入和调动的各种资源。因此,资本可视为一个经历两个阶段处理的资源过程:在第一个阶段中,资源被作为投资投入生产或改进活动中;而在第二个阶段中,经过生产或改进之后的资源被投入市场,从而获得利润。从某种程度上说,一方面,资本既是生产过程的产物,即资源在生产或增值过程中所形成的部分;另一方面,资本也是生产活动的要素,即为了获得利润而进行资源交换的过程。在这一过程中,投资和动员资源都需要一定的时间和成本,因此它们都是资本形成的关键环节。过去20年间,社会资本作为资本最显著的形式之一,呈现出各种形态和背景。

社会资本理论阐明了资本的核心主题:资本是在社会关系中获得的,资本的获取引发了结构限制与机会问题以及行动者行为与选择问题。基于一般的资本理论,社会学家期望社会资本理论能有助于理解涉及等级结构、社会网络和行动者资本化过程的明确问题。社会资本理论及其研究表明,通过研究社会网络中嵌入的资源获取机制和过程,可以很好地理解社会资本。正是这些机制和过程有助于弥合理解结构与个体之间的宏观与微观联系时出现的概念鸿沟。

(一)马克思的资本观

为了深入理解社会资本,首先需要阐明资本的内涵。资本概念的起源可以追溯至马克思。马克思探讨了资本如何从资产阶级与劳动者之间的社会关系中产生,并在商品生产和消费过程中发挥作用。资本是指通过商品生产与交换过程产生的能够带来利润的剩余价值部分。商品生产所需的要素包括劳动力、土地、租金和实物资料。这些因素都为生产者创造使用价值(或生产价值)。尽管劳动者获得固定的周薪或月薪,但其付出的劳动量超过了生产商品所需的劳动时间。因此,对于生产者来说,生产的商品包含的劳动成本相对较低,即产出的使用价值超过了维持劳动者生计所需的交换价值。如此一来,剩余价值便诞生了。接着,生产者参与交换过程,将生产的商品与其他商品进行交换。交换可以发生在生产者和消费者之间,或通过交换媒介——交易员和商人。商品在交换过程中实现了市场价值。若市场价值高于使用价值或生产成本,剩余价值(即资本)便在交换中得以实现。整个过程始于拥有资源(资本)的资本家,如土地所有权、贵族继承权等,他们通过与劳动者建立交换关系进行商品生产。劳动者在生产过程中付出劳动,而资本家则根据劳动者生产的商品价值支付相应报酬,这种报酬通常是货币形式。资本家从商品流通中获得剩余价值,其中一部分成为资本。一方面,资本家主宰着生产资料;另一方面,劳动者从不积累资本,而资本家则持续累积资本。如此一来,资本便是市场中投资生产有用商品所得到的剩余价值回报。以货币形态存在的资本能够掌控生产资料,同时也可能进一步投资生产有用商品。当关注剩余价值的生成过程时,资本可被界定为期望在市场中获取回报的投资。

在马克思的分析框架下,资本被视为资本家或资产阶级获取剩余价值的重要组成部分,他们通过控制商品与货币在生产与消费流通过程中所需的生产资料来实现这一目标。在资本主义社会结构中,资本呈现为两个相互关联但又独立存在的因素。一方面,资本是资本家在生产过程中所占有的剩余价值的一部分,这部分剩余价值来自劳动者所创造的价值与其所获得的报酬之间的差额。通过这种方式,资本家能够通过剥削劳动者的劳动成果来获取利润。另一方面,资本也代表着资本家在市场中进行的投资,以期获得经济回报。这种投资行为是为了实现资本的自我扩张和积累。在这个过程中,资本家将资本投入生产过程,并期待从生产过程中获取剩余价值以实现资本的增值。资本既是剩余价值的一部分,体现为一种过程性产物;同时,资本也是生产和获取剩余价值的投资行为。投资及其产生的剩余价值可被认为是投资过程的回报,以及剩余价值再生产的具体表现。正是基于统治阶级进行投资以获取剩余价值的现实,马克思的理论立足于阶级剥削的两个社会关系基础。他认为,在资本主义社会中,剩余价值的生产与分配过程是一个基于阶级压迫和剥削的社会关系体系,通过这种体系,资本家阶级实现对劳动者阶级的经济剥削和社会控制。

另外,需要我们关注的是马克思对于资本的几个核心概念。

第一,资本与商品的生产和交换紧密相连。在马克思理论中,商品主要指生产与交换过程中具有价格的物质产品。劳动、劳动力和劳动价值构成价格标签的一部分,同时也是商品生产中的"社会必需"。但是,只有通过商品的生产和交换才能形成资本。尽管劳动是商品生产过程中的关键因素,但它仍然从属于商品本身。

第二,尽管资本可以被看作是最终产物,但它不局限于商品和价值流程。资本象征着资本家的投资行为。在生产过程中,需要集合和组织劳动力、土地/租金、设备、工具等多种要素。这便需要原始资本的投入、精力、协调以及有说服力的社会行动。为了获得利润,加工后的商品还需进行市场交换。

第三,这些过程产生的结果使资本实现了价值增长。资本的存在意味着商品的市场价值高于其生产价值或严格的成本。如果市场价值等于或低于成本,资本将无法从商品中获得利润,实际上将导致经济损失或债务。

第四,资本本质上是一个社会性概念。资本的生产过程涉及社会活动。马克思指出,使用价值依赖于"社会必要劳动",并不存在一个客观的价值尺度来衡量劳动价值或成本。从定义角度来看,交换过程同样具有社会属性。

第五,资本家或生产者通过商品生产、交换和资本积累的过程,在商品流通领域获取资本。根据定义,资本是资本家对生产资料控制的过程和最终成果。生产资料以资本的形式被创造和累积。反过来,资本巩固了资本家对生产资料的控制(如商品流通和资本流通),在马克思的观点中,劳动者仅能获得维持生活所需的报酬。换言之,资本源自资本家的生产投资,并为资本家占有剩余价值。

总的来说,马克思所描述的资本观念及其特性被称为古典资本理论。作为产生利润的资源投入,资本的这一基本概念在后来的资本理论中得到了延续。然而,在马克思的体系里,投资与利润都属于资本家,劳动在生产过程中未能为劳动者创造和积累资本。古典资本理论的论证是基于"阶级差异是资本主义社会的基石,剥削阶级掌控生产资料并占有被剥削阶级劳动所产生的全部剩余价值"这一观点。在过去的几十年里,资本理论发展为新资本理论。新资本理论基本上修正或消除了古典资本理论中不可或缺的阶级解释。这些关于资本的替代性解释主要包括人力资本理论、文化资本理论和社会资本理论。

(二)人力资本的转向

人力资本理论假定资本存在于个体劳动者之中,最早可追溯至斯密的观点。斯密认为,一个国家人口中所有可获得的有用能力均可视为资本的一部分[①]。当代对人力资本的理解源自约翰逊、舒尔茨和贝克尔的研究。约翰逊认为,劳动者已成为资本家,这不是因为公司股权的分散(如资本家的公共关系部门所声称的),而是因为劳动者所具备的知识和技能具有经济价值[②]。也就是说,拥有知识和技能的劳动者可以要求资本家支付超过劳动力交换价值的报酬。当然,他们的知识和技能使他们的日常劳动价值超过了那些缺乏此类知识和技能的劳动者。在 1960 年美国经济学会的大会上,舒尔茨在其就职演说中首次全面阐述了人力资本观念。在其具有开创性的论文《论人力资本投资》中,他有力地批判了无法明确将人力资源视为一种资本类型、一种生产工具和一种投资产物的思想,依然把劳动力看作几乎不需要任何知识和技能的体力劳动能力,认为所有劳动者都具备这种能力[③]。另外,贝克尔详细阐述了人力资本,尤其是在教育方面最具说服力,后来还对许多其他因素进行了分析[④]。人力资本通常可量化为受过的教育、培训和经验。对劳动者的人力资本投资不仅对公司/生产者有益,

---

① Smith A. The Wealth of Nations[M]. New York: Modern Library,1937.

② Johnson H. The political economy of opulence[J]. Canadian Journal of Economics and Political Science,1960(4):552-564.

③ Schultz T. Investment in human capital[J]. The American Economic Review,1961(1): 1-17.

④ Becker G. Human capital: A theoretical and empirical analysis, with special reference to education[J]. The Economic Journal,1966(303):635-638.

而且对劳动者本身有益。人力资本提高了劳动的价值,其中的一部分可以以超出维持最低生活需要的工资和补贴的形式归劳动者所有。因此,人力资本理论是对古典资本理论的重要转向。

首先,马克思主义理论主要关注商品的生产与交换过程,而人力资本理论则将重点放在与劳动者有关的各种过程上。这种关注焦点的转变对理论体系产生了深远影响。在古典资本理论中,价值的计算是基于劳动力成本,而不是劳动者本身。在一个庞大且竞争激烈的劳动力市场中,劳动者被视为可互换的因素,他们在生产过程中仅提供社会所需的最低技能水平的劳动。资本的产生则源于对生产相对成本和商品交易价格的成功预测。然而,在人力资本理论中,劳动者本人,而非他们所提供的劳动,在资本估算中发挥着关键作用。在这个理论框架下,资本被认为是劳动者所拥有的价值增长,而非劳动或商品价值的增长。换句话说,人力资本理论的指导思想发生了变化,劳动不再被视为导致资本家与劳动者之间剥削关系的要素,而是被视为劳动者自身资本生成过程的一部分。在人力资本理论下,资本家与劳动者之间的社会关系得到了修正,劳动者不再被视为可替代的商品;相反,不同的劳动者具有不同的价值和报酬,这取决于他们自身的资本——人力资本——对生产过程的影响。劳动者可以通过多种方式获取人力资本,如接受教育、参加职业培训或积累工作经验,保持身体健康和强健,或者迁移到需求较高的地区。这些因素共同构成了劳动者的人力资本,使他们在资本主义经济体系中具有独特的价值和地位。这一立场彻底颠覆了古典资本理论的核心取向,不仅限于将资本与资本家对生产资料的全面控制联系在一起,更强调人的因素(包括其技能)。

其次,与第一点相联系,劳动者可被视为投资者,或者至少是投资活动的参与者。在马克思最初的分析中,劳动者提供劳动以交换满足

生存需求的工资。人力资本理论明确指出,如果利润被定义为仅用于
维持生活的剩余价值,那么劳动者也处于获取利润的地位。奢侈品和
生活方式的诱惑以及再投资的可能性,这些曾被马克思视为资本家专
有的特权,现在也成为劳动者努力和追求的内容。换言之,在资本被
生产和交换的过程中,对于资本家和参与生产过程的劳动者来说,资
本都具有意义和可获得性。人力资本理念指出,由于存在提高工资和
获得其他形式利润报酬的可能性,劳动者掌握技能和知识的动机得以
激发。马克思认识到劳动是有目的的行为,但他认为,在资本主义体
系中,目的是由资本家提供和强制施加的。这样一来,劳动者的行为
目的被生产目的所剥夺,劳动者的行为不再代表或表达他们的自由意
志。从人力资本理论的角度来看,劳动者在掌握技能和知识方面的投
资动机是基于对成本与收益的计算。这种计算驱动他们进行投资以
掌握技能和知识,这是理性选择的反映,劳动者的行为是与自身利益
相符的有目的行为。

最后,在古典资本理论中,资本与生产和交换过程紧密相连。资
本最终演变为与投资和成本相关的剩余价值或利润——生产和交换
过程的成果。在此表述中,劳动力投资被视为成本计算的一部分。然
而,在人力资本理论中,并没有明确地描绘生产和交换过程,劳动力也
不只是被视为成本,而是被看作活力或投资。实际上,人力资本理论
的分析策略是将人力资本确定为劳动者回报或生产的函数,即"收入
的增加是投资的结果"。人力资本理论的发展在于,认识到劳动者通
过掌握技能和知识产生经济价值成为资本家,将分析焦点转向劳动者
技能和知识生产投资的微观结构,但并不必然地否定古典资本理论对
资本家剩余价值生产的宏观结构过程的论述。拥有较多人力资本的
劳动者在劳动力市场上有竞争力,因此资本家可以通过雇佣这些劳动
者来获得这些人力资本。由于人力资本在劳动者中分布不均,生产商

和资本家必须权衡每个雇佣劳动者的人力资本的增值与相应的成本。设想一种情况,资本家支付给劳动者的薪资和福利高于劳动者生活所需。只要这种人力资本的增长具有价值,那么在没有其他更经济的选择时,资本家也愿意支付。具有竞争力的薪资和福利能够吸引拥有较多人力资本的劳动者,同时激励他们在数量和质量上实现其生产商品的市场价值。丰富的福利使劳动者能够享受休闲生活,或者进一步投资以提高自身资本,例如接受更多的教育和培训。

(三)文化资本的导入

并非所有新资本理论家都认同将人力资本理解为劳动者自由意志或自身利益的产物。一个替代的理论解释是文化资本理论。布尔迪厄将文化定义为一种符号和意义体系。他认为,社会上的统治阶层通过控制教育活动使下一代内化主流符号和意义,将自己的文化价值强加给其他阶层,从而再生产统治阶层的文化特征[①]。布尔迪厄的文化资本概念源于他对社会实践以及符号和意义社会再生产的思考。为了便于讨论,我们首先关注他对社会再生产的阐述,因为社会再生产与实践的思想和过程是内在相关的。在布尔迪厄看来,社会再生产是统治阶层对被统治阶层施加的"符号暴力"[②]。"符号暴力"发生在教育活动中,统治阶层通过教育活动将自己的文化和价值观合法化为社会的"客观"文化和价值观。因此,尽管主流文化和价值观支持并维护统治阶层的利益,但人们却察觉不到。换句话说,由于教育活动,统治阶层的文化和价值观被"误认"为是整个社会的文化和价值观。这些教育活动发生在家庭、非正式群体和非正式场合,最重要的是通过教

①　Bourdieu P. The Logic of Practice[M]. Cambridge:Polity Press,1990.
②　Bourdieu P, Passeron J C. Reproduction in Education, Society and Culture[M]. 2nd ed. New York:Sage Publications Ltd,1990.

育途径,特别是学校教育(制度化教育)进行。在教育体系中,代理人(教师和行政管理人员)不仅自己接受了统治阶层的文化和价值观,并将其误认为是普遍和客观的文化和价值观,而且还通过教育并引导那些在下一代中进行统治阶层文化和价值观再生产的学生的方式传播"知识"。

这种结果源于一种内化和持久的培训过程——文化再生产中惯习的培育。"符号暴力"在社会场域中得以扩散,是通过"误识"和社会再生产的过程来加强教学奖励机制[①]。那些掌握了文化和价值的学生进入了统治阶级控制的机构工作,从而在劳动力市场上获得回报。这种误识在教育系统中得到加强,导致其他学生继续获取传播的文化。"符号暴力"的核心特点表现在教学过程中,统治阶级利用教学过程使社会成员在无意识甚至自觉地接受主流文化和价值观,并将其内化为自身的一部分。行动者所获得的与"误识"相关的主流文化与价值(例如合法化知识)被称为文化资本,这就是社会再生产的奥秘——统治阶级价值观的再生产。

对于布尔迪厄来说,被一部分人认为是人力资本的教育甚至所有训练,对于另一部分人来说可能是文化资本。这些不同的看法并非仅仅针对对相同现象(如教育)的不同感知,它们反映了理论解释中的根本分歧。布尔迪厄的"符号暴力"和社会再生产观念与马克思的理论立场相一致。它们揭示了一个阶级(资产阶级或统治阶级)将其价值观强加于另一个阶级(劳动者或被统治阶级)的现象,使前者对后者的劳动剥削合法化。此外,布尔迪厄将收益(资本)视为社会或社会领域中永恒的斗争核心。

---

① Bourdieu P. Outline of a Theory of Practice[M]. Cambridge: Cambridge University Press,1977.

布尔迪厄认为,这些形式的资本主要被资产阶级或统治阶级所控制,因为他们位居社会的顶端。我们可以将这种资本的解读追溯至马克思。马克思描述的社会关系也可以从这个角度理解:资产阶级掌控着生产资料——教育活动的过程或教育体系(如家庭、学校等)。在生产(学校教育)过程中,劳动者(学生或儿童)在教育过程中投入资本,并将资产阶级或统治阶级的文化内化。劳动者掌握了文化知识后,便可进入劳动力市场,获得报酬并维持生活消费。资产阶级或统治阶级通过文化资本补充经济资本,并在对商品(受教育的大众)流通和生产资料教育机构的控制中积累这两种资本。同时,布尔迪厄关于文化资本的论述与舒尔茨和贝克尔关于人力资本的论述具有相似之处。不同于马克思,布尔迪厄关注劳动者以及其所获得的资本与市场之间的联系。他明确指出了外部社会结构(即一个阶级及其文化和价值观的主导地位)对"符号暴力"和社会再生产过程的重要性,以及对代理人和劳动者施加教育行为误导的重要性。然而,对于布尔迪厄来说,统治集团仅作为一种潜在力量隐藏在幕后,而不是分析的核心。也就是说,文化资本的分析涉及微观和中观结构,而非宏观结构。

布尔迪厄似乎并未排除目标导向行为或行为选择因素。在对社会行为与互动(实践)的分析中,他明确在机会与限制、主观期望与客观可能性之间寻求平衡。在布尔迪厄的观念框架中,他并未严密地区分剥削者与被剥削者,而是将社会(场与场域)视作一个地位网络,人们在其中争夺有利位置。在被统治阶级中,部分成员误解并接受了主流价值观,同样投身于争夺和占据这些位置。这一特点体现了文化资本理论的新资本观,有别于马克思的古典资本理论。

布尔迪厄与马克思的观点存在显著差异,其中之一是布尔迪厄并不认为经济资本与文化资本之间存在完全对等的关系。在一定程度上,部分经济资本家并未拥有丰富的文化资本,而部分文化资本家在经济上也未必富裕。这种不完全对等的关系为部分劳动者提供了一个可能性,即通过运用文化习惯和规范在统治阶级中找到立足之地。他们依赖自身的文化资本,成为教育制度的一部分,从劳动力市场获取回报。尽管布尔迪厄并未深入探讨这一现象,但他的观点似乎为社会流动过程和行动者的可能性留出了空间。在这一过程中,文化精英或资本家通过掌控生产市场,运用劳动力实现文化与统治的再生产,从而获得他们自身的剩余价值和资本。与此同时,劳动者通过向精英提供文化再生产的劳动而获得报酬。这同样可能产生剩余价值和资本,因为劳动者可以将其用于再投资,持续积累文化符号与意义,进一步发展与精英阶层的关系,从而提高他们在社会中的相对地位。布尔迪厄认为,经济资本与文化资本并非完全对等,这种不完全对等的关系为劳动者在统治阶级中谋求立足之地提供了机会。劳动者可以通过积累文化资本,在社会流动过程中提高自身地位,从而在一定程度上改变原有的社会结构。

(四)社会资本的讨论

依据世界银行、多项国际学术研究成果以及基金项目实践经验,所谓社会资本,即指那些制度、关系与规范,它们共同构成了社会互动的质量和频次。社会资本涵盖了社会规范(个人观念与社会价值观)、网络及制度等方面。

社会资本作为一种独特的资本形式,它是指通过社会网络所调动的资源或能力的总和,这些资源和能力可以用来实现某种工具性或情感性目标。在诸如社会学、经济学、组织行为学、管理学以及政治学等多个学科领域,社会资本都被视为一个核心概念。通过分析人际关系的结构、地位以及强度等多个方面,研究者能够对各种社会现象进行更为深入的解释和理解。

　　社会资本的重要性在于它能够促进信息传递、增加信任度、提高合作效率,并且有助于降低交易成本。它体现在人们之间的关系和联系,以及这些关系所产生的社会支持、互助和信任等各种正面效益。社会资本在很大程度上影响着个人和群体的成功和繁荣。然而,我们还需注意另外两种资本形式,即物质资本和人力资本。物质资本主要包括金钱、土地、房产、设备等有形资产,它们为个人或组织提供了生产和发展的基础。而人力资本则关注个体所拥有的知识、技能、经验和健康等无形资产,它们在很大程度上决定了一个人在劳动市场上的竞争力和创造力。对于这两种资本,有一个恰当的类比,即在组织内为员工提供工具相当于提供物质资本,为员工提供培训相当于提高员工的人力资本,这些都对组织绩效产生积极影响。通常情况下,社会资本通过增进组织成员间的互动与信任,或是利用成员与外部的联系,为组织获取有益的机遇与信息,从而影响组织绩效。然而,社会资本对组织绩效的影响具有双重性。许多研究发现,在特定条件下,较高的内部社会资本会导致组织更为保守,抵制创新,形成小团体;而较高的外部社会资本也可能导致组织机密信息的泄漏,社会资本与组织绩效之间的关系并非简单的线性关系。因此,社会资本既是一个概念,定义为嵌入在社会关系网络中的资源;同时也是一种理论:投入更多社会关系网络可带来更丰富的社会资源,而这些资源反过来又能为投资者带来更多回报。

　　林提出了社会网络中内置资源的观点,即指个体在采取行动时能够获得并利用这些资源[①]。因此,这一概念具有两个关键方面:其一,所指的资源内嵌于社会关系之中,而不是个体所拥有的;其二,对这类资源的获取和使用权属于网络中的个体。相对而言,关系网络的各种

　　① Lin N. Social networks and status attainment[J]. Annual Review of Sociology,1999(1): 467-487.

特征的重要性以及所嵌入的资源关系与人们期望获得的不同收益类型有关。若人们预期获得的收益具有工具性（如在市场中的地位），则理论上开放式关系网络优于密集式或封闭式关系网络，因为它能让人们通过"桥梁"获取更多样化的资源。而若人们预期获得的收益具有情感性（如情感支持），则理论上密集式或封闭式关系网络优于开放式关系网络，因为这种关系网络有助于寻找能共享资源并关注个体所面临困境的人，即实现结合效应。

林特别关注社会资本的获取与利用，他认为，一方面，社会资本获取是指嵌入个体社会关系网络中的资源池——个体能够从社会关系网络连接中获得的资源；另一方面，社会资本的利用是指在特定行动中实际调动或运用特定连接及其包含的资源（如寻找工作或摆脱某种困境）。社会资本的获取至关重要，因为它代表了一个在没有特定行动情境下的整体资源池[①]。社会资本数量和质量上的差异对于解释个体在社会经济地位方面的差异具有一定的说服力。

社会资本理念的基本假设非常简洁明了，即在各类市场中，人们对社会关系的投资期待获得回报。作为研究对象的市场可以包括经济、政治、劳动力和社区等方面。个体之间的互动和网络运作旨在创造利润，这代表了古典资本理论与新资本理论的重要拓展和发展。迄今为止，新资本理论将人力资本和文化资本视为可以产生利润的个人资源投资。尽管它们分析的生产（技能和知识的价值与规范）和利润（个人经济回报与主流文化的再生产）的本质各异，但它们都将资本看作个体行动者的资源投资和拥有。不论是将资本视为社会中随机分布的独立原子化要素（如人力资本理论所示），还是将资本视为已灌输到个体内部的主流价值观念（如文化资本所示），资本都被视为个体行

---

① Lin N. Social resources and instrumental action[M]// Marsden P, Lin N. Social Structure and Network Analysis. London: SAGE Publications，1982:131-145.

动者的投资或生产。社会资本观念拓宽了这种个体化视角。作为新资本理论中的重要发展方向,社会资本主张通过社会关系获得的资本是一种社会财产,它通过行动者所在网络或所在群体中的联系和资源发挥作用。

因此,学区房在社会资本方面具有显著特点,购房者所追求的是与身份、声誉和社会地位等相关的差异化象征。在一定程度上,住房体现了人们的社会地位,因而具有象征性意义。相对于普通商品房而言,学区房在住房市场中属于稀缺资源。学区房在某种程度上能够营造一种隔离感,建立一个相对独立的空间,在这个空间里通过拥有特定的文化资本和经济资本来展现社会差异,从而获得崇高的地位。购置学区房还能体现和延续购房者所属的社会阶层,展示其自我形象和认同感。学区房为家长提供了一种保障,使他们相信孩子不会在社会阶层竞争中落后。在网络社区中,新一代家长逐渐达成了关于学区房社会资本象征的共识,即预期在购买学区房之后将获得社会资本象征带来的排他性地位体验,彰显学区房附加的社会资本价值。

总的来说,学区房所具备的社会资本特性和符号价值使得购买学区房成为新一代中产家庭为获取优质教育资源、保持和增加经济资产价值、维护或提高社会地位的一种策略性行动。

二、资本的代际传递

(一)国外的相关情况

1. 影响资本代际传递的因素

在美国的经济阶层体系中,顶端与底端的粘连性较强:处于全国前五分之一或后五分之一收入的家庭,子女往往会与父母保持在相同的阶层。位于经济阶层顶端的家庭,子女几乎掌握了进入优质小学、中学、知名大学以及高薪工作的途径。这带来了一个明显且紧迫的问题:在一个依赖个人素质、追求教育机会平等的时代,如何实现精英阶层的再生产?许多社会科学领域的研究者深入研究了国内外的历史经济变迁、社会政策以及技术因素,探究它们如何导致财富和收入向最富有者集中。尽管这些研究揭示了经济不平等的主要原因,但未能阐明经济特权如何以及为何能持续传递给下一代。

尽管社会学家对社会分层——将人们划分到不同的社会地位并获得不同的物质和社会回报的过程——的研究兴趣主要集中在贫困问题而非富裕问题,但是近期文化社会学家开始关注特权传承。他们将研究目光聚焦于学校,阐述了富有且受过良好教育的家长如何将优势传递给子女,使他们在正规教育中占据优势。教育已经成为造成美国社会分层和经济不平等最为关键的工具。过去 30 年间,高中毕业生与大学毕业生之间的收入差距扩大了近一倍,四年制高等院校毕业生的收入通常比高中毕业生的收入高出 80%[①]。

美国各种类型的教育在过去半个世纪得到了迅速发展,特别是全民普及大学教育的观念逐渐在国家层面流行起来。然而,富有家庭的子女依然占据着高校生源的主导地位。在收入排名前 25% 的家庭中,约 80% 的孩子能够获得学士学位,而在收入排名后 25% 的家庭中,仅约 10% 的孩子能够取得相同的学位。在择优选拔的高校中,家庭收入与入学率之间的关系尤为突出。实际上,在控制与学业成就相关的诸多入学前特征后,父母的收入依然是预测孩子是否能进入全国顶级院

---

① Carnevale A, Rose S. Socioeconomic status, race/ethnicity and selective college admissions [M]//Kahlenberg R. America's Untapped Resources: Low-income Students in Higher Education, New York: Century Foundation Press,2011:101-156.

校的关键指标。这种影响在研究生教育中依然存在,超过半数的顶尖商学院和法学院学生来自全国收入排名前 10% 的家庭[①]。

众多美国人倾向于将这种差异归因于个人抱负和能力。然而,研究显示,收入较高且受过良好教育的父母会将重要的经济、社会和文化优势传递给下一代,使他们在高校选拔竞争中占据优势,助力他们取得学术成功。学者们通常将这三种优势视为"资本",因为它们都可以转化为获得象征性或实质性回报的途径,如获得声望较高或收入较高的职位。

(1)经济优势

收入、财富以及其他形式的经济资本是富裕父母可以利用的最直接资源,以便帮助孩子获得教育上的优势。简言之,富裕家长能在孩子教育上投入更多资金,实际上他们也是如此做的。经济资本为孩子提供教育优势的一个主要途径是选择学校。美国是西方工业化国家中仅有的几个以特定地区房产价格为基础决定公立中小学教育资金的国家之一。

因此,高品质的公立学校往往过分集中在房价较高、居民较富裕的地区,高收入家庭更具有在这些拥有优质学校区域居住的能力。实际上,对于许多有子女的富裕家庭而言,学校教育质量已成为决定居住地的重要因素之一。较优的经济条件也使得父母有能力将孩子送往私立学校,而不受其居住地的限制。在一些主要城市,私立学校从学前班开始,每年的学费可达近 4 万美元。通过上述各种途径,富裕家庭的孩子比其他孩子更有可能进入优质中小学,这些学校的学生人均支出较高,师资力量更为雄厚,能够提供更先进、更丰富的学习材料和资源。

---

① Fisher D. Poor students are the real victims of college discrimination[N]. Forbes,2012-05-02.

在高中阶段,经济条件较好的孩子有机会进入优质学校,这些学校提供大量荣誉奖项、丰富的预修课程,以及各类运动、艺术、音乐和戏剧项目。此外,还设有专业的大学咨询办公室提供相关信息。这些学校不仅能够提升学生的认知水平、提高他们的社交能力,还能帮助他们塑造一份具有竞争力的学术和课外活动简历,使他们在申请高校时具有很大优势。综合这些优势,选拔性高校的招生委员会更青睐那些来自以优异成绩著称的学校的学生。简言之,孩子所就读的中小学在很大程度上决定了他们能否进入大学,以及进入何种类型的大学。资源充足、教学能力强的中学主要由富裕家庭的孩子占据主导地位,相较于住在低收入社区、在资助较少的学校接受教育的学生,他们更有可能进入四年制大学或选拔性院校。

鉴于大学学费高昂,父母的经济状况对孩子申请何种大学(或研究生院)以及最终入学的学校产生影响。正如社会学家雷德福对高中毕业生代表的研究所揭示的,许多低收入家庭的优秀学生不会申请著名的四年制私立大学,原因是这些学校的学费过高。通过阐述金钱和与文化相关的知识如何共同发挥作用,雷德福指出,部分具备资格获得学校丰厚奖助学金的学生却未提交申请,原因是他们根本不知道存在这样的机会。而另一些人在准备申请经济资助所需的大量文件时遇到诸多困难。与此相反,富裕家庭的孩子在选择学校时会关注非经济因素,例如学习环境、课外活动资源以及自我认同感是否与学校或其学生群体相符合①。

一旦进入校园,父母的经济支持能够帮助孩子支付学费和生活费。家境富足的孩子无需为金钱而工作,可以将注意力集中在学业和社交方面,还能从事无薪实习,这有助于他们在大学取得成功、建立有

---

① Radford A. Top Student, Top School? -How Social Class Shapes Where Valedictorians Go to College[M]. Chicago: University of Chicago Press, 2013.

价值的社会关系以及获得优质的就业机会。然而，那些不得不为支付学费而兼职或全职工作，或者还需为家庭提供经济支持的学生则无法享受这种优势。总之，拥有更多经济资本的父母可以更容易地使孩子接受高品质教育，塑造大学招生委员会所看重的学术和课外活动简历，并让孩子全身心地投入大学生活。

（2）社会关系

然而，金钱仅是部分原因。社会资本——社会关系网络的规模、地位和范围——同样具有重要意义。父母的社会关系可以为孩子提供获取关键机遇、信息和资源的途径。例如，同一社会网络中的家长可以交流学校里哪些教师最优秀，分享赢得校长或教练青睐的策略。同样地，如果建立了合适的联系，他们还可以提高私立中小学、大学或实习申请的成功概率。另外，学生自身的社会网络也能发挥作用。拥有上大学志向的朋友和同伴可以塑造学生对未来的期待，激发他们的斗志，并且这些朋友还可以就如何准备大学申请提供专业的建议。

（3）文化资源

文化资源也就是我们用来在社会中打拼的各种知识框架、观念框架、解释框架和行为框架，也是精英再生产的关键驱动力。这类资源并不显而易见，因此人们往往无法意识到它们也是造成不平等的机制，而容易将其与个人能力混淆。然而，文化资源确实是社会分层的重要因素，特别是在个人通向社会阶梯顶端的过程中发挥着巨大作用。文化塑造了人们的抱负和世界观，影响了人们在日常互动中的评价以及如何被他人评价，同时也影响着人们能否成功应对社会的各种机构，从而使优势和劣势不断传递下去。

2. 不同阶层的养育策略

虽然关于文化与不平等的理论争议一直在进行，但文化社会学家在实证研究方面已经取得了显著成果，揭示了在美国，文化因素如何为拥有特权地位的孩子在教育方面重塑优势。例如,社会学家拉鲁探讨了不同阶层养育方式的差异如何帮助特权背景的孩子在学校获得成功。拉鲁发现,特权家庭的父母采用了一种她称为"协作培养"的教养方式,这些父母认为孩子是需要精心培育、妥善照顾以取得成功的项目。在这一理念指导下,他们更加积极地参与孩子的学校教育,直接与学校管理人员沟通,为孩子争取更好的成绩、更优秀的教师,加入学术发展的快速通道。此外,他们还倾向于提供课堂外的教育补充,让孩子参加有组织的课外活动。这些举措有助于提高孩子的学业成绩,给学校教师留下积极的印象,确保其在优质学校或先进课程的稀缺名额中占有一席之地。不仅如此,参加有组织的课外活动使学生在家庭之外能更熟练地与成年人互动,并帮助他们进入选拔性大学,因为这些学校将课外活动作为一项录取标准。与此同时,拉鲁发现,工薪阶层的父母采用了一种她称为"自然成长"的养育策略,他们认为,当孩子可以自由发展并得到值得信赖的学校引导时,孩子就能茁壮成长。这些父母很少参与孩子的学校生活,而是将参加哪种课外活动的选择权交给孩子。这种方式导致工薪阶层的孩子在争取有利于学业表现的资源、建立具有竞争力的学术和课外活动履历方面,不如富裕的同龄人[①]。

然而,父母的文化资源仅仅是教育分层中的一个方面。父母通常通过言传身教或潜移默化的方式教育孩子在与守门机构或守门者互动时应遵循的规则。他们可以通过正式的指导,如告诉孩子在特定情境下如何行动。孩子还受到家长身教的影响,模仿与他们互动的成年人之间的交往方式。有着经济特权的孩子从小就开始学习那种强调独立、自我表达、主动性和赋权的互动方式。正如富裕家长更可能要

---

① Lareau A. Unequal Childhoods: Class, Race, and Family Life[M]. Oakland: University of California Press,2003.

求把孩子安排在有好老师的班级或质疑不良的教育方式,他们的孩子也同样学会了在社会中如何表现才能获得所需的资源。展现与较高社会经济地位相关的互动方式有助于孩子的学校表现。

社会学家卡拉尔科在小学教室的民族志研究中发现,遇到困难时,一方面,具有特权背景的学生更可能寻求帮助,他们甚至在没有遇到困难时也想寻求提示。这些孩子非常擅长在各种课堂活动中吸引老师的注意,获得成功完成任务所需的信息或资源。另一方面,工薪阶层的孩子由于担心暴露自己的弱点或打断课堂而常常不愿寻求帮助[①]。

这样的结果是,工薪阶层的孩子得到的老师关注较少,被认为不如富裕的孩子那样具有积极性、主动参与课堂思考。从实践层面来看,由于缺乏老师的指导和提示,工薪阶层的学生经常无法完成老师布置的任务,这进一步强化了老师对他们的看法,即工薪阶层的孩子不如富裕家庭的孩子聪明。在孩子从幼儿园直至大学的整个学习过程中,相似的模式显然贯穿始终。教师往往认为富裕家庭的学生更具积极性、自驱力和才智,社交能力也更出色,因此对他们的关注和待遇要优于来自背景较差的学生。

3. 不平等的经历及结果

富裕家庭的孩子在大学录取过程中也占有优势。社会学家史蒂文斯的研究表明,选拔性高校招生人员选拔新生的标准——如就读重点学校、修读先修课程、课外活动丰富、个人陈述感人——与父母的社会经济地位密切相关。尽管招生人员通常将这些视为个人成就,但史蒂文斯证明,要取得这些成就,需要依赖一整套精密且昂贵的机制:父

---

① Calarco J. "I need help!" Social class and children's help-seeking in elementary school[J]. American Sociological Review,2011(6):862-882.

母不仅要富有,还要积极参与孩子的学习,并且消息灵通,而这些对许多优秀的工薪阶层学生来说是无法获得的。此外,大学录取委员会显然偏爱校友子女以及为学校提供大量捐款的家庭的孩子①。

具有特权的孩子更了解大学录取的游戏规则,并且处于利用这些规则的有利地位。随着大学录取委员会从关注申请人课外活动等全面发展的基本证据转向重视学生在课外取得的世界级成就,富裕家长随机应变。在教育"军备竞赛"中,他们让孩子在更年轻的年纪参与更多、更高强度的课外活动。显然,随着录取委员会越来越重视课外活动,富裕家长陪伴孩子参加各种课外活动的时间也在不断增加。同样,随着标准化考试成绩在大学录取中的重要性不断提高,富裕家庭学生使用备考课程服务的数量也相应增加。80%的富裕家庭学生使用过学生性向测试(SAT)备考服务,而只有不到10%的非富裕家庭的孩子使用过这类服务。备考服务已经变成富裕家庭孩子生活中不可或缺的一环,以至于相关企业纷纷在这些家庭的度假胜地设立分支机构。这样,孩子们在优美环境中度假的同时,他们的学业成绩也不会下滑。备考课程及其他考试策略有助于富裕孩子提高成绩,为他们进入大学,特别是进入竞争最激烈的学校提供支持。大学申请服务已经成为一个数百万美元的产业,为那些经济实力允许的人提供个性化咨询,甚至撰写申请文书。对于游戏规则的深入理解,再加上掌握这些指导原则所需的经济资源,在大学录取过程中给特权阶层的孩子带来了巨大优势。

社会经济不平等现象并未随着孩子们进入大学而消失。社会学家施图贝尔指出,工薪阶层的孩子进入大学时通常认为高等教育的目

---

① Stevens M. Creating a Class:College Admissions and the Education of Elites[M]. Cambridge:Harvard University Press,2007.

标是在教室里学习,并据此分配他们的时间与精力①。阿姆斯特朗和汉密尔顿表示,这种以学业为核心的安排与许多美国高校的派对和社交文化相抵触,导致工薪阶层和中下阶层的孩子在同学社交圈中被孤立,而这些社交圈能提供适应大学社会环境以及与未来就业机会相关的宝贵信息。由此产生的孤立感和疏离感对学生的成绩、幸福程度以及毕业可能性产生了负面影响。把重心放在学业上而非课外活动,也对他们的就业前景产生了不利影响②。

总的来说,经济、社会和文化资源使得富裕家庭的孩子在正规教育体系中获得更高质量的教育,他们在其中表现优异并游刃有余。教育系统在21世纪已然成为经济阶层分化的主要工具。尽管学校常被视为一种巨大的平衡力量,使所有毕业生在同等条件下进入竞争领域,然而,精英再生产的过程并没有在学生们穿上学位服、拿到学位证的那一刻终止。当孩子从大学或专业学院毕业后,父母的社会经济地位仍然对他们能够获得的工作类型和薪酬水平产生显著影响。同等条件下的学生在竞争工作岗位时,精英再生产如何在劳动市场上发挥作用,我们目前对此仍了解甚少,相关研究依然不足。研究学校精英再生产现象的学者通常认为,那些使孩子在教育体制中获得优势的资源,特别是文化资源,也有助于他们获取更好的职位和更高的收入。

(二)国内的相关情况

在国内背景下,购买学区房的动因不仅体现在期望通过投资实现家庭经济资本的增加,还包括对多元化文化资本和社会资本的追求。

---

① Stuber J. Class, culture, and participation in the collegiate extra-curriculum [J]. Sociological Forum,2009(4):877-900.

② Armstrong E, Hamilton L. Paying for the Party: How College Maintains Inequality[M]. Cambridge: Harvard University Press,2013.

这一现象突破了基于西方经验的理论解释,揭示了中国购房者更全面和主动的特点。

1.资本兑换的多元动机

(1)学区房的文化资本和经济资本

购买学区房的主要动力明显反映了家长们渴望通过接近优质教育资源以获取高品质的制度性文化资本。访谈国内家长的资料具有较高的代表性,阐述了家长通过购置学区房来增加子女获得优质教育认证机会,进而实现满意的职业发展目标。这一过程揭示了从为子女置办学区房到达成预期的社会经济地位,进而完成阶层再生产之间的联系。部分家长表示:"购置学区房是为了进入优秀初中、优秀高中,考入985、211高校,最终目标是获得理想的工作。当然,并非购置学区房就能确保进入心仪的大学,但这确实是增加成功概率的手段。"此外,研究还发现,购买学区房的动机与阶层再生产之间的关系不仅仅限于追求教育认证,而是呈现出多样化趋势。

首先,受访家庭同样关注追求身体性文化资本。相较于"优质教育资源",他们更重视学区房能让子女实现包括个人气质、思考方式等在内的身体性文化资本的积累。一位家长表示:"并非强调日后一定要强制孩子考入某个学校,而是更重视学校的环境和底蕴,这些因素对孩子的成长必定有所裨益,像自信、视野、气质以及解决问题的方法等方面才是关键的。"

其次,部分家庭还关注提升社会资本的品质。他们希望通过购买学区房获得更高品质社会网络的机会,同时表达了对社会资本在子女短期教育收益和长期社会经济地位提升方面产生正面影响的期望。"那些愿意购买破旧小户型房子的家长都很重视孩子的教育。正如'孟母三迁'所言,和这样家庭的孩子成为同学……学区房的作用之一就是帮助你筛选这些同学和家长……当别人认真学习时,孩子也会跟着努力学习……未来的同学和朋友的帮助比自己的努力更为关键。"

最后,经济资本升值动机相对较弱。虽然近几年学区房价格急剧上涨,但研究发现,购买学区房的家庭并没有把资本升值作为购置学区房的主要动因。例如,一位家长以 9.2 万元/m² 的价格购得了一套陈旧的学区房。他多次强调,为了兑换学区房带来的多样资本形式的升值,他能承受经济资本的损失。"购买时的价格已经相当高,我们做好了长期持有的打算,即便将来价格下降,也完全能够接受。我们已经做好了心理准备,即使价格下跌 20%、30%……如果实在不行,就留给他(子女),让他的孩子继续利用这个房子上学。"购买学区房的动机与阶层再生产之间的关系具有多样化特点,包括追求文化资本的积累以及提升经济资本的增值。这些因素共同构成了家庭通过购置学区房来促进子女在教育、职业和社会地位方面取得更好发展的多元策略[①]。

(2)非学区房则更重视资本的客体性

然而,这并不意味着仅通过购买学区房就能积累多种资本形式,进而支配阶层的再生产。研究同样发现,选择非学区房的家庭也遵循解释住房邻里选择与阶层再生产的理论框架,但更注重文化资本和经济资本的增长。

首先,在资本的客体性方面,购买非学区房家长的访谈资料具有代表性。通过与学区房对比后,他们选择购买具有典型中产生活方式和品位的住宅和社区,如具有"宽敞明亮""人车分流""绿化"和"游乐场"等特点。这些家长认为,在这样的环境中,客观文化资本的缺乏可能对子女的阶层再生产产生影响,如"对成长不利"和导致"易感自卑"。例如,一位家长表示:"(看过的学区房)仍为 20 世纪 80 年代的

---

①　聂晨. "学区房热"探析——文化资本视角下对学区房购买动机的研究[J]. 广东社会科学,2019(1):196-204.

建筑,没有电梯,楼梯上堆满杂物……这种环境可能对孩子的成长产生负面影响,容易导致孩子自卑……至少要宽敞明亮,不必过于奢华,但生活质量要有保证……我们这里实现了人车分流,有绿化,有游乐场……"

其次,在经济资本方面,以一位家长的访谈资料为例,当他认为总价相当时,非学区房相较于可能"成为包袱"的学区房具有更强的"保值"潜力,从而实现家庭经济资本的累积。这位家长表示:"(学区房)房龄较长,未来可能(购房者)都无法办理 30 年的贷款,卖给谁去……说不定变成包袱……从长远角度看,这种住房更具有保值性,能对抗通货膨胀。"[①]

总之,选择非学区房的家庭同样遵循阶层再生产的理论框架,他们在住房选择上,倾向于寻求兼顾生活品质和经济保值的住宅,以实现家庭资本的累积,创造子女阶层再生产的有利条件。

2. 资本兑换教育的过程

(1)兑换过程的权衡取舍

无论是否购置学区房,邻里选择过程在一定程度上都与资本兑换框架相似,受到一定的经济资本支持和约束,同时在现有客观文化资本与新增制度文化资本之间进行权衡。例如,有家长反映,在经济资本限制下,为了获取学区房带来的资本增值,而舍弃了原有的"田园风装修"和"封闭式管理"等客观文化资本。"之前的住房整体采用田园风格装修,小区实行封闭式管理……现如今连小区门禁都没有,到处是私人搭建的建筑,墙上贴满了小广告。如果不是为了孩子上学,谁会买这么破旧的房子呢……当然,还是因为只有这样的破旧小区才买

---

① 聂晨."学区房热"探析——文化资本视角下对学区房购买动机的研究[J]. 广东社会科学,2019(1):196-204.

得起。"同时,购买非学区房的家长的选择过程也反映了在不同文化资本形态之间的权衡。例如,购买了位于"北五环"外、2001年建成的100m²"新美大"住房的家长表示:"看过很多(学区房),能买得起的都是无法居住的,看得上的又买不起……无法居住是因为房子质量太差,居住环境很差。所以最后选择了舒适的居住环境、优良的周边设施,选择了'新美大'。"

(2)对让渡资本的再补充

在中国,基于邻里选择的资本转换过程表现出更全面和复杂的特点。尤其是在邻里选择之后,受访家庭持续推动存量与增量资本形态的转换,针对先前舍弃的资本形态进行补充。在有限的经济资本下,这种持续的重组过程通过多种方式和多次尝试进行。购买"老破小"学区房的受访家庭,为了改善因购买学区房而损失的邻里生活环境和品位,主要采用了以下两种策略。

首先,进行房屋装修和改造。在十位购买学区房的受访者中,有七位已经完成或计划对学区房进行装修或改造。例如,有家长期望通过较少的经济资本投入来弥补客观文化资本的不足,使"破旧小区"的学区房居住环境与新住宅没有明显差距:"房子较小的优势在于,装修无需过多花费,稍作装修和改造,便能与新住宅无显著差异,小房子也有其温馨之美。"

其次,租住新小区住房。另有三位购买学区房的家长通过租赁其他住宅的方式改善较差的居住环境和生活方式。他们以较少的经济资本投入,即支付房租差价,在附近新建小区租住"适宜的两室",以控制客观文化资本的过度损失:"届时将此房租出去,我已经物色好了,在××嘉园多付一些钱租一个宜居的两室,那个小区相当舒适。"

同时,购买非学区房的家庭也并未放弃接近制度性文化资本的机会。他们充分发挥个体主动性,通过以下两种策略,运用经济资本弥补高品质教育认证机会的缺失。

首先,参加课外辅导。大部分选择非学区房的受访者认为,参与校外教育机构在一定程度上可以替代优质小学,增加子女未来获得制度性认证的机会。例如,购买非学区房的家长认为,参加课外辅导和上重点小学一样能让子女获得制度性文化资本的增值,是"相同的道路"。"我都调查过了,即使是上了重点小学的孩子,也需要参加许多课外培训……我们也计划给孩子报名,附近有很多培训机构……只要坚持,实际上是相同的道路。"

其次,部分购买非学区房的受访者进一步强调了住房内外环境这类客观文化资本对子女获得制度性文化资本的间接作用。例如,有家长选择了 $140m^2$ 的设有书房的住房,位于靠近工作地点的新建小区。她强调了优质的室内外环境和较短的通勤时间能让她"更有精力"和"心情"参与并督促子女学习。"我们可以拥有自己的独立书房,会共同装满书籍,共同阅读……小区还有跑道、各类植物,我们可以一起在楼下锻炼身体、了解植物……上下班都不需半小时……回家后,我能有更多精力和心情关注孩子的学习进度……我认为,在孩子成长过程中,家长的参与和身教言传比老师更为重要。"绝大多数家长认为拥有学区房是一种保障,让他们自信地认为子女不会在社会阶层中下滑。对他们来说,虽然目前拥有学区房,但孩子短时间内还不需要上学,一旦孩子即将入学,他们认为周围的同学及其家长在一定程度上反映了自家的社会阶层地位,拥有和未拥有学区房的家庭应处于不同的阶层水平。

从现实情况来看,家长们逐渐形成了对学区房所附带的社会资本象征意义的共同认知,即预期购买学区房后能够获得社会资本象征带来的排他性地位体验,凸显学区房所附加的社会资本象征意义。总的来说,学区房所赋予的符号价值使购买学区房成为新一代中产家庭为获取优质教育资源、实现经济资产保值增值、维护或提升社会地位的一种策略行动。

三、学区房背后的地位焦虑

通过以上论述,可以得知学区房具有显著的经济资本、文化资本以及社会资本象征。在经济资本方面,由于住房本身具有稳定性和长期性等特征,学区房很容易成为传递家庭财富的有效途径。1994年住房改革以来,随着福利分房时代的结束,住房变成了可交易、在市场上流通的商品。考虑到中国家庭投资途径相对有限以及传统文化中"安居乐业"的观念,住房在中国已不仅是消费品,更成为固定资产和家庭投资品。

学区房所附加的教育资源为其赋予了较高的经济附加值,2013—2016年,北京市优质小学的年平均溢价率超过10%,并且显示出逐年上升的趋势。作为教育资源和房地产市场的刚性需求,只要购房者预期他人愿意支付高价购买,便会选择购买学区房。由此可见,学区房不仅是消费品,更是投资品,具有丰富的经济资本象征意义。购房者在承担较高溢价购买学区房的同时,其所附加的教育资源也意味着学区房市场具有强烈的刚性需求和良好的流通性。购买学区房供子女上学后再出售,仍可获得相当可观的经济收益。因此,许多家长认为学区房具有较高的保值、增值特性,是优质的经济资本象征。

在文化资本方面,随着我国住房的全面商品化和教育体制的转型,学区房的房地产资源与政府认可的、合法化的优质教育资源密切相关,因此,相对于非学区房所有者子女所拥有的普通教育资源,学区房所有者子女在制度性文化资本方面具有优势。由此可见,学区房所附带的优质教育资源是家长关注的核心因素。

在社会资本方面,除文化资本外,购房者追求的是能代表身份、声誉和社会地位等差异化的象征。

学区房所包含的文化、社会和经济资本正好触及了当前新生代中产阶级家庭的敏感点:首先,在大城市的生活中,中产家庭面临着相对严峻的高房价问题,购房过程中不仅需要依赖家庭、亲戚和朋友的支持,还需要提前消耗部分未来的经济收益;其次,他们在抚养子女的过程中也遭遇了教育资源分配不平等的困境;最后,从中国社会分层结构来看,有限的中产阶层受到了上层与庞大的下层阶层的夹击,社会转型带来的不确定性和阶层向下流动的恐慌,使中产阶层普遍感受到身份认同的威胁,陷入严重的地位焦虑。

在学区房市场中,大多数人在决定购买学区房及选择学区时面临信息有限的不确定状态,因此互动成为购置学区房的一种社会化行为。在现实生活和网络互动中,家长们的焦虑情绪逐渐显现。当人们对社会地位产生焦虑时,尽管他们可能并不清楚具体的焦虑来源,但通过媒体或人际互动,原本模糊的地位焦虑会被引导到特定对象上。从网络社群的聊天记录中可以看出,尽管学区房网络社群的新生代家长的收入较高,但他们大部分的地位焦虑源于房价和子女教育。

先前的大量研究发现,家长的经济状况和对子女教育的期望与学生的学业表现呈正相关的关系。一方面,拥有较高经济资本的家庭及较高教育期望的家长有能力在子女教育方面投入更多的金钱和时间,例如请家教、参加培训课程等;另一方面,家庭环境赋予子女的内化文化资本,如家庭文化氛围、价值观念的传递等因素,都会将父母对教育的高期望转化为学生的学习积极性和动力。这些具有较高社会地位、经济地位且重视教育的家庭涉足学区房市场之后,他们的子女汇集在一起,确保了相应学校的生源质量和良好的学习氛围。在这样的环境下,学校内部可能会出现"马太效应",即表现优异的学生会获得更多的资源和关注,从而进一步提高他们的成绩,而学校的整体表现和声誉也随之上升。这种声誉提升吸引了更多的优质教师加盟,形成了一个良性循环,共同促进学校教育质量的提高。

学区房的需求揭示了新一代家长在面临社会地位焦虑时的现实情况。这种焦虑是由诸如教育、社会阶层和房价等深层次的社会结构性问题所引发的。例如,21世纪以来,基础教育领域的竞争愈发激烈,内卷化现象日益严重,引起了社会各界的广泛关注。人们对昂贵学区房的热衷以及课外辅导班的迅速崛起,促使政府不断加大教育减负力度,倡导素质教育理念。因此,减负和素质教育已逐渐成为教育政策的核心导向,凸显了家长对子女教育日益加剧的焦虑感。在教育政策调控不断升级的过程中,学生和教育工作者普遍表示不满,甚至怨言不断。然而,最终从中获益的却是各种课外教育培训机构以及房地产中介。城市家庭往往因为子女数量较少(许多为独生子女家庭)以及相对较好的经济条件,更容易采取质量替代数量的策略。这些家庭普遍存在着"不能让孩子输在起跑线上"的心态,导致家庭教育投入竞争加剧。在全民参与、全民焦虑的推动下,教育内卷化竞争给社会带来了许多负面影响,这可能导致家长和学生之间的关系紧张,进一步加大其心理压力。此外,过度关注教育竞争还可能使学生在学业上过于追求分数,而忽视对知识和能力的全面发展。这种现象还可能导致学生过早地过度专注于某一领域,影响他们在未来社会中的全面适应能力。

综上,购买学区房的过程逐渐演变为学校优质资源再生产的过程。在这个过程中,学区房市场的持续性和循环生产得到了保障。通过购买学区房,家长们为子女创造了更好的教育环境和机会,同时也帮助学校不断吸纳优质生源,提高教育质量。这样的现象在一定程度上证实了家长的经济条件和对子女教育期望对学生表现的影响,也揭示了学区房在教育资源再生产中所发挥的重要作用。总之,在解决学区房过热问题时,不能忽视其背后的根本性结构问题。

四、影响学区房购买动机的主要因素

在中国社会结构变迁相对剧烈的背景下,居住方式原子化造成了邻里社会资本的减少。因此,与横向维度上相对静态的邻里社会资本相比,纵向维度上的两个动态因素更为关键,即个人在过去的经历中,优质教育资源对教育和社会经济地位的影响程度以及预测未来制度性文化资本对获取社会经济地位的影响力。这些因素成为在相似经济背景下,邻里选择差异形成的主要原因。

首先,人们对于学区房是否能提高获得优质教育认证机会的可能性存在分歧。选择"老破小"学区房的受访者更倾向于认为学区房在优质教育获取途径中具有关键作用。有些家长基于个人经历,认为通过学区房可以实现包括制度性认证和社会关系在内的全面资本提升。而选择非学区房的受访者则对此表示怀疑。例如,一位毕业于985高校的家长根据自己的经历,认为制度性文化资本的获取主要依赖个人努力,即"个人是否具备潜力",而不仅仅依赖学区房带来的优质教育资源,认为学区房的作用被过分夸大。"我从小就在普通学校就读,但最终还是考取了985高校,从未觉得有太大困难。北京小学的教育资源相较于我的童年时代已有很大提升。关键还是要看个人是否具备发展潜力,房子的影响被过分放大。"

其次,从个体预测来看,人们对于制度性文化资本对获得社会经济地位产生影响的重要性也存在分歧。购买学区房的受访者普遍认为制度性文化资本,即优质教育认证,对于获得社会经济地位的作用愈发关键。一位在国有控股企业工作的家长根据招聘标准"水涨船高"的趋势,强调了学历和毕业院校等级对于"财富"和"前程"的显著影响,即教育认证对于获得社会经济地位和积累资本的重要性正在上升。"招聘要求真的越来越高,学历变得越来越重要。原本我们单位只要求本科学历,如今最低要求研究生,甚至还有海归博士、博士后投递简历,而且还要求本科毕业于985高校。"然而,选择购买非学区房的受访者则认为文化资本的重要性正逐渐减弱。例如,一位创业者根据创业经历认为,社会需求并不等同于学历需求,"与过去不同,现在不再盲目追求学历,而是更看重个人努力和实际工作经验"。"创业后才发现,我更愿意关注提升自己的能力,社会才是真正的大学,不会再盲目追求学历。过去毕业于名校就能获得一份满意的工作,如今越来越注重实际工作经验。经历过社会锤炼后,你才能明白真正需要的是什么。"

通过对比购买学区房与非学区房的动机以及影响动机形成的因素,我们发现,购买学区房的动机不仅是为了实现经济资本的增长,还体现了消费者对不同形式的文化资本和社会资本增值的多元化追求。相对而言,购买非学区房的动机更多是为了实现经济资本和物质文化资本的增值。购买学区房与阶层再生产的关系超越了单纯以经济资本竞争优质教育资源的直线关联,同时也挑战了以文化资本内部转换为核心的西方理论框架,展现出在中国背景下更为全面和复杂的购买过程。影响学区房购买的因素也不同于基于西方经验的横向维度的邻里社会资本存量,而更偏向于纵向维度上对教育获得的动态理解和判断。资本理论在一定程度上阐释了购买学区房的动机、过程及影响因素,但在中国的情境下,包括学区房和非学区房在内的邻里选择与阶层再生产路径呈现出更为多样化、动态和复杂的特点。这表明,从宏观层面来看,中国的住房选择与阶层关系并未出现与西方类似的僵化对应,仍处于模糊状态。而从微观层面来看,具备经济资源的个体拥有更多的可能性和主动性,通过住房选择来积累更多的家庭资本,进而追求阶层的再生产。

五、学区房的高房价成因

学区房通常指与优质公办中小学入学名额相关的住宅。现阶段,学区房制度对我国公共基础教育资源的分配产生至关重要的影响。在过去的 20 多年中,学区房的价格上涨幅度远超一般住宅。广州市某一地区的学区房价格较非学区房价格高出 30% 至 50%;南京市 30 所著名学校的学区房价格同比上涨 19.9%,而同期南京市二手房价格的平均上涨幅度仅为 2.8%。学区房的高价催生了许多社会问题,如教育机会不均、社会分层、投资炒作等,出现如"学区房值钱而学历不值钱""卖了大房子蜗居换取入学资格"等现象。学区房所对应的教育资源是政府提供的公办学校资源。政府对教育的投入总量有限,优质学校更利于获取各项经费,导致教育资源具有稀缺性和非均衡性。政府投入导致的优质教育资源分布不均和稀缺,在就近入学政策下,与学区房的土地相关联,形成"教育级差地租",最终推高学区房价格[1]。

学区房的价格大致可分为建筑安装成本、土地价值及开发商利润。在建筑安装成本方面,学区房与其他类型住宅无显著差异。开发商利润相对稳定,甚至最近几年由于政府对新房实施限价政策,其利润还在逐年下降,因此学区房的溢价主要体现在土地价值上。学区房

---

① 杨晗.学区房教育级差地租及其教育机会不平等效应的研究[D].上海:上海财经大学,2020.

制度中的"就近入学"是一种区位要素,这种区位因素最终导致溢价,那么区位的终极作用必然是在土地上形成一种"地租"。尽管学区房经历了一轮又一轮的炒作,但其本质仍然是炒作区位、炒作土地的内在价值。

目前而言,家庭挑选学区房的主要动力源于以下两个方面。一是家庭对教育回报的预期。具体来说,如若父母具有较高的学历和收入,他们便是教育带来高回报的群体,对教育回报的期望相对较高。即使父母的学历较低,仍存在一种教育"弥补心态",期望回报也相对较高。二是家庭财富状况。家庭财富用以支付学区房的额外溢价。因此,财富较为充裕的家庭更倾向于选择优质的学区房。教育品质与房价呈正相关的关系,这将引发一系列连锁效应——优质学校促使周边房价上涨;经济地位较高的人群为获取优质教育资源而持续购买优质学区房;在学区房供应总量有限的情况下,这将进一步推高房价,使得中低收入群体不得不撤离。若此现象持续发展,将导致一种"群体分化"现象——具有相近或相似教育水平、社会经济地位的人群聚集在一起,从而形成城市居住空间的分隔。来自类似家庭背景的孩子接受相同类型的教育,学校教育的社会化过程为同一社会群体内部赋予共同的身份认同,形成一个相对封闭的交流"圈层",这对城市居民间的社会融合具有不利影响。

目前,集团化办学和名校建分校的情况日益普遍,然而建立一所真正的优质学校并非易事,需满足一定的条件。

首先,教育品牌需要长时间的积累。优质小学通常具有深厚的历史底蕴,然而当前许多所谓学区房对应的名校多为新建的分校,并非原名校整体迁移过来,仅仅是名义上的名校分校。这些学校可能尚未培养出任何学生,没有可供比较的成绩作为证据,或者历史较短,实际上只是一种口水性的伪名校。从目前优质教育的建设和布局来看,名校数量终究有限,需要政府进一步加大对不同区域中小学的投入力度。

其次,房价普遍上涨。学区房成为房价上涨和抗跌的领导者。遍地名校分校的直接结果就是房价的普遍上升。在房地产市场低迷阶段,学区房成为维持房价、遏制负面舆论的关键因素。反之,在房价上涨时期,竞争焦点转向如何拥有特定学区房产以成为销售佼佼者,以及如何受到市场的关注。学区房价格已经成为评估房价合理性的另一标准和判断依据,是房地产市场的重要支撑。学区房不仅能成为房价上涨的激励因素,为房价上涨提供强大动力,同时在城市发展和房地产拓展过程中,优质学校分校具备一种独特的吸引力,能引导人口迁移和分布。

最后,义务教育的异质化。争夺学区房实质上是在争夺优质基础教育资源。这些优质教育资源并非来自私立学校市场化运作的成果,而是源于公立学校。然而,当这些公立学校与房地产市场紧密结合时,它们在一定程度上呈现出市场化和资本化的特征。购买学区房实际上成了一种间接选择学校的方式,使得名校成为富裕家庭为子女争取优质教育资源的合法途径。部分家长竭尽全力让孩子进入知名学校,他们不仅关注学校的教学水平,还期望孩子能够与同一社会阶层的同龄人建立联系。在这种背景下,家长之间逐渐形成了重要的人际关系网络,社会资本因而得以产生并不断积累。高昂的学区房价格与昂贵的高级管理人员工商管理硕士(EMBA)学费在某种程度上具有相似性。然而,义务教育关乎民众的切身利益,一旦优质义务教育资源被某特定阶层独占,义务教育的公平性便会逐渐削弱,会出现严重的异化现象。

尽管重点学校政策与就近入学原则在学区房产生过程中发挥了显著的推动作用,但它们的结合不一定会导致学区房的形成。实际上,学区房的概念是在住房市场化改革时期,学校教育与房地产行业相结合的情况下才出现的。学区房成为地方政府管理城市的工具,是政府、学校、房地产开发商及利益相关者共同制定的盈利策略,同时也是对家庭财富的再次分配。在过去的一段时期,某些地方政府通过利用学校推动房地产行业的发展,进而在这一过程中获取丰厚的财政收益。教育地产的运作最终变为对名校象征的操控,导致房价普遍上涨以及虚假名校的泛滥。在住房市场化环境中,家长们为争夺学区房而竞争,这也成为他们在各种资源方面的角逐,从而导致义务教育出现严重扭曲现象。当然,追求学区房的现象本身也值得反思。优质的义务教育阶段学校关注的主要是有多少人能进入优秀的初中和高中,而很少考虑其他因素。中国式教育仍未摆脱精英教育的思维,对学区房的追捧本身也反映了对优质教育资源的渴求和追求[①]。

---

① 陈友华,施旖旎,季春梅.学区房的形成机制及其社会后果研究[J].学海.2017(4):122-127.

第四章 学区制的政策演变

  学区制改革在教育领域的发展并非突然出现,而是在一系列逐步深化和不断迭代的微小改革过程中逐渐积累而成。这个改革进程并非一直顺利进行,而是在政治、经济和社会发展的大背景下,教育领域的改革才逐步推进、发展至今。义务教育均衡发展作为一个螺旋上升的动态过程,其"均衡"是相对的,不同时间阶段、不同的地域(城市及乡村)有不同的任务目标。在过去 20 年里,学区制改革从最初在个别城市小范围内的尝试,逐渐发展得到国家层面的政策确认,大致可以划分为以下三个阶段①。

一、学区制的自发探索时期(2014 年以前)

  学区制作为国策的实现途径展示了中央政府吸收地方制度创新并向下层推广扩展的方式。在这个过程中,地方政策创新满足了国家推动教育公平的需求,被国家政策所吸收,并在"教育教学技术效率"

---

① 王俊杰.教育均衡何以推进:学区制的政策演变及优化方略[J].教育学术月刊,2022(2):35-41.

的名义下,将其价值"理论化",进一步推广至更广大地区。随着"学区制试行"的提出,各地在学区制探索过程中经历了由学区化到学区制的逐步深入,现代学区制管理改革拉开序幕。

改革开放以来,中国的教育体制和政策不断发生变革,为学区政策的产生奠定了基础。1985 年,《中共中央关于教育体制改革的决定》明确提出了"基础教育由地方负责、分组管理"的原则,标志着教育管理体制从过去的直接管理逐渐转向统筹规划、协调治理的新阶段。在这一历史背景下,学区作为一种教育管理模式应运而生,开始出现在部分地方政策中,并被赋予了一定程度的行政管理权限。学区主要隶属于区县教育行政部门,作为教育行政部门的下级机构,负责在一定区域内的教育管理工作。1985 年,上海市普陀区率先成立了中朱学区,这一举措被认为在行政部门和学校之间形成了一种"全息性的中间领导层"。这类学区既需要负责执行上级教育局的各项指令,又要将所辖学校的实际情况上报给区教育局。在人事和财政方面,学区具备相对较强的权力,从而有力地强化了教育局的纵向领导。

2003 年左右,河北省承德市、北京市东城区等地开始主动探索学区化办学,通过学校间"互助合作"的模式,建立教育资源共建共享的联盟。紧接着提出"学区一体化",全国各地展开了学区化管理的实践尝试,将相邻的数所小学合并为一个学区,组建领导团队对学区内的资源进行合理分配。

具体来说,2004 年,北京市东城区发起"学区化"管理改革,以素质教育为核心,以尊重学生、教师和学校的全面发展为基本价值导向,以节约型社会下的节约型教育和绿色生态发展的和谐教育为目标,以学区信息化管理平台为支撑,深入挖掘和实现教育内涵的优质均衡发展(包括课程资源、人力资源、硬件资源、教育价值观、区域学校建设的价值导向、文化等的均衡),实行学区制度管理,依据中学、小学及幼儿园优质资源在地理上的分布,将东城区的十个街道划分为五个学区,确保每个学区内具备各级别各类型的优质教育资源品牌学校。北京市东城区的主要措施如下:①在教育系统内部,实现教育设施、设备的共享、课程资源共享以及人力资源共享,充分发挥区域内优质教育资源的辐射与引领作用。②在学区内实现资源互通,充分发挥区域内各类教育资源的功能,联合幼儿园、小学、职业高中、成人教育机构、校外、分校及市民文明学校与社区文化娱乐性机构等,共同面向社区,构建提高国民素质的终身教育体系基础;学区间亦可相互融通,为学者有其校创造条件。③为学区内的学校与街道社区的紧密联系搭建平台。一是使学校为学区内居民提供优质的教育服务;二是社区为学生开设社会实践课程提供"本土"教材;三是街道社区参与学校评价;四是作为政府派出机构的街道办事处将提高教育资源质量视为自身职责,积极关心、支持本学区学校的建设。东城区学区化管理打破了学校之间的隔阂,实现了人才、设施设备、课程等优质资源在学区内的共享。

2006年起,河北省承德市实施以学区中心校代替乡镇中心校的农村教育管理体制,以县为主导,县、区(学区)双重管理。通过以学区建设为平台,提高教育教学质量、实现教育公平为目标,全面推动承德市义务教育的均衡发展,实现区域内教育资源的优化配置,形成学前、小学、初中、职业、成人教育协同发展的办学格局。承德市的主要措施如下:①设立学区建设的领导与工作制度。市、县两级政府将学区建设视为全面整合义务教育、促进义务教育均衡发展的核心任务,作为全面实施《中华人民共和国义务教育法》的重要手段,纳入"十项民心工程"进行重点监督。②构建学区教育管理体系,以县为主导,实行以学区中心学校替代乡镇中心学校的管理制度,完善县级教育行政部门、学区中心学校和学校三级县域教育管理架构。同时,成立学区研训室,承担学区内中小学、幼儿园的教育教学研究和教师培训等任务。③建立多样化的投入方式。将项目建设与学区建设相融合,统筹规划,将国家中小学危房改造、学校布局调整、寄宿制学校建设、现代远程教育工程、标准化学校建设等项目资金捆绑使用。④加速标准化学校建设,努力缩小城乡之间教育的差距。

2006年,辽宁省沈阳市倡导推行大学区管理模式改革,废除"民办公助"办学制度,使民办公助中小学全面恢复为公立性质,以促进师资合理流动和学生均衡分配。沈阳市皇姑区以和谐为基石、以共享为路径、以特色为核心、以发展为宗旨,实施学区管理,实现义务教育均衡发展,推动教育公平,为人民办好教育。沈阳市的主要措施如下:①观念更新,将教育均衡发展作为一种思想资源在学区内传播并展开讨论,使广大教师群体形成高度统一的学区教育使命感。②明确工作方向,从历史、地理、环境、资源、管理等多角度,对每所学校进行全面的调查与研究,明确了"明志、融合、求美、共赢"的资源共享策略,确立了"建立完善制度,创新体制;关注教师发展,多元协作;共享优质资源,和谐发挥长处"的工作思路。③共享管理资源、人力资源和设施资源,充分发挥各校资源优势,取长补短,需求导向配置,和谐共享,使各校在硬件、师资、管理、学生、活动、校风、社区、基地等方面努力实现教育资源的深度流动与整合,真正实现学区内学校教育水平的共同提升。④依托教育学会的力量,运用思想引领、学术引领和名师引领,使学区均衡发展工作具备更高的科学性、前瞻性和持续性。⑤塑造特色,实现优势互补,共同推动大学区教育发展多姿多彩、相互映衬。⑥开展教师交流,不断提升教师的专业水准。

2006年起,吉林省长春市开始实施大学区管理。其主要措施包括:①实行大学区学生电脑派位录取制度,保证学生按照原学校所在学区入学。②实现大学区内设施资源共享,确保优质设施资源充分发挥效益,物有所用。③实现大学区内人力资源共享,促进学区内校长和教师的合理配置。④实现大学区内课程资源共享。

自 2007 年基本完成"两基"目标后,义务教育均衡逐渐成为国家教育政策的核心,学区这一制度创新也逐步受到中央关注。2007 年,广州市越秀区启动了"学区管理模式研究"项目,遵循地理位置相对集中的原则,将辖区内具有不同层次和发展背景的 101 所中小学分为十个学区,包括六个小学学区和四个中学学区。每个学区都是一个资源共享、交流合作和共同发展的协作体,通过这个协作体整合教育资源,实现人力、物质、知识资源的共享。根据各学区的发展基础,越秀区分别采用联盟模式、集群模式和集团模式三种不同的管理模式。

2007 年,四川省都江堰市以教育体制改革和发展为主线,以促进教育公平为基本措施,通过资源整合,建立新的运行机制,全面提升教师的整体业务素质,提高管理水平和教育质量,确保区域内学生享有优质教育资源,使学区成为区域教育发展的协同体,实现教育均衡发展目标。为了推动学区发展,都江堰市的主要做法包括以下几点:①设立三级组织管理体系,确保学区建设工作有效推进。②构建了以"六统一"和"四机制"为基础的学区发展共同体管理模式。"六统一"包括统一教育理念,确保教育目标一致;统一教学目标,明确各学科的教学要求;统一教育资源配置,实现教育教学资源的优化分配;统一教育教学管理,规范各学校的教育教学活动;统一研究培训工作,提高教师教育教学能力;统一教育教学评估,保障教育质量。而"四机制"则包括建立促进学区发展并切实解决教学研究问题的教学研究管理机制;建立具有本学区特色的教学研究工作规范和评估机制,提高教学质量;建立学区内合作互动的协调机制,促进各学校之间的交流与合作;建立灵活高效的学区教学、研究资源和教育人才资源的调配机制,实现资源优化配置。③建立考核评价机制,以学区为单位,实行"捆绑式考核"。此外,学区还注重打造学区特色和品牌。通过深入挖掘各学区的优势和特点,为每个学区赋予独特的文化内涵和教育特色。同时,结合学区内各学校的优势资源,打造具有区域特色的教育品牌,提升学区的整体教育水平和知名度。

2007 年起,宁波市江东区(现鄞州区)提出实行"共同发展学区"的改革策略,推动学区内教育整体化管理与捆绑式评估,实现中小学衔接、资源共享以及联合教学研究等多重目标。宁波市江东区依据学校的地理位置、历史传统、发展水平等多种因素,将每四至五所学校划分为一个"共同发展学区",通常包括一所初中及若干所对应的小学。江东学区管理模式在确保各个学校保持自身特色的基础上,以促进学区内学校共同发展和合作共赢为目标,共享各学校的特色资源,使教师逐渐从"学校人"转变为"学区人"。为实现这一目标,宁波市采取了以下主要措施:①制定学区教育发展规划,推行学区内教育教学整合管理与"捆绑式评价"。通过明确学区的整体发展目标和规划,确保各学校在发展中形成有机互补,提高学区整体教育质量。②在学区统一规划的指导下,定期组织教师与学生参与联合活动。通过各种形式的联合活动,提升教师之间的交流与合作,拓宽学生的视野,增强学区内各校的凝聚力。③实现教育设施与设备资源共享,以提高有限教育资源的使用效益。通过共享教育设施和设备,各学校能够更加合理地利用资源,降低冗余,提升资源利用效率。④课程资源共享,让小学生有机会到其他学校"留学",同时初中生也能"重返"小学进行学习。通过课程资源共享,可以让学生更好地感受不同学校的教育环境和教学方法,提高学生的综合素质和适应能力。通过以上措施,宁波市江东区的学区管理模式在保持各个学校特色的同时,促进了学区内学校共同发展和合作共赢。

《中华人民共和国义务教育法(2006 年修订)》的颁布标志着义务

教育均衡发展政策作为法定政策,全面进入了实际操作阶段并展开了制度化进程。政府通过实施一系列措施,如改善薄弱学校、改造农村学校、加大中西部偏远地区教育经费投入以及推进义务教育学校标准化建设等,从硬件改进、布局调整到人力、财力和物力配套等多方面,全方位推动和优化义务教育资源均衡配置,基本实现了义务教育条件和基本水平的均衡。2011 年,《国务院关于深入推进义务教育均衡发展的意见》在中央政府政策中正式提出实施"学区化管理",要求"发挥优质学校的辐射带动作用,鼓励建立学校联盟,探索集团化办学,提倡对口帮扶,实施学区化管理,整体提升学校办学水平"。从"提升学校办学水平"的目标来看,国家政策将学区定位为推动学校教育教学技术发展的组织机构。此后,在解决"大班额""择校""城乡一体化义务教育发展"等政策问题的方案中,学区制多次成为关键措施。

2012 年春季开始,陕西省决定以西安市为先导,率先进行学区制改革,并逐步扩展至更广泛的范围。在认真总结试点经验和成果的基础上,西安市教育局制定了《关于推行"大学区管理制"的实施意见(试行)》等文件,从制度机制方面深化改革实施。西安市的大学区制改革为陕西全省学区制改革起到了示范和引领作用,同时也为学区制在陕西乃至全国的推广奠定了基础和积累了经验。为了全面推动学区制改革在全省顺利实施,2013 年,陕西省教育厅向全省推广西安市的试点经验,并发布了《陕西省教育厅关于印发西安市教育局〈关于推行"大学区管理制"的实施意见(试行)〉的通知》,为全省推进学区制改革工作指明了方向。同时,在西安市四个城区开展了"大学区管理制"试点实践。在各区域中小学中,教育行政部门指定一所优质学校担任学区长,纳入三至五所同类型、同层次的相对薄弱的成员学校,依据地理位置合理组建成一个大学区,实施学区长负责制。学区长对学区进行统一管理,并在人事编制、资金使用和资源调配等方面具有一定的管理权限。

这一时期的主要特征如下：首先，学区制作为国家在推动教育资源均衡发展方面的创新措施，其重要性日益凸显。2005年，《教育部关于进一步推进义务教育均衡发展的若干意见》首次提出"均衡"的指导思想；2012年，《国务院关于深入推进义务教育均衡发展的意见》正式提出"学区化管理"的概念。随着我国教育均衡观念的不断深化，学区制在这一肥沃的土壤中逐渐生根发芽，成为教育领域的一项重要改革。其次，学区制充分体现了中央政府对地方制度创新的吸纳和自上而下推广的特点。《国家中长期教育改革和发展规划纲要（2010—2020年）》对学区化办学以及优质教育资源共享实践给予了充分肯定。在此背景下，全国各试点地区根据地理位置相近的原则，建立了以教育资源整合和共享为导向的学区制管理单元。最后，学区制根据不同地区的发展基础和特点，形成了多样化的管理模式。例如，广州市越秀区根据其实际情况，采用了集团模式、集群模式和联盟模式进行学区管理；郑州市则在实践中进行了"强校＋弱校""老校＋新校"的学区模式探索，并尝试了"强校兼并""强校托管"和"教育联盟"等不同的学区管理模式。这些多样化的管理模式为各地区提供了借鉴和参考，有助于推动全国范围内教育资源均衡发展的实现[①]。

二、学区制的政策推动时期（2014—2019年）

2014年，《教育部关于进一步做好小学升入初中免试就近入学工作的实施意见》的出台是学区制改革的一个重要节点，该意见提出"按

① 王俊杰.教育均衡何以推进：学区制的政策演变及优化方略[J].教育学术月刊,2022(2)：35-41.

照地理位置相对就近、办学水平大致均衡的原则,将小学和初中结合成片进行管理,提倡多校协同、资源整合、九年一贯",推动学区内各类资源要素的均衡配置。上海、北京、陕西等地进行了学区制的积极探索。

(一)这一阶段上海的探索

2014 年,上海市率先实施学区化办学策略。上海市教育委员会认为,学区化、集团化办学是上海市推动义务教育优质均衡发展的关键措施,它反映了政府办教育的价值取向和责任担当。确保每一所社区学校的优质办学是政府不可推卸的责任。因此,从这个角度来看,这是一项"治本之策"。近年来,随着义务教育资源均衡配置和基本公共教育服务均等化的推进,当前上海市义务教育阶段的学校差距已不再主要体现在硬件资源配置上,而在于学校内涵发展水平方面。学区化、集团化办学的核心目标是提升区域内教育内涵发展水平,通过优化区域教育生态、共建共享教育教学资源、传递教师专业发展智慧,重点实现学区内和集团内学校的内涵发展水平的整体提升,从而在区域内增加优质教育资源、缩小校际差距。

2014 年,上海市在全国首次通过县域义务教育基本均衡验收后,以学区化办学改革继续推进义务教育优质均衡发展。自义务教育均衡发展督导评估制度建立以来,各地根据实际情况推动义务教育均衡发展,上海市在这方面的发展速度较快。为了推进义务教育均衡发展和教育公平,上海市以"办好每一所学校、教好每一个学生、成就每一个教师"为政策导向,坚持均衡与发展相统一、政府职责落实与学校主动发展相协调、硬件建设与内涵发展并重、自主发展与城乡联动相结合的原则,稳步推动上海市义务教育优质均衡发展。2014 年 3 月 16 日至 21 日,国务院教育督导委员会办公室组织的督查组深入上海市,通过随机抽样方法，对上海市申报的 17 个义务教育发展基本均衡的区县进行了督导检查。经过综合评估，研究认为上海市的义务教育均衡发展已达到国家规定的标准，因此建议国务院教育督导委员会认定上海市整体通过国家义务教育均衡发展督导评估。据此，上海市成为我国首个实现县域义务教育均衡发展的地区。2014 年 8 月，上海市教育委员会召开新闻通气会，明确表示自 9 月起将积极推动学区化、集团化办学，并进一步明确了相关的时间表和路线图。根据计划，到 2017 年底，上海市将在全市范围内基本形成覆盖面较广的学区化、集团化办学新格局，并建立具有区域特色的运作机制，努力实现"让每一所家门口的学校都优质"的目标。在"先行先试"的阶段，徐汇区、杨浦区、闸北区、金山区等四个区作为试点，为制定学区化、集团化办学的三年规划做好准备工作。2015 学年起进入"全面推行"阶段，各区县根据自身的实际情况和需求制定相应的三年规划，选择实践点，并找准突破点，以扩大优质教育资源覆盖面，在推动学区化、集团化办学的过程中，各区县充分考虑地域特点和教育资源状况，有针对性地制定实施方案，努力实现教育均衡发展。在三年的过程中，上海市不断加强学区化办学。截至 2017 年 9 月，上海市各区共建立学区和集团 171 个，覆盖学校达 993 所，约占全市义务教育阶段学校总数的 55%，学生总数的 50%；市、区两级新优质校集群覆盖义务教育阶段的 382 所学校，约占全市义务教育学校总数的 25%[1]。

2015 年，上海市教育委员会发布了《关于促进优质均衡发展、推进学区化集团化办学的实施意见》，阐述了上海市学区制改革的基本原则。其中包括以下几个方面：第一，强调以区县为主导推动学区制改革。在实施区县教育综合改革方案的过程中，加强对学区化、集团

① 郭元婕.学区化管理研究[M].北京：科学出版社，2021：96.

化办学的顶层设计和布局,明确发展目标,落实改革措施,并推动实践创新。第二,倡导学校自愿参与学区化、集团化办学。在基层学校参与过程中,应充分听取本校教职工代表大会的意见或建议,对于民办学校,还需要经过理事会或董事会等学校决策部门的审核与同意。第三,关注学区内涵发展。通过先进办学理念的辐射、骨干教师的柔性流动、教育教学资源共享、设施设备场地共用、学校办学文化生成等措施,不断强化内涵建设,提升教育品质。第四,坚持开放协同合作。通过多校协同发展,摒弃校际壁垒,缩小校际差距,实现共同体内优质教育资源的辐射推广与合成再造,以形成稳定的合作机制。第五,激发办学活力与创新精神。通过办学共同体建设,调动学校积极性和创造力,提高学校改进与重建的能力,逐步塑造各自的办学优势,打造学校的办学特色。总结来说,上海市将学区制改革作为基础教育综合改革的重点项目,旨在构建办学联合体,打破校际壁垒,提升学区教育品质。

(二)这一阶段北京的探索

北京市教育发展水平较高,拥有众多全国知名学校。作为中国的首都,北京市义务教育阶段的学校发展已符合教育部所认定的义务教育均衡发展要求,但在部分地区,"择校热"现象依然严重。2014 年起,北京市开展教育领域综合改革,学区制作为缓解"择校热"和促进义务教育均衡发展的重要手段。这表明,尽管北京市拥有众多名校,并且基础教育得到国家认可,但教育发展不均衡仍然会影响社会和谐。一方面,北京市推行学区化管理改革是为了响应国家号召,国家鼓励各地通过体制机制改革等方式解决"择校热"问题。2017 年,中共中央办公厅、国务院办公厅发布的《关于深化教育体制机制改革的意见》提出,"改进管理模式,试行学区化管理"。基于 2016 年的专项研究,北京市总结并推广了学区制管理的典型经验,并将制定指导意见作为深化改革的重要任务。另一方面,为落实北京市政府实事清单所需,2017 年起,作为扩大优质教育资源的有效手段,将研究推行学区制改革纳入了北京市政府实事清单。随着教育综合改革的推进,北京市学区制管理起始于各区,并积累了丰富的实践经验,北京市政府有义务和责任对改革进行引导、规范和提升。

鉴于上述背景,2018 年北京市正式启动市级学区制改革,发布《北京市教育委员会关于推进中小学学区制管理的指导意见》,并召开新闻发布会对该文件进行解读和宣传推广,阐明了北京市实施学区制改革的五个原则。

第一,要坚定不移地遵循优质均衡发展的基本原则,即根据各区域的实际情况,充分发挥优质教育资源的辐射和带动作用,丰富教育供给,增强发展动力,努力解决区域内学校之间发展的不平衡和不充分问题,缩小学校间的教育差距,全面提升教育质量,推动区域教育优质均衡发展。

第二,要坚定不移地遵循资源统筹协调的原则,即整合与协调区域内各类型教育资源,跨越资源边界,畅通资源微循环,激活优质资源,优化供给方式,完善协同发展机制,建立共建共享平台,实现区域资源互联互通,不断满足师生多样化发展需求,扩大优质教育资源的受益面。

第三,要坚定不移地遵循多元共治的原则,即注重将自上而下的政策制定与自下而上的实践探索相结合,实现上下联动、多方协作,建立和完善多元共治的学区管理和运行机制,引导学校、街道(乡镇)和社会力量积极参与学区建设和管理,共同解决学区发展的实际问题,构建共建共治共享的学区发展共同体。

第四,要坚定不移地遵循因地制宜的原则,即结合区域实际,加强顶层设计和统筹协调,合理规划学区布局,均衡配置教育资源,适度控制发展规模。明确学区职能定位、组织架构和发展目标,适应区域教育需求和资源条件,发挥学区优势,促进形成良好的教育生态。

第五,要坚定不移地遵循创新与开放的原则,即遵循有利于整合教育资源、有利于激发各方积极性、有利于促进优质均衡发展的原则,探索学区制改革的新模式,寻求扩大区域优质资源的新途径,创新学区化管理体制和运行机制,推动教育治理体系和治理能力现代化。

同时,《北京市教育委员会关于推进中小学学区制管理的指导意见》还明确了各区学区制改革的主要任务。

第一,合理划分学区范围,即依据行政区划、适龄儿童人口等相关因素,遵从义务教育无须考试就近入学以及优质教育资源平衡分配的原则,对学区范围进行合理划定,对生源布局进行合理规划,并对教育资源进行合理配置。在进行学区划分时,要全面考虑,确保相对稳定性。根据各地区的生源需求和教育发展要求,对各个学校、各个学段的资源要素进行统筹,制定发展规划,科学预估学区教育规模,强化对发展趋势的研究和判断,积极调节供需关系,推动区域教育稳定有序发展。

第二,完善学区治理体系,即针对区域实际情况加强学区建设,探讨构建多元共治的学区发展方式。改进学区治理结构,通过设立学区管理委员会、理事会等组织形式,组织协调学区、学校、家庭、社区及社会力量代表共同参与学区建设与管理。优化学区协调机制,通过签订协议、协商等途径,明确各方的权利和义务,促进各方在教育责任和发展利益方面实现共担、共享。完善学区议事规则和决策程序,充分征求各方的意见建议,完善依法、科学、民主的决策过程。激发各方参与学区改革发展的热情、主动性和创造力,促进多元主体协商共治和多方协同育人的区域教育发展新格局的形成。

第三,完善学区管理机制,即明确学区的定位并履行学区的职责。合理设置学区人员岗位和工作职责,构建健全的"组织合理、目标明确、职责分明、运行协调、保障有力"的学区化管理体系。重点发挥学区在服务学生入学升学、推动资源共享、搭建发展平台、改进治理体系等方面的职能优势,不断提升学区管理水平和服务保障能力。加强对学区的管理、指导和保障,探讨对学区发展的评价考核手段,激励学区在整合资源、综合治理、促进优质均衡发展等方面发挥更大的作用。

第四,统筹学区资源供给,即协调学区内外教育资源,建立学区资源共建共享平台,丰富并拓宽教育资源,构建学区信息资源平台,精确对接学区内各学校的资源需求和供应,最大化学区教育资源的利用效率和效果,以教育资源整合、流通、共享推动学校和学区的提升与发展。

第五,建立学区发展平台,即在尊重学区内各中小学校自主办学的前提下,充分发挥学区优势,拓宽发展渠道,增加发展机遇,并营造有利于发展的氛围。激励学区内各校加强校际合作,整合教育资源,打通人才培养链条,并促进干部教师间的交流与合作。搭建教育教学交流的平台,组织实施课程教学研讨、教师教育科研培训活动。构建学生学习成长的平台,组织开展学生综合实践活动以及综合素质发展交流展示活动,推动师生获得实际的成效,促进学生全面发展、教师专业成长及学校内涵式发展。

《北京市教育委员会关于推进中小学学区制管理的指导意见》的出台,为学区治理结构提供了明确的指导,通过设立学区管委会、理事会等组织形式,组织协调学区、学校、家庭、社区以及社会力量代表共同参与学区建设与管理,为实施学区制提供了具体的操作细则。

（三）这一阶段陕西省的探索

在教育部以及陕西省委、省政府的指导下，陕西省教育厅通过深入推进学区制管理改革、扩大优质教育资源覆盖范围以及促进弱势学校发展等措施，有效缓解了城市"择校热"，推动了教育领域的综合改革。陕西省各地区通过实施学区制改革、建立学校发展共同体和学校联盟等策略，有效地推动了义务教育的均衡发展，并在省级层面统筹推进学区制管理。

首先，2014 年起，陕西省将学区制管理改革作为每年教育工作的重点任务，以扩大优质教育资源覆盖范围。陕西省教育厅为落实省委、省政府的要求，认真总结基层经验，积极推动学区制管理改革示范县区的命名工作，提出示范县区的基本条件，并要求县区教育行政部门成立专门机构，立足实际，兼顾城乡，确保有效实施。截至 2018 年11 月，各县区辖区内 95％以上的义务教育学校已参与学区制管理。

其次，示范县区应建立义务教育学校教师、校长、经费投入、设施设备等教育资源均衡配置与统一管理的工作机制；构建强弱学校间合作办学、合并办学、对口支援、帮扶交流等合作机制；建立按学区制管理改革完善义务教育学校招生入学的相关制度。

再次，落实义务教育学校教师和校长的交流轮岗制度，确保交流人员范围和比例达到省定标准，即每学年教师交流比例不低于符合交流条件教师总数的 10％，其中名师、教学能手及教学骨干等不低于交流总数的 30％。与此同时，将学区制管理改革纳入县区对学校的综合考核中，探索引入第三方机构对改革进程和效果进行评估和监督，形成具有鲜明特色和显著成效的典型经验，在地域范围内发挥示范和带动作用，产生一定的影响力。截至 2018 年 11 月，陕西省已共命名 21个县区为学区制管理改革示范县区。

最后,为确保学区制管理改革的顺利实施,陕西省于 2016 年发布了《陕西省人民政府关于进一步推进义务教育均衡发展全面提升基础教育整体水平的意见》。2017 年,在前期调研基础上,结合党的十九大精神及中共中央办公厅、国务院办公厅意见精神,陕西省教育厅起草了《关于进一步推进义务教育学区制管理改革的指导意见(征求意见稿)》,并完成了第一次专家论证。2018 年,发布了《陕西省人民政府关于统筹推进县域内城乡义务教育一体化改革发展的实施意见》,将学区制管理改革纳入文件。2018 年 6 月,对西安市灞桥等六个县区进行了义务教育学区制管理改革示范县区命名。优质学校对弱势学校的带动作用明显,校际差距逐步缩小,优质教育资源覆盖范围持续扩大,教师教育教学能力显著提升,学校整体教育质量不断提高,受到学生、家长以及社会各界的广泛认可和肯定。

在陕西省教育厅的倡导和推进下,各市县根据实际情况大胆创新,不断赋予学区制改革新的内涵,使改革工作取得新的成果。渭南市采用了以"教学管理、共享设施、安排教师、课程资源、教学活动、组织备课、教师培训、学生活动、质量监测、评价激励"为核心内容的"十统一"学区制改革模式,同时配备了督导检查、评估考核、问责通报等机制,进一步完善学区制管理方法。该市的临渭区通过合并与合作两种方式组建学校发展共同体,推行"一校多址"制度,进一步提升优质学校的品牌价值、师资和管理效能,有效缓解了当地的"择校热",获得了公众的认可。宝鸡市实施了"名校孵化"工程,遵循"名校引领、资源共享、捆绑考核、互动发展"的策略,定期组织优劣学校间进行教学交流和学科教研活动,推动深度整合和共同进步。市教育局统筹规划并指导城区内优劣学校合并办学,例如将热门学校金陵小学与薄弱学校渭滨区铁路第三小学合并,分别承担一年级到四年级和五年级到六年级的教学任务,有效解决了原金陵小学大班额问题,使薄弱学校重获发展活力。安康市在城区试行"大学区、督学责任区、教研协作区"三区一体化改革,根据"对口帮扶、委托管理、捆绑发展"三种模式划分大学区,建立学区长责任管理、学区机构议事、校长教师交流轮岗、考核激励等机制和措施,形成了行政、督导、教研、学校"四位一体"的联合发展框架,全面推动了大学区改革的有效实施。

这一时期的主要特征如下:首先,在国家层面进行顶层设计,《教育部关于进一步做好小学升入初中免试就近入学工作的实施意见》明确了学区划分的标准与建立原则,并在后续实践中尝试执行了"多校划片"的学区政策。其次,2017 年中共中央办公厅和国务院办公厅发布的《关于深化教育体制机制改革的意见》提出了"试行学区化管理"的方案,基于此,各地在国家政策的引导下逐步制定了新一轮的学区制办学政策。在这个过程中,学区制从学区化向学区制发展演变,各个学区相继成立了学区委员会,通过深度联盟和集团化办学等手段,推动了区域内优质教育资源的传播与共享。最后,逐步构建了在教育行政部门领导下的多元主体共同参与的教育治理体系。这一体系充分吸纳了多方参与,加强了政府、学校和社区资源的整合,使得学区从单一管理模式转变为多元治理模式。这种转变有助于提高教育行政管理的效率和效果,更好地满足区域内教育需求[1]。

三、学区制的深化发展时期(2019 年至今)

2019 年起,社会上关于"教育质量资本化"的讨论日益热烈。许多家长担心孩子在激烈竞争的教育环境中无法取得优势地位,因此

---

[1] 王俊杰.教育均衡何以推进:学区制的政策演变及优化方略[J].教育学术月刊,2022(2):35-41.

"不能让孩子输在起跑线上"的心态逐渐成为家长们的共同焦虑。为了确保孩子能够接受优质教育,家庭对教育投入的需求持续增长。在这一背景下,由于优质教育资源与所谓的学区房存在密切关联,越来越多的家庭将购买学区房视为投资基础教育的主要途径。这种现象在义务教育阶段导致了教育资源的分层现象,并进一步加剧了社会财富分层效应。为应对这一问题,政府提出了"双减"政策,旨在促进义务教育优质均衡发展。政策提倡积极推动学区化治理,通过集团化办学等手段扩大优质教育资源的覆盖面。这样的措施有助于缓解家长的焦虑情绪,提高整体教育质量,减少教育资源分层现象以及社会财富分层效应。在政府的引导下,我们期待公平、优质的教育环境能为所有孩子提供更好的成长条件。

2019年,《上海市教育委员会关于推进本市紧密型学区和集团建设的实施意见》正式发布。该文件明确提出,在两个周期(每个周期为三年)的创建过程中,全市将基本建立紧密型学区与集团的良好发展格局。在这些学区和集团内部,各成员学校的教师专业发展水平和教学质量将逐步提高,办学特色将更加显著,家长及社会满意度将持续提高。建设目标是使超过20%的学区、集团发展成为紧密型学区、集团,并覆盖全市各区。依托学区化、集团化办学的广泛普及,推动组织结构更加紧密、师资分配更加合理、教科研合作更加深入、评价体系更加完善等方面的改进,激发每个学区和集团的创新潜能,实现管理、师资、课程、文化等多个方面的深度整合,提升每一所成员学校的办学效果,打造更多"家门口的优质学校"。

《上海市教育委员会关于推进本市紧密型学区和集团建设的实施意见》还进一步强调了三个方面的重点工作:一是市区联动策略。在市级层面,上海市教育委员会设立了紧密型学区建设领导小组,由上海市教育委员会基础教育处负责日常事务,统筹协调紧密型学区建设工作。上海市教育科学研究院隶属于上海市教育委员会,成立了紧密型学区建设项目组,与相关研究机构共同开展专业指导和评估工作。在区级层面,各区教育局结合实施公办初中强校工程、新优质学校集群发展等任务,规范紧密型学区管理,制定区域配套政策,并在资源整合、投入增加、保障加强和指导加强等方面做好工作。

二是评估保障建设。通过制定紧密型学区建设评估指标,对创建方案进行评估、进行中期评估以及验收评估等环节,充分发挥牵头学校的领导地位,激发成员学校的积极参与,不断提升治理能力,加大资源共建共享的力度,提高学生、家长和社区的满意程度。评估结果将成为学区改进、提升及绩效考核的关键依据,并作为命名区级紧密型学区和上海市示范性学区的重要依据。

三是在交流和展示方面,定期组织紧密型学区、集团建设的交流展示活动,分享典型经验,并研究解决在推进学区化管理过程中遇到的具体问题。在紧密型学区创建过程中,设立市级示范性学区,每年至少在全区范围内举行一次高水平的交流展示,三年内至少在全市范围内举行一次高水平的交流展示,从而取得良好的交流成果。同时,充分利用新闻媒体的舆论引导功能,加大宣传力度,引导全社会关注和支持基础教育的改革与发展,为基础教育改革发展营造良好的环境。

北京市实施了教师的"区管校聘"制度。2019年12月,北京市教育委员会与北京市机构编制委员会、北京市人力资源和社会保障局、北京市财政局共同发布了《关于推进中小学教师"区管校聘"管理改革的指导意见》,明确指出要将"区管校聘"管理改革与全面推行中小学学区制管理、岗位管理、公开招聘聘用管理、校长教师交流轮岗、职称评审、考核评价和薪酬分配等制度改革进行协同统筹实施,以期实现改革政策的综合效果,有效推动综合改革。以北京市小学教师"区管校聘"管理改革为例,具体实施了以下几项改革举措。

第一,创新编制管理方式。根据在校生规模、班额等因素,充分考虑乡村小规模学校城镇化进程以及中高考综合改革的实际需求,统筹安排各校教职工编制数,实施学区内、教育集团内(跨学段)统筹配置,每年进行动态调整的管理制度。

第二,优化岗位管理方法。教育行政部门与人力社保部门在核定的岗位总量范围内,根据各学区内各级各类学校数量、在校生规模、班额、师资结构及承担教育教学改革任务等因素,将岗位整体分配至各学区,打破校际岗位资源的壁垒,实行集中管理。各学区负责具体将岗位分配到各学校,并向同级人力社保部门报备。

第三,完善公开招聘制度。鼓励和支持各区以学区为单位,根据岗位设置需求及实际需求,统筹开展教师招聘。优化岗位聘用制度,学校需在学区统筹分配的编制和岗位数量范围内,科学地制定本校岗位设置方案,明确管理人员、专业技术人员以及工勤人员的岗位结构,并依法依规完成聘用合同的签订与履行。

第四,全面实施竞聘上岗制度。各区应积极探索校内竞聘、学区内竞聘以及跨学区竞聘等多种形式的竞争上岗和组织统筹调剂相结合的教师资源配置模式,建立竞争择优、能进能退的用人机制。教师可在学校内、学区内竞聘上岗,也可以跨学区竞聘上岗。学区内跨校竞聘岗位由学区统一公布,跨学区竞聘岗位由区级教育行政部门统一公布。

第五,完善校长教师交流轮岗制度。各区要根据义务教育优质均衡发展和中小学布局结构调整的需要,科学编制义务教育学校校长教师交流轮岗的中长期规划和年度计划,制定交流轮岗工作实施方案。重点推动学区内校长教师资源的统筹均衡配置,组织优秀校长、教师向农村学校和一般学校流动,从超编学校向缺编学校流动。区域内城镇学校和优质学校的校长、教师每学年到农村学校。

《教育部办公厅关于做好 2019 年普通中小学招生入学工作的通知》在 2017 年中共中央办公厅和国务院办公厅发布的《关于深化教育体制机制改革的意见》的基础上,明确指出"多校划片"的具体实施办法为"随机派位"。在教育资源分布不均衡的地区,稳定地实施多校划片政策,通过随机派位方式安排适龄儿童入学。这一政策旨在解决教育资源分布不均衡的问题,进一步推进公平教育。"多校划片"政策的实施规则和基本操作包括将一所优质学校与多所相对较弱的学校划分到同一学区内,使得学区内所有适龄儿童都有机会进入优质学校。录取过程采用电脑摇号方式,以确保公平性。通过这一政策,降低了学区房的择校功能,即使购买了原本与优质学校对口的学位房,也不能确保进入该优质学校,而需要参与摇号。这意味着有可能无法摇中优质学校,而被调剂到相对较差的学校。这一政策的实施有助于促进教育资源的均衡分配,降低家庭经济背景对孩子受教育机会的影响,从而推动教育公平。然而,这也可能造成部分家长和学生的不满,因为他们可能需要面对购买学区房后无法进入心仪学校的现实。

北京市西城区教育委员会发布文件,自 2020 年 7 月 31 日起,对于户籍从北京市其他区迁入西城区的适龄儿童,在申请入读小学时,将不再对应登记入学划片学校,而是采取多校划片方式在学区或相邻学区内入学。自 2020 年 7 月 31 日之后购房的家庭将不再能直接进入西城区德胜和月坛这两个著名片区的学校。这些家庭的适龄儿童将被分配或调剂到相邻片区的学校,例如新街口和什刹海的调剂学校。这意味着在这一时间点之后购买西城区房产的家庭,无法确保其子女能够进入当地知名学校就读。

"多校划片"等政策的逐步实施,标志着义务教育质量提升和均衡发展的新阶段,通过扩大学校选择空间以促进教育公平,从客观上可以抑制房地产投机热潮。尤其是 2021 年 4 月 30 日中共中央政治局召开的会议强调，"要坚持房子是用来住的、不是用来炒的定位，增加保障性租赁住房和共有产权住房供给，防止以学区房等名义炒作房价"①，明确了要坚持"房住不炒"的立场，遏制学区房投机行为。"多校划片"也是遏制学区房炒作的相关措施之一。可以说，我们在推动义务教育优质均衡发展的过程中，投资学区房的盲目投机风险将随之增大，"多校划片"等政策能对投机性炒房行为产生一定的制约作用，有助于实现不同收入层次的居民平等获得优质教育资源的机会。

　　2022 年 8 月 1 日起施行的《深圳经济特区社会建设条例》针对入学政策展开了全方位与深入的优化与调整。在公共教育领域，该条例推行大学区招生模式以及构建教师交流机制，旨在进一步提高教育质量及促进教育公平。根据政策规定，深圳市及各区教育部门有义务对义务教育积分入学政策进行优化，综合衡量各种因素，如户籍、居住时长和社保年限等，以确保充分体现入学政策的公平性和合理性。这意味着，教育部门需要在维护各方利益的基础上，对入学政策进行全面梳理和改革，确保所有适龄儿童能够享有平等接受教育的机会。此外，该政策明确指出，深圳市及各区教育部门应当积极推行大学区招生和办学管理模式。这种模式旨在提高学校间的资源共享与合作，减轻过度竞争带来的压力，使学生能够在相对宽松的环境中学习。大学区招生制度能够让学生就近入学，降低择校热度，进而提高教育资源的合理分配。同时，建立教师交流机制可以提高教师的教学质量与水平，通过不断的学习与交流，形成互补互助的教育生态。深圳的入学政策改革，从加强入学政策的公平性与合理性入手，积极推行大学区招生制度和教师交流机制，促进了公共教育领域的持续改进与发展。

---

　　①　解读中共中央政治局会议首提"防止以学区房名义炒作房价"［EB/OL］.（2021-04-30）［2023-08-31］. http://finance.sina.com.cn/tech/2021-04-30/doc-ikmxzfmk9960655.shtml.

这一时期的主要特征如下：首先，政策着力于强化社会公平与正义。为实现此目标，政府在公共教育领域进行了合理的资源分配与平衡，优化了教育体系结构，旨在推动教育公平，确保每位学生都能够受益于普惠性的政策福利，实现社会基本公共服务的均等化。这有助于缩小教育差距，增强社会的公平性。其次，政策关注防范特定区域内的学区房炒作现象，强调了学区资源均衡发展的重要性。为实现此目标，政府采取了多种措施，如实施"多校划片"制度、推行大学区招生和办学管理模式等，并建立义务教育学校教师交流制度，完善优质教育资源的共建共享机制。这有助于缓解学区房问题，促进教育资源的合理分配与公平使用。最后，政策进一步明确了具体措施。例如，在义务教育学校设备设施方面实行标准化配置，同时确立统一的学校运行经费生均拨款标准，保证各个学校在基础设施和运营资金方面享有平等待遇。同时，优化义务教育积分入学政策，综合考量各种因素，如户籍、居住时长和社保年限等，以确保教育资源分配的公平性和合理性得到充分体现。这有助于提高教育质量，增强教育公平性。通过这些政策措施为促进教育公平、提高教育质量和实现社会公平正义提供有力支撑[①]。

---

① 王俊杰.教育均衡何以推进:学区制的政策演变及优化方略[J].教育学术月刊,2022(2):35-41.

第五章　我国部分重点城市的学区房现状与适应政策

一、杭州的学区房现状与适应政策

(一)杭州的学区房溢价

作为中国新一线城市以及浙江省的省会,杭州近年来在经济和社会方面取得了显著成就。杭州享有"人间天堂"的美誉,拥有诸如西湖、千岛湖、西溪等知名自然景观以及众多历史文化遗产。优越的自然环境和深厚的文化底蕴使杭州成为国内外游客热衷的旅游目的地,同时为居民营造了高品质的生活环境。杭州具备完善的交通基础设施,便捷的交通网络使杭州与周边城市及全国其他主要城市保持紧密联系,进一步提升了杭州的城市吸引力。这些特质共同构成了杭州独特的城市吸引力,吸引了众多国内外人才、企业与投资者。在此背景下,杭州的房地产市场也呈现出快速发展的趋势。伴随着城市化进程、人口增长和政策调整,杭州房地产市场呈现出如下特点。

第一，房价温和上涨。受人口增长、投资需求以及有限土地供应等多重因素的影响，杭州市在过去数年间房价呈现温和上升的趋势。

第二，学区房需求旺盛。受限于优质教育资源供给的紧张状况，购房者对学区房产生了极大的兴趣，从而推高了学区房的房价。随着家长对子女教育的关注度逐步提高，家长对学区房的需求也在不断增加。杭州市的优质学区房价格远高于普通住宅，已然成为房地产市场的关注焦点。

第三，新城区蓬勃发展。为缓解市中心地区的人口压力、解决土地资源紧张问题，杭州近年来着力发展新城区，例如钱江世纪城、未来科技城、萧山科技城等区域。这些新兴城区的基础设施和产业布局不断完善，吸引了大量购房者和投资者，从而推动了这些地区房地产市场的迅速发展。

第四，政策调控作用显著。为了稳定房地产市场，杭州政府过去几年采取了一系列政策调控措施，如限购、限售、限贷等。这些政策使得杭州房地产市场得以保持相对稳定的发展态势，减小了市场泡沫过度膨胀的风险。

第五，住房需求日益多样化。伴随着居民收入水平的提高以及人们对生活品质的要求不断提高，杭州购房者对住房的需求变得越来越多样化。高品质住宅、绿色住宅、养老社区等各类形式的产品逐渐受到市场青睐，进而推动了房地产市场的创新和发展。

2017—2021年，杭州学区房市场表现出显著的上升趋势，主要受到以下几个关键因素的影响：一是人口增长。随着杭州经济的迅速发展，越来越多的人群选择在此地工作与生活，导致人口持续增长，这也使得人们对优质教育资源的需求逐渐增加。二是实施限购政策。为了抑制房价过快上涨，杭州政府采取了一系列限购政策，如提高首付比例、限制购房次数等，这些政策使得购房者更加倾向于购买具有较高投资价值的学区房。三是教育资源紧缺。随着人口的不断增长,杭州市的优质教育资源逐渐变得紧张。因此,家长们愈发愿意购买学区房,以确保子女能够接受高质量的教育。四是投资需求,学区房因具有较高的投资价值和保值增值空间而受到投资者关注。杭州学区房的价格水平受到人口增长、限购政策、教育资源紧张以及投资需求等多方面因素的共同作用。这些因素相互影响,共同推动了杭州学区房市场的持续上涨。

根据调研数据,2017—2021年,杭州学区房市场呈现出显著的上涨态势。其中,西湖区的学区房价格与其他地区拉开了距离。一些老牌名校的学区房价格依然保持坚挺,甚至还在稳步上升。经过数年的持续增长,西湖区头部名校的学区房价格基本已经攀升至10万元/m²;部分名校的学区房价格也基本达到了7万元/m²。这些学区房大多位于20世纪90年代建成的小区,户型以小面积为主且面积越小单价越高。例如,面积约为50m²的两室公寓,单价可能高达8万元/m²,总价约为400万元。相较于市中心500万元以上价格的新房,家长们仍然更愿意选择这些"老破小"。同时,优质学区房的换手率较高,也见证了一代又一代学子的成长。这些房源在二手房市场中属于"硬通货"。无论是转手出售还是出租,基本上一上市就能找到买家或租客。即便是出租,很多也是三至六年的长期租约。从这个角度看,稳定且较高的租金收益使得这些二手房在市场上备受欢迎。

上城区N板块的房源主要是高端豪宅,属于新交付的一批次新学区房,其成交均价已接近10万元/m²。而该板块所在区域早期的一些豪宅,目前的均价也超过8万元/m²。这些豪宅的溢价属性更多地来自所在的板块,而优质学区则使得它们的价格更加"吸引人"。从统计样本来看,C板块学区房的整体均价约为5万元/m²,相较于之前的4万元/m²左右,涨幅约为1万元/m²。

　　拱墅区(原下城区)的学区房主要集中在老旧小区,周边配套设施成熟。CS小学的学区房整体均价约为 5 万元/m^2。这些房源的房龄相差无几,因此楼盘间的价格差异不大。尽管这些学区房周边的配套设施非常齐全,但房屋本身较为陈旧,居住体验一般。拱墅区的次新房主要分布在 Q 板块和 S 板块。由于这两个板块的地理位置特殊,它们的次新房价格基本在 6 万元/m^2 至 7 万元/m^2 之间。

　　然而,2022 年,伴随着各类相关教育政策的实施,杭州学区房的价格显著下降。尤其是以纯粹学区功能为主的房源,跌幅更为明显。在成交相对活跃的学区房样本中,AJ 小学学区房 2021 年的房源成交均价为 65492 元/m^2;2022 年的房源成交均价降至 55623 元/m^2。在一年内,样本均价下跌约 1 万元/m^2。

　　纵观这些跌幅较大的学区房,一个显著的特点是它们基本上都属于以纯粹学区功能为主的"老旧小区",基本上都是 20 世纪八九十年代建成的房屋,面积普遍较小,居住舒适度一般。在当前以改善需求为主导且房票稀缺的市场环境下,这些本身居住功能不佳、仅依靠学区功能支撑的老小区的价格将不可避免地受到"挤压"。

　　在降幅超过 15% 的学区房样本中,XZ 小学的学区房是唯一一个不以"老旧小区"为主的板块,其主要成交的小区基本上是交付仅十余年的商品房小区,户型面积普遍较大。而其降幅之所以如此巨大,主要是因为在经历过暴涨之后回归理性。例如,某楼盘是 2021 年杭州学区房疯涨浪潮中的急先锋。2021 年上半年该楼盘一套 58.37m^2 的二手房以 750 万元成交,折合单价约为 12.85 万元/m^2。然而到了 2021 年下半年,学区房"只涨不跌"的神话破灭,该楼盘的二手房价格开始持续下探。2021 年 8 月,该楼盘一套 61.18m^2 的房源以 473 万元成交,折合单价约为 7.73 万元/m^2。在法拍房市场,该楼盘的价格也持续下降:2021 年 4 月,一套法拍房源成交单价为 10.25 万元/m^2;

2021 年 7 月,法拍房成交单价为 8.20 万元/m²;2022 年 1 月,法拍房成交单价为 7.33 万元/m²。经过半年多的调整,该楼盘的成交价格逐渐稳定。据统计,2022 年该楼盘共有 16 套房源成交,签约均价为 74412 元/m²,相比 2021 年同期的均价 83682 元/m²,降幅约为 1 万元/m²。据附近的中介经纪人介绍,2021 年上半年签约均价中部分价格较低,实际成交价多在 9 万元/m² 至 11 万元/m²;而 2022 年 7 万多元/m² 的签约均价则反映了较为真实的成交价格。根据透明售房网的数据,2022 年 7 月 19 日,一套 87m² 的房源以 595 万元成交,单价约为 6.84 万元/m²。

然而,高端改善板块的次新学区房价表现依然坚挺,SL 小学的学区房呈现逆势上涨的趋势。2022 年,部分小区的成交均价较 2021 年同期大幅上涨。某高档商品房成交的一套房源,单价高达约 14.48 万元/m²;某交付时间较短的回迁房小区 2022 年共成交七套房源,成交均价为 75810 元/m²。

实际上,2022 年杭州房地产市场的一个显著特点是普通学区房等刚需房跌幅较大,而豪宅的价格相对坚挺。随着教育资源均衡化的推进,名校集团化办学普及,未来"遍布名校学区房"的现象将会不断涌现,购房者的选择将更加多样,这将进一步压缩传统名校学区房的溢价空间。与此同时,早期在名校集团化办学中率先受益的小区,也将逐渐失去优势,回归其本身价值。

(二)杭州城西 W 小区的个案探析

2017 年,杭州城西的 XZ 小学作为一所成立不足十年的小学异军突起,某学生在全国性的"希望杯"数学竞赛中荣获第三名。虽然单次竞赛的成绩并非绝对标准,但之后 XZ 小学很快在升学考试中大放异彩。2017 年,XZ 小学有九名学生通过自主招生进入杭州著名民办初中(当年该初中考入杭州重点高中的排名位居全市第一)。自此,XZ小学成为杭州无愧的"顶级小学"。在"顶级小学"的光环照耀下,"顶级学区房"W小区成为房地产市场的璀璨明珠。2018年,W小区一套常规88m²的住宅,成交总价高达750万元,单价高达8.52万元/m²。小户型住宅的单价更是稳定在10万元/m²以上。2021年4月,在阿里司法拍卖平台上,W小区的一套的180.5m²法拍房在经历367轮竞价和多轮延时后,最终以1850万元成交,折合单价为10.25万元/m²,刷新了该小区的法拍成交纪录。

1. W小区何以成为学区房标杆

2005年5月,W小区的开发商获得在该楼盘配建学校的资格。W小区开盘时的平均价格为9200元/m²,整个小区规模相当庞大,包含近40栋建筑,共计3000户业主。W小区成为学区房标杆的一个重要原因是有一群默默为此竭诚付出努力的人,乐此不疲的"鸡娃"是该群体的典型特征。

2012年,杭州开始实行"零择校"教育政策,公立初中和小学按学区划分招收学生,杭州家长们逐渐认识到学区房的重要性。2018年,W小区的业主们组建了以"鸡娃"为主要目的微信群。类似的教育背景、优良的经济条件以及对孩子教育目标的一致性,最终吸引了越来越多的业主加入微信群,一个凝聚力极强的小区联盟逐步成立,他们形容自己为自律而非过度焦虑、进取而非过分渴求的人群。在微信群里发起"鸡娃"倡议的业主基本上都能获得其他人的热烈响应,业主还邀请优质的培训机构到小区或附近开设课程,或者组织聘请老师授课。对于学业成绩下滑的孩子,他们还会共同寻找解决方案。

2. W小区出名后的副产品

早年间购买W小区的许多家长对学区房概念并不了解,意外购买了 W 小区之后,他们不仅将孩子送进了最优质的小学,而且还在房地产增值和投资方面获得了成功。自此以后,越来越多的家长开始关注学区房投资,尤其是优质学区房。事实上,W 小区的家长也确实利用各种渠道传播利好消息,希望为自家房产带来增值。2020 年 6 月初,小升初成绩公布后,他们以业委会的名义挂出了一条横幅:祝贺 XZ 小学八位优秀学子考入杭州某名校! W 小区的家长在杭州房价增值战中发挥了先锋作用。在 W 小区的引领下,周边学区资质一般的小区也挂起了庆祝横幅,希望也能借 W 小区的东风带动各自的房产有一波上涨。

然而,再强的弩箭也破不了趋势,2022 年之前的四五年,W 小区是杭州学区房暴涨风潮中的"顶流"。2022 年下半年杭州学区房"只涨不跌"的神话开始松动并破灭,W 小区总体的二手房价也开始下探(见图 5-1)。2021 年上半年,W 小区房价处于高峰期。一套 $58.37m^2$ 的二手房以 750 万元成交,折合单价约为 12.85 万元/m^2。然而在 8 月,W 小区的一套 $61.18m^2$ 的房源仅以 473 万元成交,折合单价为 7.73 万元/m^2。经过半年多的下探和调整,W 小区的房价逐渐趋于稳定。据统计,2022 年 1 月至 4 月,W 小区二手房签约均价为 81685 元/m^2,与 2021 年同期基本持平。然而,据周边房地产中介经纪人介绍,2021 年上半年签约均价中存在部分价格做低的情况,实际成交价多在 9 万元/m^2 至 11 万元/m^2 之间。相较之下,2022 年 7 万多元/m^2 的签约均价更为真实。例如,一套 $87m^2$ 的房源以 658 万元成交,单价约为 7.56 万元/m^2。

从图 5-1 可以看出 W 小区二手房波动较为明显,整体呈下降趋势。W 小区在法拍房市场也同样一路降价:2021 年 4 月,W 小区一套法拍房源成交单价 10.25 万元/m^2;2021 年 7 月,W 小区法拍房成交单价 8.20 万元/m^2;2022 年 1 月,W 小区法拍房成交单价 7.33 万元/m^2。

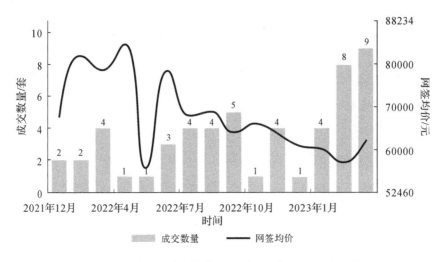

图 5-1　W 小区二手房情况(2021 年 12 月至 2023 年 1 月)

3."户住分离"的趋势

2023 年初以来，W 小区的二手房市场呈现出显著的回暖态势。2 月份共计网签八套二手房,而到了 3 月份的中旬,已经成功网签了九套二手房。这一成交数据标志着近两年来 W 小区房地产市场成交量的新高峰。3 月份的某一周,房源带看量高达 128 次。根据房地产中介的反馈信息,这些带看均是针对 W 小区学区房的有意向客户,具有很高的精准度和有效性,因此成交量增加成为趋势。

经过深入研究,发现三房及以上大户型房源主要受到自住购房者的青睐,而其中一部分购房者是在同一小区进行房屋置换的。然而,58—90m² 的一房和两房小户型房源的购房者,很大一部分来自相邻的 S 板块,购买的主要目的是占得一个学籍名额,以确保子女就读优质学校。

一位房地产中介透露,他的一位客户最近刚刚购买了一套 W 小区的小户型房源。该客户原本居住在距离 W 小区三公里之外的新交付的某高档小区。2022 年客户的女儿出生以后,夫妻二人开始密切关注学区房。他们现居住的高档小区所对应的小学的整体表现相对普通,在考虑学区房时,他们制定了两个方案。第一个方案是在同一板块内置换一套普通学区的次新房,这一方案的主要优势在于"学住一体",家长在日常接送孩子上下学时更为便捷。另外,该小区的四房与 W 小区的四房价格基本持平,但居住环境明显比 W 小区更好,且无需投入过多额外资金。

但是,该普通学区的小学开办仅有三年多的时间,教学成绩还不显著,他们认为既然要购买学区房,不妨将目光投向顶级学区。因此,XZ 小学凭借其更为扎实的教学成绩和声誉,逐渐成了这类家长的优先选择。2021 年 W 小区备受关注的时期,58.37m² 的小户型曾经以750 万元的价格网签成交,对应的单价高达 12.85 万元/m²,而单价超过 12 万元/m² 的成交更是层出不穷。到了 2023 年,58m² 的房源成交价格已经相对亲民,基本上 450 万元左右便可达成交易。正是在这样的背景下,这位客户实施了第二个方案,以 400 多万元的价格购入一套 W 小区 58m² 的房源,从而获得了顶级学区的资格,同时仍能继续居住在附近高档小区。对于这位客户来说,唯一需要付出的代价就是在未来每天需要提前 10 分钟接送孩子上学。

当前,类似该客户的情况,即在 S 板块居住但选择 W 小区作为学区,似乎逐渐成了城西部分家庭的新潮流。在 S 板块业主纷纷购买 W 小区房源的同时,W 小区的业主们也成了 S 板块楼市的主要支撑力量。对于这些人而言,已经拥有了学区房的优势,现在的目标是在附近寻找具有更高居住品质的自住楼盘。例如,在另一位 W 小区资深女业主的案例中,其家人在她读大学时便为她购买了 W 小区的房源,后来成为她婚后三口之家的居所。然而,随着家庭规模的扩大,她急需一套大四房来满足生活需求。但在 W 小区,四房户型的起步面积为 164m²,且总价相当昂贵,这使她不得不重新考虑购房计划。在这种背景下,S 板块新房成了这位女士的备选方案。这位女士在 2021 年成功地通过摇号获得了某新盘的四房,成为 S 板块新房摇号现场的幸运儿。然而,许多 W 小区的邻居并没有这位女士如此的好运气,有些人仍在努力摇号,而有些人则选择了 S 板块次新的二手房。此外,另一批具备相当实力的 W 小区邻居,成功购入了某 S 板块楼盘的 300m² 大平层。

综合考虑,以户籍与居住分离为特点的"W 小区 + S 板块次新"组合正逐渐成为城西房产自住配置的最佳拍档。其中,W 小区是杭州顶级学区房的代表之一,而 S 板块则是城西无可替代的豪宅聚集区。在这种"1+1>2"的效应作用下,二手房与新房市场之间产生了共振效应。一方面,众多的 W 小区业主将持续活跃在 S 板块摇号市场上,从而导致各楼盘的摇号难度逐渐加大;另一方面,W 小区二手房市场始终拥有一批忠实且有实力的买家,为 W 小区的房价打下了坚实的基础。这种模式的流行也印证了本书之前论述的观点:优质学区房会有适当的溢价空间,但不再出现过高的溢价现象。然而,作为著名学区房的 W 小区,最受关注的并非其升学率,而是楼下众多的培训班和强烈的"学区氛围"。因此,在 S 板块居住,同时选择 W 小区作为学区的家庭,可能会在某种程度上失去 W 小区的核心价值。这种现象值得我们深入思考,以更好地满足家庭在教育和居住方面的需求。

(三)一段时间的"一表生"现象

所谓"表生"实际上是对公立小学招生条件的一种排序方式。在杭州以及国内大多数城市,只有当报名人数超过学校的招生计划时,公办小学的录取才会依据表生顺序、落户时间、每六年一个学籍等条件进行排序。在杭州判断孩子属于哪个表生主要取决于其住房及户口,因为现行政策已明确规定公办小学的第一批和第二批录取均按照

"住、户一致原则"进行。

杭州公办小学的判定可以分为以下几种。

第一批(一表生)是指适龄儿童户籍与父母户籍、家庭房产三者一致,均在学区内(房产以父母或父母与适龄儿童享有百分之百份额所有权为依据认定)。或者适龄儿童户籍落户在祖父母(外祖父母)的房产,并和父母居住在祖父母(外祖父母)家[房产以祖父母(或外祖父母)享有百分之百份额所有权的房产为依据认定],父母在市区内无房产。

第二批(二表生)是指适龄儿童户籍自出生日起落户在祖父母(外祖父母)的房产,并和父母居住在祖父母(外祖父母)家[房产以祖父母(或外祖父母)享有百分之百份额所有权的房产为依据认定],父母在杭州市区内另有房产。

第三批(三表生)是指适龄儿童有杭州市区户籍,但不属于上述两类。

第四批(四表生)是指适龄儿童无杭州市区户籍,已办理 IC 卡式《浙江省居住证》且在本区有效签注。

若一表生人数依然超过学校的招生计划,则学校将根据落户时间、父母与入学儿童是否同在一个户口本(单亲除外)、同一房产六年内是否有其他入学儿童(兄弟姐妹除外)等条件进行排序。尽管公办学校的表生判别有统一标准,但这仅仅勾画出了大致范围。实际情况是,每年、每个区甚至热门学校都会根据自身情况在"通用版表生顺序"基础上进行微调,表 5-1 为 2019 年杭州某校 14 批录取划分标准。

表 5-1　2019 年杭州某校 14 批录取划分标准

批次	标准
第一批	适龄儿童户籍与父母户籍、家庭住房三者一致,均在我校学区,且实际居住,房户主只有父母,房产所有权 100% 属于父母
第二批	适龄儿童和父母户籍自适龄儿童出生之日起在本学区的祖父母(外祖父母)家,且实际居住,房产为父母和祖父母(外祖父母)共同拥有,父母本市学区外无其他房产的(包括余杭、萧山等区)
第三批	适龄儿童和父母户籍自适龄儿童出生之日起在本学区的祖父母(外祖父母)家,且实际居住。房主为祖父母(外祖父母),父母本市无房产的(包括余杭、萧山等区)
第四批	适龄儿童户口与父母一方户口、家庭住房三者一致,均在我校学区,且实际居住,房户主只有父母,房产所有权 100% 属于父母
第五批	适龄儿童和父母一方户口自适龄儿童出生之日起在本学区的祖父母(外祖父母)家,且实际居住。房主为祖父母(外祖父母),父母本市无房产的(包括余杭、萧山等区)
第六批	适龄儿童户籍与父母户籍、家庭住房三者一致,均在我校学区,且实际居住,房产为父母和祖父母(外祖父母)共同拥有。父母本市学区外还有其他房产的(包括余杭、萧山等区,包括商铺等非住宅性房产等)
第七批	适龄儿童和父母双方户籍自适龄儿童出生之日起在我校学区的祖父母(外祖父母)家,且实际居住房主为祖父母(外祖父母),父母本市有其他房产的(包括余杭、萧山等区,包括商铺等非住宅性房产等)
第八批	适龄儿童和父母一方户籍自适龄儿童出生之日起在我校学区的祖父母(外祖父母)家,且实际居住房主为祖父母(外祖父母),父母本市有其他房产的(包括余杭、萧山等区,包括商铺等非住宅性房产等)
第九批	适龄儿童户自适龄儿童出生之日起单独落户在我校学区的祖父母(外相父母)家,且实际居住。房主为祖父母(外祖父母),父母本市有其他房产的(包括余杭、萧山等区,包括商铺等非住宅性房产)
第十批	适龄儿童户籍由其他户籍地迁入我校学区的祖父母(外祖父母)家,且实际居住。房主为祖父母(外祖父母),父母本市有其他房产的(包括余杭、萧山等区,包括商铺等非住宅性房产)
第十一批	适龄儿童户籍搭户在除父母、祖父母(外祖父母以外的亲戚朋友家,且所搭户的住房在我校学区

续表

第十二批	适龄儿童户籍在父母一方单位集体户,且集体户地址在我校学区
第十三批	适龄儿童为拆迁过渡家庭子女,且拆迁过渡地在我校学区
第十四批	适龄儿童符合外来务工人员随迁子女条件的

注:父母有房产的,家庭住房以父母房产证为依据认定;父母无杭州市房产的,家庭住房以祖父母(或外祖父母)房产证为依据认定;无房以杭州市房产档案馆开具的证明为依据认定(报名时请相关家长填写委托书,由学校统一到房产档案馆查实并证明)。

热门学区的学校经常出现招生人数爆满的现象。例如,2022 年,CH 小学在官方微信上发布通知称,当年该校的一表生人数远超招生计划,学校将按照"同表别看入户年限""同一住址六年注册一个学籍""民办小学未录取适龄儿童同类情况排序靠后"等原则进行录取和调配。当学校招生人数严重超标时,对表生的判定将变得非常严格,学校也会衍生出自己的一套录取顺序。例如,CH 小学的落户年限从 2021 年的四年增加到 2022 年的四年半。然而,随着中小学校舍等基础设施的建设和完善以及近年来生育率降低导致未来学龄儿童的减少,"表生"的现象或许将成为学区制发展历史中的一个标注。

(四)名校办分校政策

名校办分校是指杭州市内一些知名学校为应对教育资源紧张、优质教育需求增长等问题,而在城市其他地区设立分校的情况。这些分校通常会秉承母校的优秀办学理念和教育资源,为更多的学生提供优质教育。特别是近年来,随着杭州市经济的快速发展和人口的持续增长,人们对优质教育资源的需求日益增长。为改善教育资源分配不均、缓解一些名校的招生压力,杭州市政府和教育局鼓励一些有实力的名校在其他地区设立分校以提高全市范围内的教育质量。这些名校办分校不仅有利于名校的品牌传播,还能为学生提供更多的优质教育资源,进一步提高当地的教育水平。

杭州市正积极推行名校教育集团的"星城化"战略,致力于优化教育资源配置。在这一战略中,上城区、拱墅区和西湖区作为先行者,率先落实了名校集团化策略。随后,余杭区和萧山区也紧密跟进,共同助力教育事业发展。研究数据显示,2021年以来,杭州市的名校分校或托管情况呈现逐年增多趋势。起步较早的区域包括钱江世纪城和萧山科技城,其后逐步扩展至未来科技城和北部新城。

值得一提的是,上海市的集团化办学取得了显著成果,而杭州市的相关政策往往紧随上海。在这一背景下,顶级学区房逐渐退出历史舞台成为大势所趋。此外,杭州市2024年或将出台新的高中招生政策,要求重点高中预留一定数量名额,以吸引高中所在区域以外的其他区优秀学生的申请。这一举措将进一步拓宽重点高中的招生范围,从而减弱某些学区房的影响,防止教育资源过度集中于特定区域,实现更为公平、合理的教育资源配置。

随着外来人口的流入由杭州主城区向余杭区、萧山区等周边区域辐射,这些周边区域对优质教育资源的需求也日渐旺盛。相对于杭州市的主城区,余杭区与萧山区是人口的主要流入区域,也是名校办分校政策的重点实施区域,因此非常有必要对这两个区的实践进行研究。

1.杭州市余杭区名校办分校的实践

2021年8月21日,余杭举办了盛大的教育高质量发展奋进大会。此次大会的规模庞大,其所引进的优质教育资源在规模、力度和广度方面均超过了杭州其他任何区域。这次大会不仅标志着余杭从"教育平区"向"教育富区"转型,也是提高余杭综合实力的重要手段,更是为了推动优质教育资源实现"均衡分配",加强郊区九大星城的建设,以期达到"共同富裕"的目标。

在这次大会上,27所顶尖高校和知名学校联手组建了余杭名校教育合作联盟。联盟成员包括北京大学、浙江大学、北京师范大学、华东师范大学等国内一流大学,以及杭州第二中学、学军中学、清华大学附属小学、清华大学附属中学、上海市静安区第一中心小学、上海徐汇区徐汇中学等本地和外地知名学校。此次大会还明确提出了"三年大变样、五年攀高峰"的发展目标,意在打造余杭成为全省典范和全国领先的"未来教育"高地。长期以来,余杭的教育资源与经济发展水平并不相称。为了让更多家庭在此安心安家立业,教育成为政策关注的重点。因此,在当前形势下,增加余杭教育资源的数量并提高质量、解决其短板问题,已然成为迫切需要解决的任务。

在当前的社会大背景下,此次余杭教育高质量发展奋进大会吸引了包括领导、专家、名校联盟以及全体教师在内的线上线下参会人员共计 2 万余人,这充分体现了余杭教育系统对这次大会的高度重视。大会提出,在未来五年内,余杭将努力建设 100 所以上的高品质、特色化学校,这一远景目标意味着五年后余杭有望从"教育平区"迈向"教育富区"。

长期以来,杭州的优质教育资源主要集中在主城区,而相较之下,萧山、余杭等郊区与主城区在教育资源方面存在显著差距。特别是余杭的优质教育资源大多集中在临平,目前该地仍然处于与临平共享教育配套的过渡阶段。新余杭的居民为了获得良好的受教育机会,不得不增加数十公里的通勤距离,这无疑让他们感到不满。然而,现阶段余杭并未拥有真正的顶尖名校,教育配套设施甚至还不如萧山。余杭区的教育发展基础相对较弱,要培养名校并非一朝一夕之事。从教育弱区向强区的转变是一个逐步优化的过程,五年时间可能仅仅是一个良好的开端,实现这一目标仍需更长时间的付出和努力。

尽管如此,值得肯定的是余杭已经抢占了发展先机,成功争取到了部分头部教育资源,使其在与萧山、临平等地区的竞争中具有一定优势。这预示着余杭向"教育富区"的转变速度有望超越其他地区,所需时间相对较短。

2.杭州市萧山区名校办分校的实践

2023年以前,杭州萧山区的优质教育资源相对匮乏。尽管科技城的尚德实验九年一贯制学校已经开始兴建,但新引进的名校资源仍然不足。钱江世纪城成功引进了学军中学和杭州第二中学这两所知名高中,但它们均属于建民办性质分校的合作。钱江世纪城一直致力于吸引公办名校资源,然而,受到宏观舆论环境的制约,相关计划仍未对外公布。

2023年,钱江世纪城的教育资源状况发生了积极的改变。2月20日,钱江世纪城举办了以"决战亚运·深化融合"为主题的工作动员大会,大会宣布了四个与杭州和上海名校合作的教育签约项目,这四个教育签约项目旨在提升萧山区的教育质量,并分别涉及以下合作办学项目:一是萧山区崇文世纪城实验学校与萧山区世纪实验小学共同合作办学;二是杭州学军中学与萧山区文渊实验初级中学联合办学;三是上海世外教育集团与萧山区江南初级中学、萧山区江南小学携手办学;四是杭州市天长小学与萧山区盈丰小学共同开展办学项目。

根据《浙江省教育厅关于进一步规范义务教育阶段公办学校学区划分调整和招生入学工作的意见》(浙教基〔2018〕19号)的规定,杭州市教育局对2022年各区、县(市)公办小学、初中学区划分进行了公示,其中涵盖了钱江世纪城相关学校的学区范围,包括萧山区世纪实验小学(与崇文教育集团合作办学)、萧山区江南小学和萧山区江南初中(与上海世外教育集团合作办学)、萧山区盈丰小学(与杭州市天长小学合作办学)、萧山区文渊实验初中(与杭州学军中学合作办学)。这些与名校合作的教育签约项目意味着萧山区教育发展将朝着更高水平迈进。通过与名校联手,有望提高当地学校的教育质量,培养更多优秀的人才。此外,这些合作项目还将有助于优化萧山区的教育资源分布,使教育资源更加均衡地覆盖各个区域,进一步满足广大家长和学生对优质教育的需求。这些与名校合作的教育签约项目为萧山区的教育事业发展注入了新的活力,带来了前所未有的发展机遇,有望推动萧山区教育事业蓬勃发展,造福于更多家庭和学生。

在杭州市政府提出的共同富裕政策中,教育领域的重点之一是推动名校在不同区域和层次间实现集团化办学,政策提出"构建高品质公共服务网络,提供学有所教优质服务"。为了适应杭州人群年轻化的特点,杭州市政府实施基础教育设施建设三年行动计划,合理均衡布局基础教育资源加快推进区域招生政策一体化,有序推进民转公,着力提升幼儿园、小学、初中居住覆盖率,重点加强全域托育、托教设施建设,加快补齐教育供给缺口名校集团化办学、教学共同体建设等"名校+新校"办学模式,导入更多优质基础教育资源。鼓励市属优质高中与桐庐、淳安、建德三县(市)高中建立紧密型教育集团,并积极推进市属优质高中在萧山、余杭、临平、富阳、临安等地设立分校。

显然,萧山和余杭此次引进以及与名校的合作,旨在缩小与主城区在教育领域的差距,是为了促进教育公平、实现共同富裕而采取的迅速且积极的措施。将优质名校资源倾向于萧山、余杭等地区,充分展示了杭州市政府在追求"优核强星"的过程中将不遗余力。引入萧山、余杭优质教育资源,也将进一步巩固钱江世纪城、未来科技城等核心区域楼市的价值。

(五)民办转公办政策

民办转公办是指杭州市政府为了优化教育资源分配、缩小公办和民办学校之间的差距、提高教育公平性而实施的一项教育改革。这项改革涉及将一部分原本是民办性质的学校转为公办学校,以便更好地满足社会对优质教育资源的需求。

2022 年 7 月 5 日,杭州各区教育局发布义务教育阶段学校招生入学工作方案,明确了"公参民"转公学校的具体情况:依据国家、省、市相关规定,杭州市"公参民"学校(包括其他民办义务教育学校)在 2022年转为公办学校的,仍将按照原有方式进行招生,招生范围、报名及录取等方面与 2022 年民办学校招生保持一致。涉及民办转公办的各区学校名单如下。

上城区:杭州市建兰中学、杭州市采荷实验学校、杭州市崇文实验学校、杭州市时代小学以及杭州新世纪外国语学校。

西湖区:公益中学、之江实验中学、育才外国语学校以及钱塘外语学校。

拱墅区:杭州市文澜中学、杭州观成实验学校、杭州长江实验小学以及杭州市大关小学。

滨江区:杭州二中白马湖学校。

萧山区:崇文世纪城实验学校以及文渊中学初中部。

临安区:临安区博世凯实验小学以及临安区实验初中。

民办转公办的过程中,杭州市政府会对原民办学校进行一系列改革,包括对学校的管理体制、师资队伍、办学经费、招生政策等方面进行调整。转为公办后的学校将受到政府更多支持和监管,同时能够更好地享受公办学校的优质资源和优惠政策。这一改革有望提高学校的教育质量,为广大学生创造更加公平的受教育机会。

值得注意的是,在这个过程中,人们对学区房的关注程度似乎在逐渐降低。通过观察和了解一些业主群的情况发现,在世纪城和未来科技城等小区,大家对于"民转公"的看法相对平和,更多地关注学区本身的质量,而非学区房,更在意师资水平而不是房价的变动。这与2020 年学区房风波时期的情况有着显著的差异。这一现象表明,杭州市在不断完善"学区化办学"方面取得了显著的成果。为了实现教育资源的均衡发展,公众的认知需要达到一致。过去几年,杭州从公办学校摇号入学、公民同摇,到打击培训机构、限时学籍政策以及民转公改革,不断颠覆了大家对原有学区的认知,大多数杭州人对学区房已不再盲目追求。

实际上,杭州主城区的部分老牌学区房的价格相比 2020 年上半年的高峰期已经出现了约 20% 的回落,同时成交量也明显下滑。在 2021 年 5 月 17 日新政策出台后的二手房市场短期高潮中,学区房的成交比例相对较低,后期市场动力明显不足。杭州大部分学区房仍处于泡沫破裂阶段,而"民转公"的实施只会加速稀释其价值。据此,我们可以预见,"削峰填谷"的过程将继续进行,而温州、宁波、天津、成都、南京、苏州等城市也正在进行类似的教育改革。

2021 年,《教育部等八部门关于规范公办学校举办或者参与举办民办义务教育学校的通知》明确为民办学校向公办学校转型设定了两年左右的时间限制。这意味着在 2023 年 8 月之前,所有依附于公办学校的私立中小学将被取消。面对这一挑战,杭州选择了一条最佳的发展路径:一方面对民办教育资源进行整合;另一方面不断引入外部优质名校资源。

然而,我们不应该过分期待民办学校向公办学校转型后,教育资源分配的问题能够立即得到根本性的解决。在这一过程中,名校公办化后的价值可能会受到三个方面的弱化因素影响,这些因素不容忽视:一是尽管学费有所降低、课程和教材保持不变,但由于教师待遇下降,师资质量可能受到一定程度的影响。二是安置房生源过多,民办学校最大的优势——生源——再次受到冲击,其价值可能会被均衡化。三是民办学校的摇号过渡期预计为两年,这段时间内的变化不容忽视,学校可能会逐渐转向"素质教育",与普通学校并无显著差别。

　　从更广泛的民生意义上来看,民转公有助于解决杭州许多优质区域内隐藏的"教育荒漠"问题,例如未来科技城和钱江世纪城。在钱江世纪城这一单独板块,可能会诞生三所教育质量较高的初中学校,使得小升初进入重点学校的概率接近百分之百。如此一来,学区价值将不再高度集中,学区房的讨论变得不再那么重要。这不仅仅是针对个别楼盘的利好消息,也是对整个板块的利好,与学区房和房价并无直接关联。在当前教育共同富裕的大环境下,我们无须对优质板块学校的教育质量感到担忧。对于大多数家长而言,孩子的同学及其所处的社交圈相较于学区本身更为关键。近年来,杭州市新建了诸多学校,这些学校在硬件设施与软件环境方面均有望展现出卓越表现。艮北新城、萧山科技城、运河新城和北部新城等地区未来新建的学校教育质量亦将不逊色。因此,在购房时,家长们应更加关注所在社交圈层,而非单纯出于学区考虑。

　　随着教育资源逐步回归到相对公平的起点,依赖公办学校的管理以获得优异成绩将越来越困难,学生的自身努力和家庭教育势必成为决定性因素。在这种背景下,家长们需要更加关注孩子的教育和成长过程。民办教育在其发展初期作为公办教育的有益补充,初衷是积极的,虽然在发展过程中出现了一些曲折,但现如今已在逐渐回归正轨。共同富裕时代,教育产业化已不再适宜,民办教育在完成其使命后也将逐步退出历史舞台。在杭州市未来实施"民转公"和"合作办学"的双重政策影响下,学区房的概念将成为历史遗留物,特定学区房的优势不再明显。当学区资源变得丰富多样,学区房的概念也将随之消散。

二、上海的学区房现状与适应政策

（一）上海的学区房溢价

在上海，购买学区房的目的主要是获得优质的教育资源和良好的成长环境，而房屋本身则成了次要因素。这种观念在一定程度上已经深入家长们的认知。在上海，为了争夺一个所谓的"学区名额"，许多家长不惜投入数百万元乃至千万元购置房产。然而，这些房子的实际面积往往不足 50m²，难以满足一家人的居住需求。因此，使用完入学名额后，家长们往往只能选择出售房产。然而，研究发现纯学区房在二手房市场上的价格波动较大，部分房价的跌幅出人意料，只有学区实力较强的房价才可能上涨。2021 年以来，上海市政府对学区房政策进行了多次调整，以求适应不断变化的市场需求。根据链家网发布的一批房源的实际成交价格，以及对上海市典型纯学区房的成交情况进行统计，下文主要关注上海公认的教育强区，从每个区选取一至两所小学，再寻找每个学校周边的两三个二手小区，观察这些学区房在市场上的房价走势，以探究房价是上涨还是下跌。

以 SY 小学为例，其对口的 A 小区在 2021 年初曾出现最高成交价达到 10 万元/m² 的现象。然而，到了 2022 年 10 月，成交价基本只能维持在 6 万元/m² 的水平，降幅接近一半。在同一个小区、同一楼层、相同面积和户型的情况下，短短一年多的时间，房价便下跌了 145 万元（见表 5-2）。

表 5-2 A 小区同户型成交价变化

时间	户型		单价 （万元/m²）	总价（万元）	总价与 2021 年 2 月 相比降幅（万元）
2021 年 2 月	47m²	1 室 1 厅	10.11	475	0
2021 年 4 月	47m²	1 室 1 厅	7.72	363	112
2021 年 9 月	47m²	1 室 1 厅	7.11	334	141
2021 年 11 月	47m²	1 室 1 厅	6.13	288	187
2022 年 2 月	47m²	1 室 1 厅	7.11	334	141
2022 年 6 月	47m²	1 室 1 厅	7.15	336	139
2022 年 7 月	47m²	1 室 1 厅	7.02	330	145

A 小区一套 47m² 的一室一厅房源，2021 年 2 月的最高价格曾达到 475 万元，但在 11 月时价格大幅下跌。2022 年的价格相对稳定，维持在 330 万元左右。对于购房者来说，与一年前相比，同样的户型现在可以节省 145 万元。对于中介而言，现在的实际成交量减少，生意也受到了很大的影响。据统计，截至 2022 年 9 月，A 小区仅成交了 15 套房源，这个数字仅为 2021 年两个月的成交量。为什么房价会出现如此大幅度的下跌？本质上，房价的下跌主要是因为学区政策的变化。第一，A 小区在政策变化前位于优质双学区，SY 小学的三个校区均与一流的某中学对口。第二，该社区紧邻 SY 小学某校区，接送孩子上下学非常方便，这也是 A 小区的最大卖点。第三，这个小区是上海对口公立一梯队学校中购房门槛最低的，户型较小，总价相对较低，300 万元至 400 万元即可入手，因此销售非常热络。然而，随着闵行学区的统筹小组调整，新增了一个小学，A 小区不再是双学区房。

当然，房价下跌的原因也与小区本身有关。这里的房子建于 2000 年前，房龄高达 25 年以上，属于典型的老旧房源。而且，这里的户型均小于 50m²，其本身的居住价值并不高。类似于 A 小区这种极小户型的纯学区房，本身并没有很强的自住属性，其价格容易受到市场波动的影响。一旦学区资源减弱，房价便很容易出现下跌。

　　当然，也存在价格较为稳定的学区房。第一个例子是 B 小区，作为学区对口 JP 学校的一个小区，其 2021—2022 年房价始终保持稳定，基本维持在 9 万元/m² 左右，甚至有小幅上涨的趋势。该小区为纯学区房，位于 J 板块，对口上海二梯队的 JP 学校，实行九年一贯制教育。在 JP 学校周边，总价较低的房源仅有 B 小区，因为这个小区是1998 年左右的动迁房。小区的户型普遍较小，约 34m² 的小户型，最低总价可控制在四五百万元左右。近期房价相对稳定，如一套约60m² 的两室户型，从 2021 年 11 月至 2022 年 3 月，价格不降反升，上涨了几十万元（见表 5-3）。

表 5-3　B 小区同户型成交价变化

时间	户型		单价 （万元/m²）	总价（万元）	总价与 2021 年 11 月 相比涨幅（万元）
2021 年 11 月	60m²	2 室 1 厅	8.70	522	0
2021 年 12 月	60m²	2 室 1 厅	9.75	585	63
2022 年 3 月	60m²	2 室 1 厅	9.03	542	20

　　然而，该小区的历史成交量相当有限，每个月的成交量基本仅为两三套。此外，目前挂出的房源也较少，可查看的仅有八套。对于一个九年制重点学区来说，显得颇为冷清。为此，笔者特地向链家中介咨询了相关情况。首先，2022 年学区政策的变化颇为突然。该学校招生告示显示，2023 年入学要求提前两年落户，但在 2022 年之前仅需满一年即可。许多人未料到今年的变化如此之大，落户时间由一年变为两年，很多家长被拒之门外。其次，贷款遇阻影响选择。B 小区的核验价过低，而银行贷款是根据核验价计算的，因此贷款金额不大。例如，一套总价为 650 万元的房子，首套贷款约为 280 万元，这意味着首付需准备 370 万元，相当于总价的五到六成。因此，首付预算不足

的客户便不再考虑该小区。然而,从房价变动来看,对于关注学区的客户而言,购买 B 小区的房源相对稳妥。

第二个例子的 C 小区一到四街坊是 Y 板块的纯学区房,学区实力颇为出色,对口的是两所一梯队学区。2021—2022 年,小区的单价基本保持在 10 万元/m²,500 万元只能购买约 50m² 的小户型。尽管已有 25 年房龄,但小区整体涨幅并不大(见表 5-4)。

表 5-4　C 小区同户型成交价变化

时间	户型	单价（万元/m²）	总价（万元）	总价与 2021 年 11 月相比降幅（万元）
2021 年 11 月	50m²　2 室 1 厅	9.80	490	0
2022 年 2 月	50m²　2 室 1 厅	10.48	524	34

从本质上讲,纯学区房的房价随学区变动而变动。在统计学区房小区房价变化时,发现除 A 小区外,其他学区房基本呈现上涨趋势。

2021 年 8 月起,上海开始实施二手房核验价。上海市房地产交易中心发布的《关于进一步规范存量房房源核验及信息发布工作的补充通知》(沪房地交〔2021〕13 号)明确,自 2021 年 7 月 19 日起,对新申请核验房源增加挂牌价格信息的核验。也就是取三价中的最低价格,例如原价 500 万元的房子,核验价可能仅为七成,按照 350 万元的总价贷款,实际首付款从原来的 175 万元增加至 272 万元。通过对学区房品质进行双重评估以确定小区价值,学区板块的房价逐渐趋近其真实水平,而下跌的底线则是其作为住宅本身的居住品质。许多老旧学区房价格在下跌,而地段优越、品质良好的学区房价格仍在上涨。

(二)"公民同招"以后:来自上海的案例

在《中国母亲"焦虑指数"报告》中,学区房与"子女升学"问题已超越传统的"婆媳关系",成为令已婚女性最为忧虑的难题。不论是本地居民还是外来人口,营造一个优质的教育环境以满足孩子的需求始终是家长们最为迫切的愿望。针对家长们对学区房的狂热追求,上海交通大学住房与城乡建设研究中心主任陈杰教授提出了他的看法。他指出,不少家长一直有个幻觉,以为学生成绩好坏完全取决于教师水平,没有看到的一点是,影响学校产出即所谓升学绩效最大的其实是生源。很多所谓好学校之所以升学率高,并不在于师资有多优秀,而其实主要是生源好。民办学校靠"掐尖"带来好生源,而公办学校则靠地段生源好。而不管"掐尖"造成还是地段生源好造成,其实背后又是不惜血本重视教育投入、高度"鸡娃"的家长们"扎堆"造成的。生活中可以观察到,愿意并且能够出大血本购买学区房的家长们,往往在其他方面也会高度重视孩子的教育,比如紧密督促孩子课内学习和给孩子寻找各种补习班。而且,刻苦学习的孩子扎堆,不仅带动孩子更加认真学习,也在倒逼教师要更加认真教学和更加钻研教学技能,才好应对"牛娃们"。所以,学校生源的提升与教学水平、升学绩效,其实是相辅相成,互为因果。这样,一方面这些家长们花了巨额财富去挤进热门学校;另一方面又是这些家长们对孩子的巨大综合性投入把热门学校的升学率进一步抬高。家长们于是更加确信自己当年投奔热门民办学校或购买学区房的决定无比正确。进而,热门学校变得越来越热门,学校门槛和学区房溢价越来越高。这种现象也给社会上不少人带来错觉,误以为购买学区房,既让子女教育直接受益,也在财务上收益很人,至少稳赚不赔,却没有搞清楚学区房越来越热背后的内在机制其实是生源形成了"马太效应",也就是,热门学校的产出与声望越来越好,其实是花巨大财富和力气投入子女教育的家长们自己抬起来的。但这些财富和精力,其实如果有更好更合理的用处,对孩子对家庭都会更好[①]。

---

　　①　陈杰.优质高中"名额到校"有助降温学区房[EB/OL].(2021-03-18)[2023-08-31]. https://ciug.sjtu.edu.cn/Web/Show? w=38&p=3&f=5263.

1. 上海市民 A 的学区房购买经历

2020 年 12 月,上海市民 A 在对上海徐汇、普陀和静安等区域的 20 余套房产进行了深入调查与考察之后,最终选定购买了位于 ZB 小学附近的一套学区房。这套房子的面积为 40m², 建造于 1982 年,单价高达 8.6 万元/m²。学区房的价格与其所在学校的教育水平呈正相关的关系,ZB 小学正是其所属区域教育品质的佼佼者,位列第一梯队。

2020 年 10 月起,上海学区房价格呈现出快速上涨的态势。2020 年,上海优质双学区及九年一贯制学区房的价格涨幅超过了 20%。某一板块的学区房,面积仅为 37m², 却标价高达 748 万元,单价约为 20 万元/m², 与两公里外的豪华楼盘的单价不相上下。很多家长将购买学区房的过程比喻为"买白菜",意味着犹豫不决的时间越长,价格越容易上涨。尽管 A 在购房前已经考察了众多房源,但最终决定购买仅用了一天时间。原因并非这套房子特别适合她,而是因为如果再不迅速行动,她将错过这个购房机会。

在当时的房地产市场,房屋中介人员的处境相对轻松。A 的中介向她透露,得益于学区房的火爆销售,他已经提前几个月完成了年收入五六十万元的目标,而他们店里的销售冠军更是赚到了 100 万元。A 表示,在市场上挂出的房源中,只有一半能够实际出售,另一半的房主则仅仅是为了测试市场行情,随时准备提高房价。

A 的孩子年仅一岁半,而 ZB 小学的入学要求是孩子户口满五年。在五年之后,孩子将年满六岁半,届时报名进入该区域一流的小学,这一切安排都显得非常合适。然而,在支付定金之后,类似的学区房价格迅速飙升。2021 年 3 月 8 日,这一天是 A 与房主在定金合同中约定的网签最后期限。一个月前,在一次表面上看起来友好的谈判之后,A 和房主陷入了沉默,双方都心知肚明,在金钱面前,沟通已经无法解决问题,他们都在等待对方先违约。一个月过去了,类似的房子价格已经上涨超过 70 万元。A 开始感到焦虑,担心房主会反悔。尽管房主最初以工作繁忙为由推脱,但后来直言不想卖了。这使 A 一边思考如何应对房主的变卦,一边重新开始寻找房子,而房主则希望她能够放弃这场纠缠,为了孩子的教育前途,尽快购买其他学区房。

与众多上海家长一样,A 购买学区房的初衷源于她了解到"公民同招"的政策。2019 年 3 月,上海全面实行中小学"公民同招"政策,要求幼升小、小升初公办和民办学校同步招生。这意味着家长们只能在公办和民办学校之间二选一,过去那种同时申请公立和私立学校的入学模式被打破。在"公民同招"政策实施之后,上海私立学校的报名录取比从 3∶1 骤降至 1.4∶1,更多的家长选择购买学区房,以争取进入公办名校的入学机会。

尽管在购房过程中遇到房东跳价等不顺心的情况,A 从未想过放弃购买学区房。值得庆幸的是,3 月 3 日晚,上海市政府发布了新的楼市政策,规定购房网签备案满五年才可转让。或许是这项政策起到了降温楼市的效果,那天晚上,A 收到房主的消息,同意按照原定合同价格出售房子。这使得 A 喜出望外,第二天便紧急筹集首付并预约网签。她不想再次经历因学区房带来的焦虑。

2. 沪漂 B 的学区房购买经历

B 出生于中国东北地区,后前往韩国攻读高等教育。在完成学业后,她选择到上海开始她的职业生涯。作为一个两岁孩子的母亲,2018 年,B 第一次认真思考购买学区房的问题。当时,她的孩子刚刚出生几个月,她在北京的哥哥特意到上海出差,借此机会与她深入探讨了孩子的教育前景。值得一提的是,B 哥哥的孩子比她的孩子大 8 个月。在前往上海之前,B 的哥哥刚刚将位于北京郊区的房产出售,耗费了超过 800 万元购买了位于西城区的一套仅 40 多 m² 的学区房。

时至今日,这个决策显得颇具远见,因为 2020 年上半年的北京学区房价格也经历了疯狂的上涨。通常家长们需要提前规划孩子入学以应对日益激烈的竞争。过去学区学籍的条件为"五年一户",但随着越来越多的家长投身学区房市场,以及二孩家庭的增加,一些优质学校对学籍条件提出了更高的要求。这些要求包括孩子自出生起就需登记在学区房内,部分顶尖学校甚至要求学区房产证上有孩子的名字且符合特定的产权比例。在认真聆听了哥哥的建议后,购买学区房的想法在 B 心中生根发芽。随后,B 通过一些在学校或教育部门工作的朋友了解到,孩子获得进入优质学校的机会将变得越来越困难。

B 一直认为自己是一个能够在压力中找到乐趣的人。她觉得确立明确的目标并克服重重困难来实现这些目标的过程给予了她成就感和快乐。然而,在某些时候,她对自己产生了一种无法摆脱的不满。她认为那些在更为优质学府毕业、在更大城市接受教育的人,明显具有更高的"修养和视野"。在职场上亲身体验到的差距使她更加关注孩子的教育。为此,她贷款超过 200 万元购买了位于一流学校学区的房子,这只是最基本的步骤。然而,B 的母亲并不理解购买学区房背后的意义。当她们一起参观那套面积仅 63m² 、光线阴暗且破旧不堪的学区房时,母亲甚至不愿意进去。然而,B 认为时代已经发生了巨变,现如今市场上已经出现了针对低龄儿童的奥数培训课程。接受这类教育的孩子与她小时候所理解的"优秀学生"的标准完全不同。B 并不认为自己是一个焦虑的母亲,她所做的一切只是为了让孩子达到一个平均水平。她坚信,如果她不购买学区房,而让孩子在普通小学上学,那么孩子的未来可能会受到极大的限制,甚至可能无法取得成功。

实际上,B 深知对于许多家长而言,购买学区房并不是一件复杂的事务。人们通常并不把学区房当作真正的居住场所或家园。他们往往只计划在这里居住三到五年,等孩子毕业之后便将房子出售,或者购买"学区名额",将房子出租,自己在附近租一套更大的房子居住。令人惊讶的是,家长们在选房过程中的简化程度——他们通常会在网上查阅上海各区的学校排名,排名越高的学校,房价也就越高。房龄、户型结构以及是否精装修通常都不是主要的考虑因素——他们只需按照排名逐个往下看,选择自己能承担得起的学区。2020 年 10 月,B 看中了一套单价不到 5 万元/m² 的学区房。然而,在几天后她决定购买时,单价已经涨到近 6 万元/m²。B 购买后,该房子的价格已经飙升至 9 万元/m²。她庆幸自己当时果断地购买了这套房子,否则现在可能已经买不起了。作为一个 30 岁的年轻母亲,她感激自己一贯的果断——这套房子她只看了一次便购买,她认为这是自己在 2020 年做出的最迅速、最果断,也是最明智的决定。

3. 小升初的购房意愿

C 出生于安徽省,他的父亲多年在外驾船,相较于在家,他在长江上的时间更长。母亲独立抚养他们姐弟三人,只能满足基本的温饱需求,至于教育与学习,则持一种顺其自然的态度。高考结束之际,在父母的建议下,C 选择了报考合肥工业大学。高考录取结果公布后,C 顺利跻身合肥工业大学,他心中颇为喜悦;但当发现自己的分数竟超过了当年清华大学的录取分数线时,内心难免感到失望。在 C 看来,这次未能进入国内顶尖学府,归根结底源于父母的"见识"问题。或许是为了填补自身的遗憾,从儿子幼儿园阶段起,C 便为其报名参加各类兴趣班,最初是英语,随后发展至包括唱歌、篮球、足球和绘画在内的多种课程,甚至还有更多他已难以记起的活动,在他的印象中,几乎每天都需要送孩子去上课。对于这种做法是否值得的问题,家长们并未过多考虑,他们只是渴望为孩子提供最好的环境。那些他们小时候未能享有的,他们希望在下一代身上得到弥补。

　　在数年之前,家长们或许会对于不惜一切代价购置学区房的举动感到费解。然而,在"公民同招"政策正式推行之后,家长们的选择余地受到了压缩,若依然执着于选择高质量的民办学校,这便意味着家长们需要承受更为沉重的教育投入。家长聚会时,探讨孩子成了不可回避的议题,涉及谁参与了何种补习班,谁购置了哪套学区房等,这些话题持续不断。C 所居住的学区内有一所尚可的小学,但是中学教育水平却难以令人满意。他能够感知到邻里家长的忧虑,因为有段时期,他们每次相聚,总会讨论换学区房的事宜,甚至在晚间小区散步过程中,与他年龄相近的父母们也会不自觉地将话题引向此方向。这反映出家长们对孩子教育的高度关注以及对优质教育资源的渴求,而在当前社会背景下,学区房成了家长们争相追求的目标,以期为子女创造更好的成长环境。

　　人们往往会受到所处环境的左右,即便如 C 这类相对豁达的家长,也难以摆脱环境对其的影响。特别是当孩子步入三年级之后,C 察觉到孩子开始显现出叛逆行为。孩子在课堂上与老师对立,横躺在地上打滚,在家中写作业时表现出消极敌对态度,凝视一支笔长达一小时,并解释称自己"在思考"。这位聪慧的孩子还领悟到了如何在父母入睡后悄悄玩 iPad,有时竟然玩到凌晨两三点。在 C 的观点中,这是一个危险的信号,意味着孩子对学业逐渐失去兴趣。为了应对这一问题,C 紧迫地调整了教育策略,逐渐削减兴趣班的数量,出于关注孩子心理健康的考虑仅保留英语、数学和唱歌。之后,购置学区房的事宜便被提上了议程,C 认为身处良好的环境,对孩子的成长无疑是有利的。

　　当下,C 与孩子所在班级三分之一同学的家长一样,为小升初阶段提前做好学区房的准备。这套房子所处的学区归属于 NH 中学,在其所属区域排名第十一或第十二名,其售价为 120 万元,占地面积为

$40m^2$。除此之外,C 对房子的了解并不多——他只去过一次,计划在孩子入学后在附近租赁一套较大的住宅。购置学区房之后,首先发生变化的是夫妇之间的关系,而非孩子的学业表现或亲子关系。C 的妻子自幼表现优异,最初,教育孩子的方式遵循妻子的理念,严格要求一切,陪伴孩子完成作业,甚至对默写课文的准确性要求极高。然而,在拥有学区房作为保障后,妻子不再过度关注孩子的学业。在孩子不听话的时候,C 会安抚妻子:"已经购买了学区房,(孩子)应该不至于表现太差。"这样一来,妻子的心情便得以缓和。

另外,为了让孩子有机会进入更优质的中学,家长们曾联合向教育委员会提出建议,期望将所在地划入另一所名校的学区。遗憾的是,教育委员会并未同意这一提议。不久前,学区房价格飙升,家长们再次集结投票,试图通过数据来说服相关部门采纳他们的提案。尽管最后建议并未成功被采纳,但这套建于 1980 年、占地 $40m^2$ 的学区房给 C 及其家人带来了更多的安全感。这种现象反映出家长们在教育问题上的关注和努力,以期为子女提供更好的学习环境。

(三)上海的学区化集团化办学模式

上海地区实施具有独树一帜的学区化集团化办学模式,已逐渐成为教育改革领域的示范项目。2014 年,上海市教育委员会公布了学区化集团化办学"三步走"战略的时间表和路线图。2015 年,徐汇区、杨浦区、原闸北区和金山区成为首批试点区域,后续在全市范围内全面推广。学区化集团化办学作为促进教育高品质平衡发展的重要途径,在教育实践中发挥着明显的引导作用。

《上海市教育委员会关于促进优质均衡发展、推进学区化集团化办学的实施意见》明确指出,"集团要充分发挥优质品牌学校的辐射作用",并"分享先进的办学理念、成功的管理模式、有效的课程教学、优秀的教师团队等"。此外,提倡"通过建立集团章程、制定集团规划、创新管理机制、加强师资流动、共享优质课程等,使成员学校逐步成长为新的优质学校"。在许多集团化办学的实践中,该文件提及的各项措施都得到了广泛应用。以浦东新区为例,集团章程、规划和管理机制等措施已经在所有同类型学校集团中得以实施。从以上分析可知,政策已经深入影响集团化办学的各个方面,推动领导学校承担起资源辐射的社会责任,对教育实践产生了显著的推进效果,成为实现优质资源校际共享的核心驱动力。

在集团化办学的过程中,部分学校为了实现更好的教育成果,采取了多种途径,包括依靠政府的政策支持,利用政策优惠推动学校发展;依托高等院校的研究团队,充分利用其专业知识和技能助力学校进步;自主结成联盟,团结协作,共同研究与创新,以提升整体教育质量。以上海明珠教育集团等同学段集团为典型代表,它们在历史合作的基础上,吸纳更多学校加入,形成了涟漪式的校际合作组织形态,进一步拓展了教育资源的共享范围。

以 2007 年上海市教育委员会启动的"以委托管理推进郊区农村义务教育学校内涵发展"工作为例,政策通过政府购买服务的方式,将办学责任主体以合约形式转移至支援学校,实现优质教育资源的跨区域流动。这一政策旨在促进教育资源的差异性发挥积极作用,推动教育整体发展,缩小优秀教师与相对较差的教师、优质学校与相对较差的学校之间的差距,全面提升受援学校的内涵发展。

在实际操作层面,浦东、奉贤、崇明等区县积极组织开展区域内托管工作,从校际合作的角度推进教育的优质均衡发展。集团化办学模式在委托管理的基础上,逐渐吸纳其他学校加入,扩大校际合作范围。这种做法既是对委托管理政策成效的进一步延伸和维护,有利于委托学校持续稳定发展,又继承了委托管理的丰硕成果和宝贵经验,在集团化办学中发挥更大的作用,为优质教育资源共享提供了有力保障。

2019 年,上海地区共有 140 个具有学区或集团特性的办学联合体正在实际运作中,覆盖了 720 所学校,大约占上海义务教育阶段学校总数的 51%。在优秀的教育集团办学中,关键是要整合集团内部各个成员学校的教师资源。以上海杨浦区公办教育集团为例,该集团创立了"教师流动蓄水池"制度,将招聘和培训教师的工作交由区教育局统一负责,集团出台了内部教师流动政策,规定集团内男性教师 55 周岁、女性教师 50 周岁以下的在编在岗教师均应参加教师流动,且每学年教师流动比例不低于符合流动条件教师总数的 8%,其中骨干教师比例应不低于流动总数的 15%。

再以著名的上海世外教育集团为例,它在上海各个区都设立了小型教育集团。世外集团采用的办学模式是"1＋X"模式,即以 1 个区域和 1 所民办学校为核心,再结合若干所理念相近或政府要求协助的学校,形成一个小型教育集团。这种模式促成了各集团之间资源的共享。在资源共享过程中,游泳馆、大剧场等设施不必每个学校分别建设,从而大大提高了集团化办学的效率。在这样的模式下,世外教育集团的校长们无须再关注校舍建设和家具配置等琐事。集团化办学模式具有很好的复制性,后勤服务按照标准化模式运作,让校长和教师们能够更专注于学校的内涵发展。

从上海的教育实践来看,"多校划片"或许并不是实现教育资源均衡配置的最优选择,而仅仅是解决"天价"学区房问题的权宜之计。然而,经过多年的努力,在政府大力支持、配套机制不断完善以及民办教育蓬勃发展的背景下,上海集团化办学已经取得了显著的成果,赢得了社会各界、学校以及家长们的高度认可。

(四)名额分配综合素质录取

2021年3月,上海发布了高中招生新政策,提出了新的名额分配设计方案,引起了全社会的广泛关注。高中招生制度设计对义务教育的发展方向具有直接的引导作用,涉及亿万家庭最关心、最直接、最现实的利益。

对于绝大多数普通民众而言,"名额到校"是一个全新的概念。"名额到校"的录取方式属于名额分配的一种形式,与之相对的是"全员择优选拔",即在全市或全县范围内,以考试成绩、综合素质或专业特长进行全员竞争,实行统一招生、优选录取。改革开放以来,后者长期以来一直是中国各级中等以上学校招生的主导方式。

高中招生的名额分配或指标到校制度自最初探索已经走过30多年的历程,在国家层面实施已有20年,几乎所有城市(包括上海)都已经实施了不同程度的"名额分配"制度多年。那么,为什么这次上海发布的高中招生"名额分配"新政策会引起如此大的关注呢? 我们从中挑选了一个要点进行简单的分析。区属市实验性示范性高中名额分配的规定要求区属市实验性示范性高中的名额分配招生计划占其招生计划总数的50%—65%。其中,分配到区招生计划约占本校名额分配招生计划的30%,分配到校招生计划约占本校名额分配招生计划的70%(见图5-2)。

假设某中学2023年计划招收400名学生,在新政策实施后,它需要提供200至260个名额给名额分配综合素质录取的招生途径。首先,拿出60至78个名额,按区进行分配;接着,拿出140至182个名额,按校分配,平均分给所在区域的每一所未选拔生源的初中。也就是说,在其2023年的招生计划中,约有42%的生源需要按照校分配。这意味着,原本花费100元购买的学区房,现在近50元的资源已经消

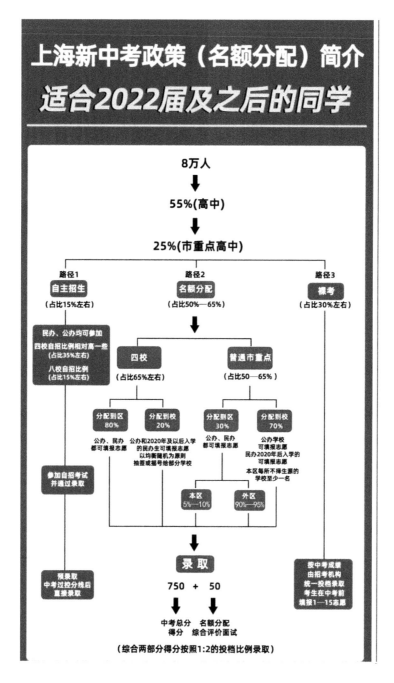

图 5-2　上海新中考政策简介

失。以均价曾达到 14 万元/m² 的 D 小区为例,毗邻的 ZJ 中学从民办转为公办,使其立即成为学区房。我们可以以 D 小区为例,对比政策实施前后的变化,以 ZJ 中学录取某重点高中为例。假设 2019 年该高中的招生人数为 588 人,其中 ZJ 中学录取到该高中的学生有 17 人,占比为 2.9%。在名额分配综合素质录取新政策实施后,参考 2019 年的录取比例,2023 年 ZJ 中学初中自主招生和统一招生录取该高中的人数将减少至 6 人。

而新政策的影响远不止这些。对于许多购房者来说,"分配到校"的政策原文可能难以理解。实际上,分配到校的占比对于不同学校是不同的。根据上海市教育委员会发布的《上海市高中阶段学校招生录取改革实施办法》,第一,委属各市实验性示范性高中的名额分配招生计划占其招生计划总数的 65%,根据各区当年度中招报名人数在全市中招报名人数中的比例,分配到各个区域。在各区所得到的名额分配中,不低于 20% 的比例应遵循均衡和随机原则,分配至尚未选择生源的初中学校。各招生学校需依据自身办学条件及实际招生情况进行招生计划的制定并上报,市教育行政部门会根据各区教育资源分布、人口迁移等因素进行统一协调和规划后下达。

以某委属高中为例,假设新政下该委属高中 2023 年招生 200 人,那么 65% 的入学名额将用于分配招生,即 200×65%=130 人。各区的分配名额将根据 2022 年中考人数占比进行分配。假设浦东 2022 年中考人数占全市 23%,那么浦东将获得约 30 个名额。在这 30 个名额中,至少 20%,即至少 6 个名额需以均衡、随机为原则分配至未选择生源的初中学校。因此,在新政实施后,过去与市重点高中无缘的普通初中或教育资源较为薄弱的郊区初中的学生家长可能会看到新的希望。只要学生在学校中取得优异成绩,他们将有机会进入委属重点高中。

第二,区属市实验性示范性高中的名额分配招生计划在其总招生计划中所占比例为 50％—65％,其中,分配到区招生计划的名额约占本校名额分配招生计划的 30％,分配到校招生计划的名额约占本校名额分配招生计划的 70％。区属实验性示范性高中名额分配至区招生计划的 90％—95％将分配给外区,基本上根据各区当年度中招报名人数在全市中招报名人数中的比例进行分配;剩余的 5％—10％分配给本区。各区属实验性示范性高中名额分配到校招生计划时,原则上以所属区内各个未选择生源初中学校的中招报名人数在本区该类型学校中招报名总人数的比例为计算依据。

　　以某区属实验性示范性高中为例,假设 2022 年其计划招收 300 名学生,若名额分配招生占比达 60％,那么 2023 年的招生名额中将有 $300\times60\%=180$ 个分配名额。在这 180 个分配名额中,$180\times30\%=$ 54 人需按区分配,其中本区分配名额 3—6 人,外区分配名额 48—51 人;$180\times70\%=126$ 人需要分配至该区域各个未选择生源的初中学校,占该高中整个招生比例的 42％。也就是说,近一半的升学名额将分配给其他普通初中学校。因此,新政发布后,曾计划购买学区房的家长可能会重新考虑其决策。

　　在上海市的委属和区属实验性示范性学校中,委属学校将约 13％的入学名额、区属学校将 42％的入学名额分配给本区各个未参与筛选生源的初中学校。如果名额不足以分配怎么办?假设某高中分配至浦东的名额为 126 个,而浦东共有 139 所初中。在这种情况下,以均衡、随机为原则进行分配。若名额分配到校的计划数大于等于未选择生源初中学校数,则确保每所学校至少获得该高中一个名额。

　　对于委属和区属学校的比例划分规则进行详细分析,可以发现,委属学校更倾向于覆盖整个上海市,占全市比例约为 $1\times65\%\times80\%$ $=52\%$。这表明委属学校更加关注全市的受教育机会。而区属学校更偏向于覆盖本区,占全区比例约为 $1\times60\%\times70\%=42\%$。这说明区属学校更注重本区的教育资源覆盖,同时兼顾全市教育资源的分布(见图 5-3)。

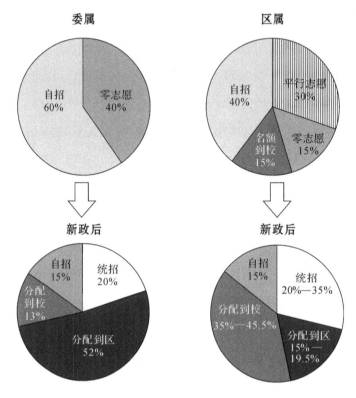

图 5-3 上海高中招生录取新规的分配比例

因此,该学区新政的影响范围比预想得还要广泛。从委属层面来看,对于教育资源相对匮乏的地区或者本区内升学能力有限的普通初中来说,这是一个极大的利好。从区属层面来说,那些一个区就占据多个区属实验性示范性高中,但学生人数却相对较少的教育资源过剩地区,学生进入区属高中的概率将更高。

新政出台后,会产生一些有趣的现象。例如,如果各普通初中的第一名学生也达不到区属实验性示范性高中的录取分数线,该如何处理?实际上,这种情况确实存在,但分数差距较大的情况并不如大众所想。这将催生一种特殊的景象:对于那些被认为教育质量较差的学校,如果连优质升学名额都没有资格获得,那这所学校还有何面子可言。因此,在某种程度上,这将激励这些中学更加努力地提升自身的教学质量。同时,对于学生来说,过去难以企及的委属、区属名额将直接分配到他们所在的学校。对于学生本人而言,只需更加努力地提升自己的成绩,进入学校前列,就有可能获得过去遥不可及的入学资格。可以预见,这几个名额虽然数量有限,但对于一所学校而言,其所激发的动力,从校长、老师到每一位学生,都是不可小觑的。总结来说,上海这次新政引起舆论轰动的主要原因在于其具有几个显著特点①。

第一,名额分配的力度较为显著。新政策下,市属实验性示范性高中需将招生名额的 65% 分配到各区,同时,须将不少于 20% 的名额以"均衡、随机"的方式直接分配至各个初中,实现"指标分配到校";而区属实验性示范性高中则需将招生名额的 50%—65% 分配至各区(其中 90%—95% 分配到外区,剩余部分在本区),并将分配到各区的名额中的 70% 直接分配至各个初中,以确保全面覆盖。如此高的名额分配比例在全国范围也属罕见。

第二,名额分配具有跨区的特点。在部分城市,名额分配呈现出区域限定的特点,即优质高中特别是顶尖高中的招生名额基本上在所在地区内进行分配,这最多只能实现区内义务教育的相对均衡。但优质高中数量的不均衡导致的区间差距仍无法缩小,从而在跨区域仍然存在"中考移民"的现象,学区房价格持续居高不下。然而,上海此次教育新政将优质高中,包括顶级高中的招生名额在全市范围内进行分配,并强调"均衡、随机"的分配原则,促进了全市义务教育的均衡发展,降低了选择学校的热度。

第三,名额"既分配至区域又分配至学校",并且在校际具有基本

---

① 陈杰. 优质高中名额再分配——"阶层混合"的政策实验与教育公平的倒逼机制[J]. 探索与争鸣,2021(5):101-109.

均等性,体现了"托底保障"的原则。在一些城市中,优质高中的招生名额仅分配到各个区域,而不直接分配到各所学校,或者在名额分配至各校时,还需根据学校的教学质量进行调整,并设定较高的指标生最低控制线。然而,在上海此次新政策中,优质高中名额不仅被分配到各个区域,而且在各区内的名额中有很大比例直接分配至各所学校。在此过程中,每所区级优质高中的名额须实现区内全覆盖,确保向区内的每所初中至少提供一个名额。分配至学校的名额与学校的教学质量指标无关,仅与其规模呈弱正相关,即使规模较小的初中也将获得至少一个区内优质高中名额。这些制度设计细节的相互结合将产生多方面的效应:一方面,每所"家门口"的初中都能享有保障性的优质高中升学名额,确保每所初中不会落后,"让每一所学校都能看到希望",缓解家长的焦虑,并激励学校;另一方面,区内优质高中的数量越多,区内每所初中分配到的优质高中名额就越多。例如,若区内有五所优质高中,每所初中至少能获得五个区优质高中的到校名额。这将倒逼各区加大对本区优质高中的投入,加快区内义务教育均衡化的进程。对每所初中实施"托底保障"使规模再小的初中也能根据区内优质高中的数量获得相应的升学名额。规模较小的初中通常是不受欢迎的学校,位于人气较低的地段。然而,在新的制度框架下,规模较小的学校反而展现出相对的升学优势。这种设计将引导家长从追求热门学校转向考虑冷门学校,实现学区之间的相对均衡,并通过学区再平衡来促进居住空间的再平衡。

第四,平衡均衡与质量的关系。新政策充分借鉴其他城市以及上海早期方案的实施经验和教训,努力在高中招生过程中兼顾教育性与选拔性,并协调均衡与质量之间的关系。例如,市级优质高中的名额分配主要侧重于到区分配,辅以到校分配,到区名额仍保持高度的竞争性,确保选拔最优秀的一部分学生;而区级优质中学的名额分配,则以到校为主、到区为辅,关注不同区域和学校的资源及办学质量差异,缓解起点不公平问题。此外,无论是市级优质还是区级优质,都保留较高比例(35%—50%)的招生名额,进行全域择优选拔,包括保留6%的名额,通过自主招生方式录取具有创新潜力、学科专长和文体特长的学生,有效地保障最优秀学生的利益。新政策还为"到校名额"录取设置了最低控制线,防止分配到学习能力过弱的学生而引发一系列问题,同时激励各初中保持必要的教学质量。这些制度细节都有助于推动义务教育朝着优质均衡的方向发展。

实际上,早在2018年3月21日,上海市教育委员会就发布了《上海市进一步推进高中阶段学校考试招生制度改革实施意见》,当时该文件仅概括地提到:"市实验性示范性高中不超过65%的招生计划由市和区教育行政部门分别分配到有关区和初中学校,其中的70%分配到不选择生源的每所初中学校,并逐步扩大该比例。"由于具体方案尚未出台,因此在上海并未引起广泛讨论。然而,这次具体方案的发布,不仅名额分配力度较大,而且包含许多巧妙且深具意义的细化设计,立即引发了本地的热议和全国各地的关注。在网络上,许多外地网友对上海方案给予高度认可和赞誉,并呼吁当地教育部门向上海取经和学习。

当然,上海的制度设计仍有很多可以进一步完善的空间,这个制度本身也将不断修正发展。例如,在优质高中招生"名额分配"制度实施过程中,是否会出现初中学校办学负激励及导致教育质量下降的现象,以及是否会导致优秀学生在普通学校中"躺进"而导致学习动力不足,无法充分发挥潜能等情况。新政从2022年开始实施,制度预期效果需结合教育主管部门公布的实施细则来评判,制度实施效果更需通过实践来检验。此外,随着制度设计的不断完善和细化,产生的效应也将发生变化。上海此次中招新政,展示了在兼顾效率与公平、努力平衡均衡与质量双重要求方面的探索努力。

三、北京的学区房现状与适应政策

(一)北京的学区房溢价

1. 学区房普遍溢价

2014 年起,北京市逐步全面废止共建入学政策,转而推行就近入学制度。这一制度意味着学生将只能在居住地附近的学校报名入学。随着学区房成为获得优质小学入学资格的主要途径,其市场价值也随之攀升。2006—2017 年,北京市的小学数量由 1310 所减至 984 所,与此同时,每年的户籍出生人数从 7.7 万人增加至 18.6 万人,招生人数从 7.3 万人升至 15.8 万人,这一现象导致小学学位的供应紧张。随着人口的不断流入,东城区、西城区、朝阳区和海淀区的小学招生人数不断增加,也出现学位紧张的情况(见图 5-4)。

同时,顶级小学的总招生人数在北京市总招生人数中所占比例不足十五分之一,这无疑进一步加剧了学区房市场的竞争压力,从而使学区房价格持续上涨。

为了更准确地反映学区房的溢价情况,通过对比各区排名前十位的重点小学划片小区的平均价格以及划片小区周边 1000 米内非学区房住宅的平均价格,便可以计算出东城区、西城区和海淀区学区房的总体溢价率以及各重点小学学区房的溢价率。2017 年海淀区学区房的溢价率为 21.1%,高于东城区的 17.1% 和西城区的 13.3%。顶尖小学的学区房溢价率普遍在 10% 以上,这意味着学区房的价格比非学区房要高出至少 10%。

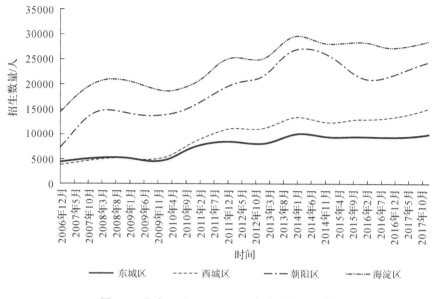

图 5-4 北京四区 2006—2017 年小学招生人数

　　北京市有众多的小学，其中 73％的重点小学位于东城区、西城区、海淀区和朝阳区，这四个区域都是北京市的核心区域，因此被称为"东西海朝"四区。这四个区域的学区房因其地理位置优越和教育资源丰富，往往比非学区房更受市场欢迎。

　　截至 2022 年底，北京学区房市场依然存在显著的溢价现象。以北京东三环和西三环地区为例，东三环（朝阳区）附近的房价约为 6 万元/m²，西三环（海淀区）附近的房价则高达 10 多万元/m²，接近 11 万元/m²。尽管差距不到一倍，但相差金额仍高达 5 万元/m² 左右。这是朝阳区与海淀区在同一区域内的房价对比。

　　西城区与朝阳区之间的房价差异对比以北辰路两侧沿线紧邻的两个小区为例。由于西城区的学区优势，这两个小区之间的房价存在较大差距。位于西城区的小区的房价约为 17 万元/m²，而位于朝阳区的小区的房价仅约为 9 万元/m²，二者的差距接近 8 万元/m²。这 8 万元/m² 的差价即为学区房的溢价。

海淀区与丰台区的房价对比以莲石东路南北两侧为例,北侧位于海淀区,南侧位于丰台区。在这一地段,位于海淀区的小区的房价约为 11 万元/m²,而位于丰台区的小区的房价仅为 5 万多元/m²,二者的差距约为一倍,也是 5 万多元/m²。从上述对比可以看出,在北京市不同区域之间,学区房与非学区房的房价差异显著。学区房溢价现象依然严重。

2. 学区房年均涨幅的主要因素

2012—2018 年,北京市顶级一类小学学区房与顶级二类小学学区房的年度平均增长率分别为 16.9％和 17.6％。然而,在同一时期,"东西海朝"地区的二手住宅平均年度增长率为 13.8％,低于学区房的平均年度增长率 17.3％。这表明,在中国,教育资源与户籍关联,户籍又与房产关联,因此优质学区房的年度增长率高于非学区房。不过,顶级一类小学学区房的年度增长率相对于非学区房较低,可能存在两个原因。

首先,一流一类小学所在学区的房价单价较高,总价也相对较大,给购房者带来较大的经济压力。2018 年东城区一流一类小学学区房的平均单价为 10.7 万元/m²,总价中位数为 655 万元,而一流二类小学学区房的平均单价为 9.6 万元/m²,总价中位数为 590 万元。西城区一流一类小学学区房的平均单价为 12.7 万元/m²,总价中位数达到 701 万元;相比之下,一流二类小学学区房的平均单价为 12.3 万元/m²,总价中位数为 682 万元。海淀区的一流一类小学学区房平均单价为 9.4 万元/m²,总价中位数为 890 万元,而一流二类小学学区房的平均单价为 9.3 万元/m²,总价中位数为 510 万元。尽管朝阳区没有一流一类小学,但该区一流二类小学学区房的平均单价仍然较高,为 8.5 万元/m²,总价中位数为 411 万元(见图 5-5)。

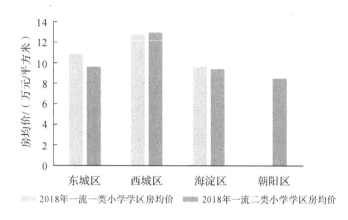

图 5-5　2018 年"东西海朝"学区房均价

其次,北京市一流一类小学与一流二类小学之间存在差异,有些一流二类小学在发展上呈现出强劲的势头,其教学能力和直升初中的表现并不逊色于部分一流一类小学。以西城区某一流二类小学为例,该校拥有 13 名高级教师和 18 名学科带头人,师资水平在西城区处于领先地位。该小学约有 60%—80% 的学生有机会直升中学。目前,该小学所在的学区房平均单价已经超过 18 万元/m²。

根据各行政区的统计数据分析,2012—2018 年,西城区、朝阳区、海淀区和东城区的学区房价格年平均增长率分别达到了 18.9%、17.3%、17.2% 和 16.2%。其中,作为北京市教育质量优势地区之一的西城区拥有较高的购买力和发展前景。2012—2018 年[①],西城区的学区房价格年平均增长率高达 18.9%,位居各行政区首位。这主要可以归因于以下三个方面:一是尽管西城区知名学校的学区房价格较高,但西城区在各项教育指标上的表现均名列前茅,如 2018 年西城区的一本录取率高达 69.7%,高中示范校数量达到 15 所,示范高中覆盖率高达 73%,以及 2006—2017 年小学招生人数增长幅度高达 275%,

---

① 注:2018 年西城区尚未实施"多校划片"政策。

这些因素共同推动了西城区学区房价格及年平均增长率的提升。二是西城区的产业结构主要以高端产业为主导,为当地居民提供了较高的购买力。统计数据显示,2018年西城区人均可支配收入高达8.2万元,成为全国唯一一个人均可支配收入超过8万元的区县。三是与东城区、海淀区和朝阳区已经实施"多校划片"政策不同,西城区截至2018年仍未公布明确的相关政策,这一因素间接地推高了西城区学区房的价格,也意味着西城区的学区房市场还有较大的发展空间。

朝阳区是北京市的一个重要行政区域,被定位为"国际一流的商务中心区"。朝阳区的常住人口在北京市中排名第一,达到361万人。2006—2017年,朝阳区的小学生数量增长了222%,在北京市的各区中排名第二。由此可见,朝阳区的学区房需求旺盛。值得注意的是,尽管朝阳区的小学资源比东城区和海淀区更加丰富,但其学区房价格的年均涨幅却高达17.3%。主要存在以下三个原因:一是北京市朝阳区并未拥有顶尖的一类小学,而优质二类小学的学区房价格相对较为亲民,这使得众多家长选择在该地区购置学区房。二是朝阳区作为北京市的经济和贸易核心,金融、服务业、文化创意和高科技产业基础都相当出色。依据《北京城市总体规划(2016—2035年)》的指导,朝阳区被视为"具有国际一流水平的商务中心区"。区域内的国贸、望京、酒仙桥、三元桥等地集聚了大量全球500强企业,同时也汇聚了苹果中国、默沙东、特斯拉、阿里巴巴等国际知名企业的研发创新机构。2017年,朝阳区的第三产业占比达到了93.1%,总部企业数量高达888家,金融机构总数接近1600家,其中外资金融机构数量为327家,占全市总数的70%。三是作为北京市人口众多的地区之一,朝阳区的常住人口规模相当庞大,2006—2017年,该区小学生数量增长了222%,排名北京市各区第二,这进一步增加了学区房的需求。

从房龄和建筑面积两个方面来看,2012—2018年,"老破小"的学区房价格年平均增长率达到了 17.6％,超过了非"老破小"学区房的 16.8％。在东城区,"老破小"学区房价格年平均增长率为 17.7％,高于非"老破小"学区房的 16.2％;在西城区,"老破小"学区房价格年平均增长率为 18.9％,高于非"老破小"学区房的 18.6％;在海淀区,"老破小"学区房价格年平均增长率为 16.4％,略高于非"老破小"学区房的 15.7％;在朝阳区,"老破小"学区房价格年平均增长率为 17.3％,高于非"老破小"学区房的 16.9％。这些数据表明,"老破小"学区房价格年均涨幅普遍高于非"老破小"学区房。这一现象背后的原因是购买学区房时人们更加关注总价,而"老破小"的学区房总价相对较低,更便于购房者"入手"。以 2018 年为例,东城区"老破小"学区房的总价中位数为 524 万元,非"老破小"学区房为 864 万元;西城区"老破小"学区房的总价中位数为 685 万元,非"老破小"学区房为 1217 万元;海淀区"老破小"学区房的总价中位数为 614 万元,非"老破小"学区房为 1097 万元;朝阳区"老破小"学区房的总价中位数为 450 万元,非"老破小"学区房为 985 万元。

此外,"老破小"学区房的涨幅还与其所处的位置和交通便利程度有关。以海淀区为例,"老破小"学区房中位数总价虽然较非"老破小"低,但是交通便利的位置涨幅仍然很高。例如,M 小学"老破小"学区房涨幅高达 27.2％,位于五环内,距离地铁站步行 10 分钟,周边交通、购物、医疗、教育资源丰富。而海淀区非"老破小"学区房涨幅较低的楼盘,多数位置偏僻或交通不便。例如,R 小区距离地铁较远,周边配套不完善,导致其年均涨幅只有 6.3％。"老破小"学区房在北京的涨幅普遍高于非"老破小"学区房,其原因主要包括"老破小"学区房总价较低、易于"上车"以及交通便利的地理位置等多个方面的综合因素。

(二)学位的刚性兑付:基于 Z 小学的案例

对孩子未来产生影响的因素,不仅有所就读的学校,还可能包括父母施加的压力与焦虑。A 夫妇为购买一套面积约 60m²、价值接近 500 万元的二手房,付出了巨大的牺牲。为筹集资金,他们的父母出售了家乡唯一的住房,一直在亲戚家中寄宿。A 夫妇则勤俭度日,十年来积攒下的一些积蓄仍然捉襟见肘。无奈之下,A 向朋友借款超过 50 万元,勉强凑足首付款。此举的唯一目的在于确保面临"幼升小"的儿子能够成功进入与该房产对口的 Z 小学,该学校拥有某重点中学 40% 的直升名额。2017 年底,A 夫妇完成购房手续,2018 年初,顺利落户。然而,一切进展顺利至 6 月中旬,符合学校录取第一顺位的 A 突然接到 Z 小学"学位不足,将被调剂"的通知,原本的计划被彻底打乱。

B 亦陷入同样的困境。女儿最初所在的单位集体户,对口的是 L 小学。为了让女儿能在 Z 小学上学,B 出售了原有住宅,动用了两代人的积蓄,同时承担了 400 万元的贷款,购置了与 Z 小学对口的 80m² 住房。然而,调剂的结果是女儿最后还是返回 L 小学就读。在经历了诸多波折、背负沉重债务之后,最终又回到了原点。B 内心充满了遗憾。2018 年 5 月 31 日,家长们期待已久的《Z 小学 2018 年小学入学登记通知》终于张贴公示。与以往相比,该通知的各个方面信息并无明显变化,但招生计划有所缩减。2018 年,Z 小学拟招收新生 120 人,而在此之前的三年,Z 小学的招生人数每年均稳定在 160 人。这意外地减少了 40 个招生名额,使得 A 担心是否会对自己孩子的入学产生影响。尽管如此,作为第一顺位孩子的家长,她仍然相信购买的房产不会让她的努力白费。所谓顺位,就是学校在根据就近入学原则录取适龄儿童时所遵循的优先顺序。通常情况下,如果房产和户籍都位于学校规定的范围内,房主和户主均为监护人(父母),则为第一顺位。若父母有房无京籍、房产归四老或集体户等,那么在录取过程中,排位将相应后移。在大多数家长看来,第一顺位孩子的入学资格几乎是确定无疑的,这也是近年来学区房市场热度上升的原因之一。为了让孩子能够进入理想的"优质小学"或"直升校",许多家长不惜花费大笔资金购买学区房。6月16日是北京市全体适龄儿童到划片学校进行登记的首日,A一大早就带着孩子来到Z小学报名。仅在上午,已有180多名孩子完成了登记,而到了下午,这一数字攀升至300人以上。当晚,各种小道消息在家长群中传播开来。

对于在学区房市场中拼搏的家长们来说,人数过多触发的卡年限是最令他们忧虑的残酷规则。近年来,在名校集中的西城区、海淀区等地,都曾传出部分名校第一顺位报名人数超过招生计划的消息,录取时会将落户时间作为派位依据,先落户先派位,直至名额满额。卡年限可能导致投入巨资购买学区房的家长竹篮打水一场空。过去,Z小学并未对落户年限提出要求,一些购房、落户较晚的家长仍然心存侥幸,互相安慰,毕竟Z小学不是海淀区最炙手可热的学校。

6月18日,家长们收到了令他们崩溃的调剂通知:因Z小学入学需求远大于学校的学位承载能力,根据招生工作方案,他们的孩子入学登记材料排序靠后,学区将协调孩子到其他学校入学。家长们被要求于6月18日下午1:30到Z学区管理中心办理相关手续。看到调剂通知时,B觉得之前的努力都白费了。后来,家长们得知录取年限被设定在2017年2月。按照这个推断,购房的家长几乎都是在高位买入的,有些家长甚至花费了10万元/m² 购买房产。工作人员邀请家长们来到区教育委员会门卫室,开始逐个劝导。工作人员表示Z小学已经满员,但为照顾第一顺位家长,L小学为他们预留了少量入学名额。如果家长犹豫不决,等到第二顺位、第三顺位家长完成签字、选择学校后,他们可能只能选择其他小学。在这种情况下,卡年限成了令众多家长们最头疼的问题。尽管他们投入巨资购买学区房,但仍然面临孩子无法进入理想学校的风险。在这场教育竞争中,家长们的努力和投资并不能确保孩子成功入读理想的学校。

实际上,受限于校舍场地等因素,面临学位调整的学校不止 Z 小学一所。早在 2018 年 5 月,海淀区教育委员会就公开数据显示,当年海淀区义务教育阶段入学工作面临巨大的学位压力,预计小学入学需求将首次突破 3 万人,学位缺口达到 8000 余个。在这场子女教育的拉锯战中,家长们关注的不仅是孩子能否入学,更在意孩子能进入哪个层次的学校。为了实现这个长远的规划,购买房产只是第一步。家长们相信,只有这样才能在竞争激烈的海淀区教育市场中取得一席之地。

对于这些家长来说,选择学区房产并购置房屋,是为了给孩子的未来铺平道路。为此,A 和丈夫开始寻找房产。他们进行了大量的调查,实地考察了海淀区的多个小区。然而,有些户型不符合他们的要求,有些房屋预算又不够,而最重要的是,该片区是否有优质学校,不仅仅是小学,A 夫妇的目光还放在了六年后的对口中学上,这也是他们选择 E 小区的主要原因之一。该小区的对口小学为 Z 小学,在 2015 年被确定为直升校,新入学的学生六年后可按照 40% 的比例直升某重点中学。在"读好小学才能进好中学,读好中学才能考好大学"的朴素逻辑下,家长们争先恐后地想要让孩子入读这所名校。

学区房市场的火热程度与中国家长对于子女教育的高度关注密不可分。例如,A 和 B 这样的家长,不仅考虑孩子当前的入学问题,还考虑了孩子未来的教育路径。他们不惜倾尽双方父母的所有积蓄,购买了学区房产,希望孩子能够进入一所优质学校,得到更好的教育资源。这种做法也表明,在中国,教育资源的分配仍然与地域和家庭背景密切相关。

以 A 购房的 E 小区为例,该小区房价在政策出台前并不高。然而,随着政策的实施,学区内的小学被确定为直升校后,房价开始快速攀升。在 2016 年,该小区均价已达到 6 万元/m²,2017 年更是直逼 8 万元/m²,一些学生家长甚至在最高点 10 万元/m² 时入手,为了孩子六年后能够顺利进入对口中学而赌上一切。然而,即使购买了学区房产,家长们也并不一定能如愿以偿。例如,A 和 B 的孩子,由于调剂而无法进入他们心目中的理想小学。学位并非始终能够刚性兑付,例如这一调剂带来的落差和失望,也让他们深刻认识到学区房市场的不确定性和风险。

(三)"多校划片"的全面执行

北京西城区教育委员会于 2020 年 7 月 5 日表示,从同年 7 月 31 日起,购房家庭不再对应登记入学划片学校,而是全部以多校划片方式在学区或相邻学区内入学。2021 年 7 月 2 日开始,不少北京西城幼升小的学生家长陆续接到了调剂电话。为了孩子入学,在 2020 年 7 月 31 日后斥资购买了 D 板块学区房的家长们,按照要求登录西城区教育考试中心官网,在登记意向学校时,却发现原本可以进的优质小学都没有学位了,只能选择其他片区的普通小学。

多校划片是指一个小区对应多个学校。多校划片会将热点小学、初中分散至每个片区,确保各片区之间大致均衡。之前的规定是一套住房对应一个学校,多校划片后,一套住房对应多个学校。对于此前高价买入的学区房,由于多校划片极有可能分到普通学校。在个别片区,2020 年 7 月之后购买学区房的,全部被分配到邻近片区,不只是"多校划片",更是"不分片区多校划片"。实行多校划片后,高溢价买的学区房也不能保证分配到理想的学校,使得投资学区房客群的心理预期大大降低。对于 7 月 31 日之前买房的家庭来说,还要考虑到该学区房是否可以在孩子上学的年份获得学位,如果没有学位,购买学区房就失去了意义。同时,西城区教育委员会宣布,针对回户籍或居住地升学的申请,将在 5 月 11 日至 13 日进行审核。要办理回西城初中入学,需要满足以下两个条件之一:一是法定监护人在西城区拥有独立产权房或租住公房,并具有西城区个人居民户籍的本市非西城区小学六年级应届毕业生;二是实际居住在西城区,并具有西城区户籍的非本市小学六年级应届毕业生。这意味着回户籍地升学的学生最晚要在 5 月 13 日之前取得房屋产权证书才能符合申请条件。

北京市西城区执行新政后,家长们也是五味杂陈。下文选取了两位此次事件的利益相关者进行采访。

在北京市西城区执行新政前,某购房家庭于 2020 年 4 月中旬以 500 万元的价格购买了一套 45m² 的学区房。根据新政规定,在 2020 年 7 月 31 日后,在西城区购房并获得房屋产权证书的家庭适龄子女申请入小学时,不再对应登记入学划片学校,全部以多校划片方式在学区或相邻学区内入学。由于很多家长急于在 7 月 31 日之前入手学区房,D 板块房价暴涨,有些房东还坐地起价。该购房家庭为了避免房东反悔,每隔几天都要催促房东办理过户。尽管他们家的孩子还不满一周岁,但家人都非常明确地表示,一定要买学区房,以便给孩子提供更好的教育环境。在购房前,他们查看了很多网上房源,并且还定向地去看了七八处房子,但基本上每次都是陪跑。根据中介的看房意愿,他们经常不是第一顺位,必须等待前面的看房者无法谈拢才能轮到他们进行谈判。在一次看房中,上一拨人从晚上七八点谈到凌晨,中介还曾安慰他们说,谈到这个点,八成不会谈拢。但不久之后,双方却达成了交易,导致其白白等到半夜。在"上岸"西城学区房的一年时间里,有人经常向该购房家庭咨询有关购买学区房的问题。起初,该购房家庭和身边的许多家长都认为即使实施"多校划片",只要所属片区的学校教育质量相对均衡,那学区房仍具有价值。但从今年"幼升小"录取的结果来看,情况似乎并非如此。现在,再有人来向该购房家庭咨询学区房时,他们已经不敢给出明确建议,只能让对方自行权衡利弊。尽管该购房人家赶在新政之前买到了学区房,但他们的孩子距离"幼升小"还有几年的时间,他们依然会隐隐担心未来的政策、细则可能会发生变化。此外,他们购买的学区房是一套 45m² 的小一居,只能用作落户,不适合全家人居住。因此,他们还需要考虑是将现有住房置换,还是再另行租房的问题。

第二位房产购买者于 2020 年底在北京市西城区购买了学区房,但新政策对其产生了重大影响。西城区宣布 2020 年 7 月 31 日后购房或落户的家庭将进行"多校划片",这意味着其孩子不能保证进入理想的学校。尽管预期会有这个趋势,但实际执行力度比预期大很多。据中介透露,原本供不应求的房产,现在买家大幅减少,成交量短期内大幅降低。房产购买者认为教育至关重要,为了给孩子争取更好的教育环境,他们一家人决定购买学区房。但是他们希望在不改变现有生活节奏的前提下,在预算范围内,且通勤距离可以接受的情况下尽力而为。在购房时,市场行情看涨,他们只能抓紧时间选购,谈价的空间不大。当时房价超出了预算,他们除了出售以前的一套房产,还通过消费贷款进行了周转。该购房者的孩子目前两岁多,还没有到上学的年龄。但新政的执行让他们开始感到沮丧,因为他们担心购买的房产不能保证孩子进入想去的学校,这增加了不确定性。但是,从另一个角度来看,是否有其他途径可以进入该学校呢?从长远来看,国家提倡"教育均衡",这是一件好事。但在他看来,短期内,学区房这个概念不会消失。以前,买了房产就可以进入想去的学校,现在虽然不能保证,但如果不购买房产,就没有机会了。在没有更好的分配机制的情况下,房产仍然非常重要。现在,他们只能接受现状,尽力而为。对于教育这件事,不能佛系不管,但也要量力而行,不要让自己被"内卷"得失去幸福感。

(四)教师轮岗制度

2021 年 8 月 25 日,北京市教育委员会在新闻发布会上宣布,为进一步推进义务教育"双减"工作,北京将在新学期大力推行干部教师的轮岗。通过实施轮岗政策,北京市教育委员会旨在推进教育公平,提高教师素质和教育质量。同时,这一政策也要求各区根据自身情况制定实施细则,具体落实轮岗工作。教育部门还将继续关注教师的轮岗情况,并不断优化政策,以实现更加公平、公正、优质的教育资源分配。

据通报,对于在同一所学校连续任职达到六年且离退休时间超过五年的正副校长,基本上应当进行相应的职位交流;同时,对于那些距离退休时间还有五年以上并在同一所学校连续工作达到六年及以上的在编在岗教师,也应当遵循相同的原则进行交流。此次教师交流的主要方式涵盖了区域内校长的交流轮换、骨干教师的均衡配置以及普通教师的派位轮岗三个方面。这样的安排意在推动城区完善学区(例如教育集团)的改革工作,努力实现学区(如教育集团等)在区域范围内的全面覆盖,其中,城区完善学区改革包括两种类型。

第一,要优化学区(教育集团等)结构,推进跨学区(教育集团)交流轮岗,实现学区(教育集团等)区域内全覆盖。此前,孩子在学习时往往只能接触到一个学校、一个班级的资源,而此次改革将调整供给方式,使孩子能够接触更多的资源和老师,实现供给主体的变化。在推进学区(教育集团等)内校际师资均衡配置的基础上,要重点推进全区范围内义务教育学校校长交流轮换、区级以上骨干教师均衡配置、普通教师派位轮岗,这将有助于缩小区域内校际差距,提高教师队伍的整体素质和学校的整体水平。

东城区将以"先教师后干部、先小学后初中"等方式,实现干部教师轮岗不少于 2000 人,力争用三年时间实现东城区义务教育阶段学校干部教师 100％轮岗。

第二,除了推进学区、教育集团内的校际、教师轮岗,北京市远郊区也将全面推进交流轮岗。该项措施旨在促进教育均衡发展,提高教育资源配置的效率和公平性,在全市范围内,推进义务教育学校校长交流轮换、区级以上骨干教师均衡配置、普通教师派位轮岗。此外,北京市还将通过双师课堂等方式,向薄弱学校和地区输送优秀的老师、学科课程和作业布置,促进教育优质均衡发展。在当前教育均衡的背景下,北京市的这项改革将有助于打破学区限制,缩小教育资源的差距,提高教育公平性。同时,通过干部教师的轮岗,也有助于推动教师队伍的优化,提高教育教学水平。

北京市教育委员会新闻发言人表示,教育涉及千家万户,因此必须关注到改革推进中人员的流动和服务质量的提升。在改革过程中,家长对改革的认知将影响其对学校和学区房的选择,但该改革将对化解这些影响起到作用。该改革更加着眼于构建高质量教育体系和更好地服务于孩子,自然会带来周边环境资源的变化。关于北京推进教师轮岗工作,还形成了三点共识。

首先,教育资源应该向平衡化方向发展。国家提倡共同富裕,教育资源的分配也应该是公平的。教育资源不应该倾向于更先进的学校,而忽视其他学校的需求。马太效应不应该出现在教育领域。

其次,该政策有助于打破学区房这种畸形现象。学区房市场带来的潜在交易和利益是巨大的,曾经某地级市出现同一个小区被划分到不同学区的现象,引起了家长们的抗议。如果教师轮岗制度得到全面推广并彻底实施,学区房市场将受到严重冲击。每个学校都有一批优秀的教师,家长就不必再集中在少数几所学校了。如果政策能够全面推广并彻底实施,学区房这个概念将逐渐消失。

最后,教师的工资、福利和其他方面也将得到提高。各个学校之间的硬件设施和其他方面的差别很大,来自条件更好的学校的教师流向条件较差的学校,政府必定会在教师的工资、福利、职称等方面做出相应的改善。因此,流动的教师在工资、福利等方面的待遇肯定会得到提高。

2022年9月,北京市开始全面实施教师轮岗制度,旨在保证教育资源的均衡发展,使所有学生都能够获得优质的教育资源。教师轮岗制度将在北京市的16个区全部推行。根据规定,教师轮岗制度将扩大范围,只要教师距离退休时间超过五年,男性教师年龄在55周岁以下,女性教师年龄在50周岁以下,并且在同一所学校教学满六年的教师都将参与轮岗。此举旨在切实落实教师100％轮岗,力求实现义务教育资源的均衡发展。该制度的初衷是使优秀校长和教师不再固定在所谓的重点学校,而是通过轮岗、匀配、调动等方式来实现教育资源的均衡化,防止师资力量过度集中在少数学校,从而提高教育公平性和质量。同时,北京市在教师轮岗制度的基础上,进一步拓展了轮岗范围,包括学校校长和副校长。根据规定,超过五年退休时间且在同一所学校任职满六年的校长和副校长原则上应该交流到其他学校。这一制度的初衷是通过优秀校长的轮岗,给资源较差的学校配备优秀的管理者,以进一步提升这些学校的整体水平,实现教育水平的均衡发展。

然而,实现教育资源的均衡发展不是一件容易的事情,因为教育资源的分配和配置问题牵涉到很多方面的因素,如政策制定、资金投入、师资队伍建设等。在此过程中,教师轮岗制度仅仅是一个手段,需要与其他相关政策措施相辅相成,才能达到更好的效果。同时,教师轮岗制度的实施也需要考虑到各种实际情况,如学校的规模、地理位置、师资力量等因素,以及教师和校长的个人情况,以便制定更加精准有效的政策。

(五)校额到校制度

北京市实施多校划片政策以来不断取得进展,并在改善教育资源分配方面取得了显著成果。2022年,北京市学区政策在继续实施多校划片的基础上,进行了重大调整,新增了校额到校政策作为中考环节的关键措施。具体而言,该政策要求北京市的优质高中每年拨出一定比例的招生名额,分配给所在地区的普通初中学校,以实现教育资源在各类学校之间的相对均衡分配。

例如,在校额到校政策下,某优质高中可能会为某普通初中分配十个名额,该初中的前十名学生在满足一定基本条件的前提下,有资格进入该校就读高中。这样的政策安排旨在将优质高中的教育资源向相对教育水平较低的初中倾斜,以促进各类学校之间的教育资源相对均衡,有利于普通中学的全面发展。

同时,校额到校政策还有助于解决一些普通初中因缺乏优秀学生而面临生源丧失、恶性循环的问题。需要强调的是,学生想要参与校额到校政策,必须满足一定条件,例如总成绩需达到570分,综合素质评价需达到B等。此外,分配招生名额的方式也需严格按照相关政策文件执行,自高分到低分、按志愿顺序进行择优录取。这些措施的实施有利于保障教育资源的公平分配,选拔出更多具备优秀综合素质的学生,进一步提高教育质量。

实际上,在北京市全面推广校额到校政策之前,海淀区与西城区已率先落实并实施了该政策。2022年起,该政策的适用范围将扩大至北京市所有初中学校。需要注意的是,在此次调整之前,校额到校政策仅适用于部分初中学校。此次政策调整的主要目的是实现教育资源在各类初中学校之间的均衡分配,避免优质初中资源过度集中,从而导致其他初中的发展受到限制。因此,家长在为子女选择初中学校时,应充分考虑校额到校政策所带来的影响,避免过分追求热门优质初中,以免影响孩子的全面发展。值得一提的是,校额到校政策中的招生名额比例对政策效果具有举足轻重的作用。在过去的政策实施中,北京市所有优质高中需将50%的招生名额用于校额分配。然而,随着政策适用范围扩大至所有初中学校,这一比例势必会有所上升。这意味着,学生通过统一考试获得优质高中入学资格的可能性将逐渐降低。

2022年起,北京市实施的校额到校政策将适用于新一届初中学生,待至2025年这批学生升入高中阶段时,仍将继续执行该政策。尽管校额到校政策对北京学区房市场产生了一定程度的打压作用,但许多人尚未充分认识到这一现象。这反映了大多数人对学区政策关注的主要是情绪化因素,购买学区房的行为也常常受到情绪的驱使。在校额到校政策的影响下,位于优质初中学区的房产可能会面临价格下跌的压力,因为房价受学区政策影响较大。因此,家长在为子女选择初中时,应更加理性地权衡初中学校与未来升学可能性之间的关系。

尽管校额到校政策有利于促进教育资源的均衡化发展,但北京市的优质教育资源仍然主要集中在东城区、西城区和海淀区。受学区政策的影响,人们在购房时往往更倾向于选择这些区域的房产。因此,在当前政策背景下,这些区域的优质高中将面临来自全市范围内的招生压力,相应地,房价也将承受下跌的压力。同时,校额到校政策实施过程中还存在一个尚未解决的问题,即如何实现教育资源在整个城市范围内分布更加均衡。这是一个亟待深入研究与探讨的课题,在未来的政策制定与实施过程中,有关部门需继续关注并解决这一问题,以促进教育公平与均衡发展。

　　总体而言,北京市的校额到校政策调整有助于促进教育资源在各类初中学校之间的均衡分配,减轻优质初中的发展压力,提升整体教育水平。在此背景下,家长在选择初中学校时需审慎考虑政策影响,同时,学生也需要努力提升自身综合素质,以适应日益激烈的教育竞争环境。

第六章　国外学区制的设置、
学区房溢价与启示

　　世界各国在学区设置方法上呈现出多样性,这主要与各国学区化管理的历史发展过程密切相关,同时也受到各国行政管理方式的影响。在推进我国学区化管理改革的过程中,借鉴国际经验对于更好地构建适用于我国的学区管理制度具有重要意义。为此,本研究选取了美国、英国、法国、韩国、德国和日本这六个具有代表性的国家,对其学区的历史演变、学区特点、学区评级、学区溢价以及在促进教育均衡方面所做出的努力等方面进行深入研究和系统梳理。在此基础上,我国的改革设计者可以从中学习、借鉴和反思,以期更好地构建适应我国国情的学区管理制度,实现教育资源的均衡分配,提高教育质量和公平性,从而为我国教育事业的长远发展奠定坚实基础。

一、美国的学区制与学区房溢价

　　美国基础教育由私立学校与公立学校体系共同构成,鉴于私立学校的费用较高且招生标准严格,众多家庭仍然倾向于选择公立学校。

公立教育遵循学区制度,美国义务教育的年限为 13 年,从幼儿园至高三。

(一)美国学区的历史演进

美国最初的学区诞生于英国殖民时期,起源于社区自治,类似于英格兰教区。具有相近文化信仰的欧洲移民在市镇社区募资兴办学校,满足学生徒步可达的入学需求。由于教育与物业及区位地租之间的内在联系,私人捐赠与公共土地税收为美国学区制度奠定了初步基础。1789 年,马萨诸塞州对学区的自主办学权进行合法化,随后纽约州、俄亥俄州、伊利诺伊州等逐一效仿。民选产生的教育委员会、学区独立税收权和行政管理权的法律认可,标志着学区制正式确立。在农业机械化、农村经济与人口减少、规模化教学提高劳动力优势、分年级学校的出现以及汽车发明和免费公共交通等因素的影响下,公立教育逐渐实现标准化、集中化和城市化,以满足工业社会需求。这一趋势导致教育行政权力向上层政府集中。19 世纪末,联邦政府设立州教育委员会作为地方教育的行政管理主体,形成联邦指导、各州直接教育和地方学区自治的教育行政体系。20 世纪初,美国拥有约 20 万个学区,第二次世界大战后减少至 11 万个,20 世纪 70 年代降至不足 2万个。由于农村学区合并,2005 年时仅有不到 1.5 万个学区。20 世纪60 年代起,美国开始强化联邦在基础教育中的作用,1965 年颁布的"领先起步"计划为低收入家庭子女提供社会、情感与心理援助;同年,《中小学教育法案》针对低收入家庭提供财政补贴,根据低收入家庭数量,联邦将补助资金下拨至州,如为年收入低于 2000 美元的家庭提供免费午餐。20 世纪 90 年代起,美国推行"教育券"计划,为贫困家庭创造进入优质学校的机会。截至 2012 年,美国 14178 个公立学校系统中,包含 12880个独立学区和 1298 个非独立部门,共同组成美国基础教育体系。

(二)美国学区制的特点

第一,美国学区拥有较为充分的教育权。一是学区的性质、地位、结构与国家治理体系一致。地方学区是政府公共教育组织体系的基本组成部分,是美国教育管理的基层政府组织。相较于欧洲各国强调私立教育的传统,美国更加重视公立教育。在美国深厚的民主传统下,学区作为管理公立学校的基层行政组织,被誉为"学区政府"。学区不仅具有组织结构和正式名称,还具有较好的稳定性。在美国,教育权力并非集中于联邦,而是由各州教育委员会进行管理。学区是各州行使教育行政权力的基本单位,州与学区分别拥有不同的教育管理权。州教育委员会负责制定各州的基本教育方针与政策,如制定教育与教学标准及评价标准等。学区则具有相对独立的财政权、人事权和课程权,承担地方公立中小学的设立与管理等职责。这是美国学区在权限上与政府其他教育行政部门的最大区别,特别体现在财政及行政管理方面的独立性。二是美国学区或为法人实体,或为半法人实体。地方学区在各州的地位有所差异,例如,在印第安纳州,学区即为具有法律地位的学校团体。各州学区的法人地位并不完全相同,因而各学区拥有的决策权也有所不同,但作为政府的分支机构之一,须服从州立法机关的绝对权力。立法机关根据宪法行使权力,可依据实际需求改变学区的管辖权、范围和区域,甚至有权撤销地方学区。由于州法律赋予公共教育的实际权力有限,学区通常不具备地市政府或区县政府的权威。作为法人实体,学区享有诉讼权、签订合同权以及获得和放弃财产权等。三是美国学区是具有一定地理辖区的区域性教育服务机构,通常以乡镇、市、县的行政区划为基础,但往往跨越行政区域。学区为所在地适龄儿童提供公立教育,并通过其独特的财政机制、督导机制和信息共享机制确保教育合理开展。

第二，美国学区的行政事务由学区委员会承担。学区委员会亦称学区教育委员会或学区董事会，该委员会由学区全体选民选举产生，因而对全区公众负责。学区委员会具有较强的独立性，负责制定教育政策及相关事务，无须受乡镇、县、州及联邦政府的指挥。学区委员会亦具有较高的专业性，通常聘请一名督学负责学区日常行政事务，其职责类似于经理。学区委员会的执行机构为学区教育局，其负责人为教育局局长或学区督学。学区内各校的重要事务均由学区委员会决定，学区教育局负责执行。

为对选民负责并保障学区居民监督学区教育事务的权利，学区管理机构（即学区委员会）通常认为与所在社区保持良好互动关系至关重要。美国学区最初在地理位置上与社区重合，因此在美国历史上许多地方存在社区即学区的现象。尽管学区经历了合并与调整，但与社区紧密合作的传统至今仍在延续。学区委员会的主要职责包括确立目标、聘请督学、积极维护学生利益，确保高水平且适宜的教育标准得以实施并取得成功。学区教育局的功能可概括为以下四个方面：一是制定地方教育政策与计划，设立与管理地方公立中小学；二是征收与募集地方教育经费，编制地方教育经费预算；三是选拔与任用地方教育人员，裁决教育纠纷；四是宣传报道教育信息，以便学区居民了解学区的教育状况。

第三，房产税构成了美国学区经费的主要来源。除了州、市、县的拨款，学区还具有征税权，主要向学区内居民征收财产税，其中房产税占据重要地位。美国学区存在一个循环机制：优质学区吸引富裕家庭购买房产，从而推高房价，进而增加房产税收入，使学区获得更多教育投入，形成优质学区持续发展的正向循环。相反，在质量较差的学区可能出现恶性循环。因此，美国学区的改善实际上主要依赖于当地居民的直接投入，由于房价上涨带来的财富福利以及学区改善所带来的子女教育福利,居民对教育房产税基本持积极态度。学区有义务公开信息并接受居民的选择。每年,学区需向居民公布一份包含学校环境、学生出勤率、州际考试成绩的报告,以供居民评估学区质量并作出相应选择。此外,美国入学政策较为宽松,主要体现在:一是房产所有者须提供水电和煤气证明,确保子女在学期间居住在该学区;二是未在该学区拥有自住房屋的家庭也可通过租房方式入学,仅需提供租房合同和水电账单;三是可以将学龄儿童寄宿在他人家中,并邀请房屋所有者作为监护人,申请在学区内入学。

(三)美国的学区房溢价

美国教育体系主要分为学前教育、小学、中学和高等教育四个阶段。公立学校通常实行"划片录取、就近入学"的原则,而私立学校则不受此限制,学费相对较高。公立和私立学校招生准则有所不同,仅公立学校涉及学区概念。公立学校遵循划片、就近入学原则,提供"K-12"义务教育,学前教育至 12 年级可享受免费基础教育;私立学校则不设划片,通常需要支付一定费用。除传统公立学校外,美国还有磁石学校和特许学校两种特色公立学校,占比较少,招生不划片。磁石学校根据学生特殊兴趣提供独特课程和教学方法,特许学校在课程设置、教学进度等方面享有较大自主权。

美国学区众多,由专门的学区委员会管理。房产税是学区的主要收入来源。高房价、富裕居民较多的地区税收较高,教育经费充裕,从而改善学区基础设施、聘请优秀教师等,形成良性循环,进一步推动学区房价上涨。

在全美范围内，共有近 1.5 万个学区，数量众多，划分精细。各学区因受不同州法律在学区设立和授权方面的影响，呈现因地制宜的特点。例如，《2022 年纽约市公立学校入学指南》规定，家长可以填报 12 个志愿学校。在学校招生名额充足的情况下，学生可直接进入第一志愿学校；当申请名额超过招生名额时，则使用优先权分配入学名额。

此外，美国学区并非属于传统意义上的行政体系。学区委员会作为学区教育决策部门，除夏威夷州的学区由州政府直接管理外，其他各州的学区均设有学区委员会，其成员主要由当地居民选举产生，上级政府无权任免。学区划分精确至门牌号，美国教育部官方网站收录了学区信息，学区边界一旦确定，通常不会轻易改变。

美国学区具有独立的财政权，教育经费主要来源于地方政府向学区内居民征收的房产税。由于美国贫富差距较大，不同学区的教育经费差异也较为明显。学区财政权的独立性有助于根据地区特点发展教育，但同时也导致各地基础教育发展不均衡。根据纽约州政府发布的《地方政府手册》，2010—2011 学年，纽约州各学区共分配房产税 263 亿美元，占收入总额的 46%（见图 6-1）。房价高、富裕居民较多的地区学校教育经费充足，基础设施和师资水平等更易得到提升，进而吸引更多人迁居至周边，推动房租和房价上涨。以纽约斯卡斯代尔（Scarsdale）学区为例，该学区的居民多为律师、医生或华尔街经理，人均收入为纽约市人均收入的四倍。凭借雄厚的财力，经过这几十年的发展，该学区内的高中在美国公立学校中名列前十。

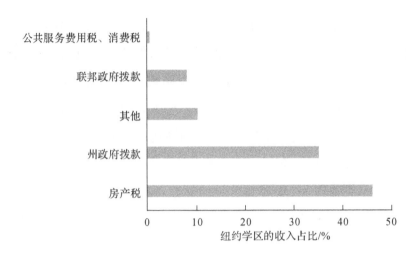

图 6-1　纽约学区的收入占比

(四)美国在促进教育均衡上的努力

为推动教育资源均衡,美国提倡实施教师流动制度,旨在促进中小学教师平衡流动。然而,由于学区拥有独立财政权,优质学区经费充裕且能进一步转化为改善教育设施和高薪聘请优秀教师等,各地教育资源仍存在显著差距,政策效果有限。美国联邦政府通过立法或项目推动教师流动,以实现教育资源均衡。例如,2002 年实施的《不让一个孩子掉队法案》提出成立全国教师流动委员会,负责各州教师流动政策的制定和评估,促进优秀教师在全国范围内的有效流动,特别是鼓励教师向经济贫困、师资短缺的欠发达地区流动。

此外,部分非政府组织也发起项目以促进教师合理流动。例如,1990 年,科普创建了"为美国而教"组织,旨在通过短期集训和网络培训方式培养紧缺师资,吸引了一批致力于改变教育困境的有识之士,以满足经济不发达或师资紧缺地区对师资的大量需求。美国依靠法律法规保障,同时借助多个非政府组织共同推动教师流动,在一定程度上促进了中小学教师的平衡流动和配置。然而,由于美国学区具有独立财政权,优质学区周边房价普遍较高,学区税收充足,有充裕的经费用于完善学区内的教育设施和高薪聘请优秀教师等,地区间教育资源差距仍然存在。

二、英国的学区政策与学区房溢价

(一)英国的学区政策

英国的基础教育体系分为公立(state school)和私立(independent school)两个部分。私立学校又可细分为两类:一类是公学(public school),需要注意的是,"public"在此并非指公立学校,而是指贵族学校,如哈罗公学、伊顿公学等;另一类是私立学校(private school),相较于公学,这类学校的学费通常较为亲民。公立学校实施的是居民区分片招收学生的政策,即按照居住地就近入学。在具体执行过程中,一套房子可以申请周边若干同类型的学校。学校在收到申请后,通常会根据学生住所距离学校的远近进行排序录取。然而,地区发展不平衡或历史原因等因素导致英国公立学校之间的教学水平存在较大差距。因此,公立学校出现了"跨区报考"的现象。一些优质公立学校的申请与录取比例可能高达10倍以上,供应远远小于需求,也使得这些学校所在地区的房价急剧上涨。

公立学校的办学经费主要来源于所在辖区居民缴纳的房地产税或物业税,这些资金用于学校设施维修、设备购置、校车接送、教师聘用及学校运营等。如果学区内的房产评估价值较高,那么相应的房产税收入以及投入公立学校的经费也会更多,这在一定程度上有助于提升学区公立学校的办学质量;同时,公立学校办学质量的提高也会对学区内的住房市场产生积极影响。这一现象加剧了教育资源的不平衡分配,富裕家庭的子女往往能够进入优质学校接受高质量的教育,而贫困家庭的子女则只能就读于偏远地区或相对水平较差的中小学,这不仅影响了教育公平,还可能加大社会阶层差距。

基于此,英国政府实施了教育优先区政策,为确定为教育优先区的学校或地区提供补贴。评估教育优先区的具体指标包括父母职业状况、政府经济补贴接受程度、居住拥挤情况、住宅基本生活设施情况、学生逃学或缺课情况、学习障碍学生比例、移民儿童比例、教师流动率以及学生辍学率等。这些指标旨在识别处于不利环境的学校或地区,使它们能够成为政府补助资金的受益者。

(二)英国的学区评级

在英国,公立学校实行等级评定制度,评级较高的学校通常申请量较大。优质学区能够获得更多的教育经费,教育资源质量较高,因此经济基础较好的家庭往往倾向于在热门学区置业。在这种情况下,优质学区的楼市供需失衡便显得尤为突出。

英国教育标准局每年会对全国所有公立学校进行评级,将学校分为"杰出"(outstanding)、"良好"(good)、"有待改进"(require improvement)和"不合格"(inadequate)四个等级。公开的评级信息以及学生的学术成绩(GCSE 和 A-Level)排名对家长申请公立学校的决策产生显著影响,表现优秀的学校往往会面临超额申请的情况。

为了增加孩子入学的机会,经济基础较好的家长可能会选择在热门学区购买或租赁房屋。根据伦敦政治经济学院关于房价与学校教育质量的研究发现,学校成绩提升一个标准差的变化(基于享乐成本估价法)将会导致周边房价上涨 3%。因此,许多家长选择购置优质公立学校周边的房产,这进一步加剧了楼市供需失衡,并导致优质学区周边房价不断上涨。英国优质公立学校的高评级、丰富的教育经费和优质教育资源吸引了许多家长在热门学区置业。

(三)英国的学区溢价

根据英国房屋按揭贷款机构 Nationwide 和莱斯银行在 2012—2013 年开展的一项调查研究,数据表明英国排名前 30 的公立学校附近的房价相对于其他地区的平均水平高出 12%。在这些地区,当学校的标准成绩考试分数每提升 10 分时,周边住宅售价将上涨 3.3%。另外,英国教育部 2017 年的一项研究结果揭示,英格兰学区房的平均附加值为每套 1.86 万英镑。具体来看,在这些地区,高质量的小学能为附近房产带来约 8.0% 原房价的附加值,而高质量的中学则能为周边房产带来约 6.8% 的增值。菲利帕在对英国住房市场进行深入分析时发现,国际移民流入对流入城市社区的教育质量产生了显著的负面影响。这种现象导致了收入较高的本地居民为了追求更高质量的教育资源,纷纷迁往其他地区。这一行为进一步对本地的教育公共服务和住房市场产生了消极的收入效应[①]。在另一项关注英国学区房市场的研究中,罗森塔尔采用了外部学校评估作为衡量学校教育质量的工具变量。该研究发现,英国学生的考试成绩对学区内住房价格产生了显著影响,房价对学生考试成绩的弹性约为 0.05[②]。这些研究结果进一步证实了学区房与教育质量、房价之间的紧密联系。

具体以英国的第一大城市伦敦为例,2005 年起,伦敦各区家长可向任何公立学校申请学位,最多可提供六个选项。随后,地方教育局

① Filipa S. The effect of foreign investors on local housing markets: Evidence from the UK [EB/OL]. (2022-10-04)[2023-08-31]. https://www. lse. ac. uk/CFM/assets/pdf/CFM-Discussion-Papers-2016/CFMDP2016-39-Summary. pdf.

② Rosenthal L. House prices and local taxes in the UK[J]. Fiscal Studies, 1999(1): 61-76.

会根据一定标准进行评估,如特殊教育需求、已在该校就读的兄弟姐妹、与学校的距离和其他特殊能力等,其中前两项通常仅占录取名额的10%。因此,与学校的距离成为提供学位的实际标准。受欢迎的学校入学竞争愈加激烈,分配学位的距离标准就越严格。在竞争激烈的公立学校,每年录取的学生家庭住址距离学校的直线距离甚至不超过200米。

作为英国首都的伦敦拥有丰富的优质教育资源,金斯顿、萨顿等学区为教育资源最集中的地区,各有30所以上的优质中小学。2016—2021年,金斯顿房价上涨幅度达到15%,超过伦敦整体水平(11%)。伦敦的金斯顿、萨顿、哈罗和巴尼特等学区教育资源丰富,拥有30所以上的中小学,其中大部分学校被教育部评为"杰出"和"良好"。此外,里士满、肯辛顿-切尔西、雷德布里奇、伊灵等学区同样设有优质公立学校。这些学区不仅有高质量的公立学校,还配备了完善的公共服务资源,如公园、图书馆和其他便利设施。根据英国国家统计办公室(ONS)的数据,伦敦地区的平均房价是全英最高的城市。2021年11月,伦敦地区的平均房屋成交价格为52.0万英镑,远高于同期全英平均房屋成交价格(28.8万英镑)。在伦敦的肯辛顿和切尔西地区,平均房屋成交价格为130万英镑,约为全英平均价格的4.5倍。

2016—2021年,伦敦地区知名学区的房价上涨幅度普遍高于市场平均水平,里士满房价上涨幅度高达16.7%,伊灵斯顿为14.6%,金斯顿为13.0%,而整个伦敦市区的平均涨幅为10.4%。这一现象凸显出优质教育资源对房地产市场的影响,使得知名学区的房价涨幅超过了整体市场水平。综合表现排名前十的中学附近的房屋价格比其他地区的平均价格高出6.8%;而排名前十的小学周边的房屋价格更是比其他地区的平均价格高出8.0%。这些数据说明,在英国,尤其是伦敦地区,教育资源在一定程度上对房价产生了显著影响。为了让子女能够接受更好的教育,家长们愿意支付更高的房价,从而推动了知名学区房价的持续上涨。

(四)英国在促进教育均衡上的努力

为了应对学区教育资源分布不均衡的问题,英国对教育体系展开了一系列改革措施。在《教育改革法》中,英国尝试扩大家长和学生在选择学校方面的自由度,并重新划定学校的生源区。然而,受学校评级制度的影响,经济条件较好的家庭依然更愿意在优质学校生源区内购置房产,导致改革效果未能如期实现。在布莱顿和霍夫地区进行的招生改革试点中,学校针对超额申请名额的分配采用了抽签或随机分配的方式,取代了依据学生家庭与学校之间距离的原则。此外,英国政府通过调整学校学位分配政策,将劣势地区的学生分配至表现优异的学校,以提升其接受优质教育的机会。

2010年,英国教育部门提出了"公平能力分组"(Banding test)的招生政策,对11岁的小学毕业生进行智商测试,并将其分为七个或九个能力组。在初中招生过程中,学校会为每个能力组分配相同的名额,而不再考虑地域因素。尽管如此,上述改革措施所能带来的实际影响仍相对有限。在学校评级制度的作用下,经济条件较好的家庭继续倾向于在优质学校生源区内购房,以确保子女能够获得名额。因此,优质学校生源区的房地产市场依然火爆,英国的改革举措并未显著改变现状,高溢价学区房现象依然存在。

三、法国的学区政策与学区房溢价

(一)法国的学区政策

法国教育体系具有其独特性,既与国内行政体系保持适度的契合,又在一定程度上保持相对独立性。法国教育行政管理体制分为四个层次:中央、学区、省和市镇教育委员会,实行以中央集权为主导的统一管理。其中,教育部是国家主管教育事务的行政领导机构,负责依据宪法及相关法律法规制定教育方针和条例,并处理诸如大纲、课时、教法、招生、考试、文凭、教师和学生等方面的重要问题。学区是教育部在地区一级设立的关键教育行政管理单位,充当教育部在地方层面的直属机构。各省教育厅直接向学区领导负责,并在法国地方基层担任教育行政管理职能。在法国教育管理体制中,学校被视为最基本的组织单位。具体来说,小学隶属于市镇级别,初中归属于省级,而高中则从属于学区。尽管各级别学校的管理层级不同,但国家依然承担着决定教育组织和教学内容的重要责任。

法国的学区管理方式通常被称为大学区制,即将全国划分为若干个教育大区进行管理。在大区之下,又设置了许多学区。真正的学区化管理主要在大区之下的学区内实施,因此本书关注的对象是法国大区之下的学区。法国的基础教育体制沿袭了拿破仑时代典型的教育行政体制,同时将权力下放至各个学区,实现了中央集权与因地制宜的有机结合。这一体制既保证了教育政策的统一性,又充分考虑了地方教育特点和需求,为法国教育体系的发展提供了有力保障。

法国大学区制对学区的影响具有深远意义,学区划分也经历了多次调整。在教育行政方面,改革继续遵循大区与学区相统一的思路,即在每个大区设立学区,称为"大区学区"。大区学区可以是单一学区,也可以包括多个学区。拿破仑时代,法国教育实行的是中央集权制,但这种制度在应对当今世界发展中的种种变化时反应较慢,缺乏灵活性。1959 年发布的第 59-45 号法令规定,法国的公立教育从 3—16 岁均为义务教育。20 世纪 80 年代开始,法国政府以分权为核心,从多个方面采取措施积极应对国家治理面临的挑战。其中,最为核心的是推进地方分权管理改革。地方分权是指将权力从中央政府向地方政府、由上级政府向下级政府转移,并在转移后改变权力主体。1982 年 3 月,法国以法律的形式将大区确立为一级地方领土单位,规定其享有与省、市镇相同的法人地位和权利,具有独立的公法人资格,从而使法国地方行政建制从原先的"省—市镇"二级变为"大区—省—市镇"三级。2003 年 3 月,法国宪法修正案首次明确将"法兰西为分权型共和国"作为一项基本原则纳入宪法。2015 年 1 月,法国政府颁布《大区区划、大区和省选举以及更改选举日程法》,明确从 2016 年 1 月 1 日起将法国本土的 22 个大区合并为 13 个,旨在节省行政成本,提高大区的区域资源整合能力和政策执行效力。

因此,法国在教育行政管理上采用了"大区—省—市镇"三级管理体制。在这一体制下,大区负责管理高中以及部分专科学校的教育事务,省级主要负责初中的管理,而市镇则主管小学和幼儿学校的相关事务。在公立小学和中学,学费完全免除,还免费提供小学和初中的教材。对于高等学校,除私立学校外,一般仅需缴纳较少的注册费用。

法国的中小学主要分为公立学校和私立学校。私立学校又可根据是否与政府签订合同,进一步细分为民办合同制私立学校和民办非合同制私立学校。合同制私立学校依据与政府签订的合同,需要遵守教学大纲以及国家教育部门颁布的一般规则。这些合同在很大程度上决定了私立学校在实施教学过程中的自由度差异。同时,民办合同制私立学校在一定程度上受益于国家的财政支持,可以分摊部分开销。相对而言,民办非合同制私立学校则不享受政府的任何财政援助,需要独立承担全部开支。这一区别使得两类私立学校在运营和管理上存在显著差异。

(二)法国的学区长负责制

法国学区实行学区长负责制,无论是大区还是大区下辖的学区均遵循这一制度。行政大区设立学区长公署,学区长在其管辖范围内,对从幼儿教育到高等教育的全部公共教育服务负有全面责任,并对签订合同的私立教育机构行使监管职能。学区长通过任命方式产生,由法兰西共和国总统根据部长理事会的提议予以任命,学区长代表教育部部长在所属学区内行使教育管理职权。对于包含多个学区的大区,任命其中一位学区长为学区总长,负责协调该大区内各学区的相关事务。

法国学区长负责制具有以下特点:第一,学区长作为教育部长的代表,行使地方教育管理权力;第二,学区长通常从拥有较高学历的学者中选拔,为法国高级官员;第三,学区长与地方行政长官之间不存在隶属关系,涉及地方教育及其他事务时需与并行的地方行政机构协调;第四,学区长下设秘书长主管学区的行政工作,各省教育局局长负责各自省份中小学的行政事务,各学科督学负责学校的教育教学事务。学区秘书长主管学区的行政工作。

每个涉及一个或多个省份的大区都设有国民教育局。各省教育局局长负责本省中小学的行政管理事务,各学科督学负责学校的教育教学事务。虽然各大区的组织结构略有差异,但基本上都设有学区长秘书处、总秘书处、办公室、教育局、大学事务处,人事处、考试处等部门。

（三）法国的学区溢价

作为法国的首都和国际大都市，巴黎拥有悠久的文化历史和众多知名的高等教育机构以及优质高中。法国义务教育阶段的优质学校资源亦集中于巴黎地区，其中最佳的学校位于市中心区域（第四、五、六区）。2021 年，位于优质学区的第六区、第七区的房价超过 1.3 万欧元/m²，高于巴黎平均水平（1 万欧元/m²）。法国公立小学和初中实行"就近入学制"，公立小学的入学由各区市政厅根据居住地划分学校。

根据 l'Etudiant 对法国中学的排名统计，排名最优的学区位于巴黎，其次是马提尼克岛和科西嘉岛。巴黎最优质的学校集中在市中心区域。《巴黎人报》分析了中学生学业水平数据，对巴黎首都地区的街区进行排名，前三名分别为索邦、圣威克多、圣梅里，位于巴黎第五区和第四区。巴黎第五区的五所公立中学中，包括了两所在法国排名前 20 的中学。在学业水平排名前 40 的街区中，有 28 个位于巴黎前十区（市中心区域）。

据 Meilleurs Agents 地产经纪人的研究报告显示，在巴黎，升学率较高的中学附近的房价比较低的中学周边房价高出 17%。在图卢兹和蒙彼利埃，优质中学周边房价分别比平均价高约 27% 和 22%。截至 2021 年 12 月，根据大巴黎公证处的统计数据，拥有优质学区的第七区、第四区和第十六区的房价分别为 1.33 万欧元/m²、1.28 万欧元/m²、1.08 万欧元/m²，均超过巴黎 1.06 万欧元/m² 的平均房价（见图 6-2）。巴黎第五区的房价为 1.23 万欧元/m²，涨幅约 15%。

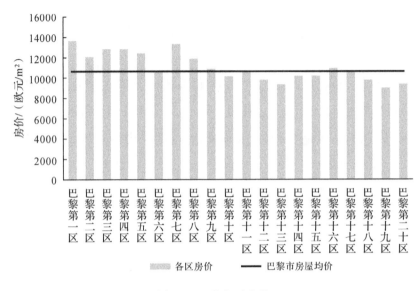

图 6-2　巴黎各区房价

　　优质学区房市场的过热现象与当地教育资源分配不均以及法国强烈的精英文化教育观念密切相关。这种现象促使家长投资顶尖学校附近的房产，以确保子女能够接受更好的教育。从教育资源分布的角度来看，法国知名的公立学校和私立学校主要集中在城市中心区域，这导致了教育资源的不平衡。以巴黎为例，根据 l'Etudiant 的排名统计数据，巴黎第十六区拥有诸如圣路易吉·贡扎加和圣让德帕西等排名靠前的中学。相较于大巴黎地区，巴黎中心区的教育资源更为丰富。更优质的教育资源吸引了家长购置周边房产，从而推高了学区房市场的热度。从文化层面来看，法国的精英文化强调学校教育的连贯性。在就业市场上，从幼儿园、小学、中学到大学一路名校毕业的学生相较于其他学生更容易获得优质的工作机会。1963 年以来，法国实行"就近入学制"，学生入学时根据学校分区图来分配学校。因此，为了确保子女能够进入名校就读，家长愿意投资较高价格购置名校周边的房产。

　　综上所述，优质学区房市场的过热与当地教育资源分配不均以及法国的精英文化教育观念密切相关。这种现象促使家长为了子女的教育前途投资顶尖学校附近的房产,进而推高了学区房市场的热度。

(四)法国在促进教育均衡上的努力

为缓解学区房市场过热现象,法国采用了重新调整学校分区图、设立教育优先区以及实施教师轮岗制度等策略。然而,由于精英教育观念深入人心以及优质学校数量有限、经费充裕且教育质量好的优势,这些措施的实际效果并不显著。

第一,法国教育部对学校分区图进行重新调整,改革"就近入学制",扩大区域范围,并实行"一个区域,多所初中"的政策。这样,每个学区可以包含不同水平的学校,以避免学区内的两极分化现象,从而重新平衡各社会阶层在学区内的比例。

第二,法国将学生成绩差距较大的学校所在地区划为教育优先区,并为这些区域的学校增加教育经费拨款,给在该区域工作的教师提供额外补贴,采用加强早期教育、实施个别教学或小班教学等方式提高教学质量,以减少教育不平等现象。

第三,法国实施三年一轮的教师轮岗制度,以平衡不同地区之间的教育水平。对于在偏远地区工作的教师,实行补贴政策,根据地理位置、偏远程度和经济发展等多种因素进行综合加权评估,提高轮岗教师的实际收入,激发和保障优秀教师投身支教事业的积极性。轮岗教师的补助金额逐年调整,从 2019 年的每年 2000 欧元增至 2020 年的 3000 欧元。

尽管上述措施在一定程度上解决了教育资源不均的问题,但由于精英教育观念的盛行以及优质学校数量有限、经费充足且教育质量好的优势,经济条件较好的家庭仍然倾向于在优质学区内购置房产,优质学区房市场的供需失衡现象依然存在。

四、韩国的学区政策与学区房溢价

(一)韩国的学区政策

在韩国,大学前教育体系采用"6—3—3"的模式进行组织和实施,这一模式在整个教育领域普遍遵循划片招生方式。韩国的小学、初中实行划片入学,学区环境或者说居民阶层与学校的质量有着直接关系。

韩国的小学教育,即初等学校,为六年制,涵盖了一年级至六年级。初等教育阶段的主要任务是培养学生掌握基本知识和技能,为其今后的学习奠定坚实基础。而初中教育,也称为中等教育的第一阶段,为三年制,包括七年级至九年级。在初中阶段,教育的重点在于培养学生的综合素质,为高中阶段学习做好准备。高中教育是中等教育的第二阶段,同样为三年制,可以细分为四个类别:普通高中、特殊目的高中、自主型高中和职业高中。普通高中主要以提供广泛的文化和科学课程为主,为学生进入大学做好准备;特殊目的高中则着重于某一领域的教育,如外语、科学等,选拔和培养特定领域的优秀人才;自主型高中鼓励学校自主制定课程和招生政策,以提高学校的教育质量和适应社会需求的能力;职业高中则以培养具备专业技能和职业素养的技术人才为主,满足社会和产业发展的需要。

历史上,为解决1969年取消小学升初中免试带来的升高考试竞争激烈问题,韩国在1972年提出实行高中平准化的政策,逐步废除了高中入学考试,实行高中划片入学。平准化政策于1974年首先在首尔和釜山实施,后扩大到全国。高中通过推荐、书面材料、区域配置等方式招收学生,旨在改变此前学校分层严重、应试教育倾向明显以及学业成绩竞争激烈的现状。为实现这一目标,韩国政府对"不利学校"加大了经费拨款,改善了办学条件。同时,实行了四年一次的教师流动制度,以平衡各学校的师资水平。在高中阶段,韩国以教师、学生和教育设施的均衡化为前提,追求教育机会的均等和课程的平等化。2014年,韩国开始在偏远地区实行高中免费义务教育,2017年推广至全国。

在坚持教育平准化20多年之后,为了弥补平准化教育政策的不足,韩国于2000年颁布了《英才教育振兴法》。这一举措并不会动摇韩国教育平准化的基本制度,相反,这是在教育实现平准化目标的基础上,对教育制度进行改革的新尝试。尽管韩国采取了降低高考难度、实行入学指标电脑随机派位等调控手段,在一定程度上减轻了优质学区的入学竞争压力,但相对来看,一些名校和知名补习班集中的地段仍然存在着较为严重的学区房问题。这说明在教育平准化政策的执行过程中,韩国虽然取得了一定的成效,但在解决学区房问题方面仍然面临着一定的挑战。为了更好地实现教育公平和资源的合理分配,韩国需要在现有政策的基础上,继续寻求更有效的解决方案。

(二)"特目高"的兴起

韩国在发展中小学教育过程中,借鉴了美国和日本的经验,形成了具有韩国特色的教育模式。首先,韩国教育注重创意教育,旨在培养具有"会思考、会学习、会实践"能力的"三会"学生,以提高学生的综合素质和创新能力。其次,韩国没有全面采纳在日本存在争议的"学区教育"和"宽余教育",而是根据实际情况进行有针对性的调整。最后,韩国积极推行"特目高"制度。所谓"特目高",指的是以特色和特性化为目的设立的高中。截至2013年,韩国共有56所这类高中,共可招收 11905 名学生,其中首尔市就可以招收 2450 名学生。在这 56 所"特目高"中,包括 29 所外语高中、18 所科学高中、3 所国际高中以及 6 所"自律型私立高中"。首尔市就有 8 所,其中外语高中 6 所,科学高中 2 所。外语高中的升学比率为 6∶1,科学高中的升学比率为 3.8∶1。这些"特目高"在一定程度上缓解了韩国学生与家长对高中教育的"择校热"和争议,防止因"宽余教育"和"平准化教育"导致学生学习热情和能力下降。

为了提高教育质量,韩国政府通过建设不同类型和学习目标的高中来实现公平竞争。与遵循平准化政策的普通高中相比,特殊目的高中在办学过程中被赋予了较高的自主性。它们在课程设置上具有相对的自由度,同时在招生方面也具有一定程度的自主权。相较于普通高中仅能通过划线抽签的方式被动地接受学生,这些所谓的"精英高中"均有各自独特的选拔学生方式。特殊目的高中所取得的成果在各方面都得到了充分体现,从数据统计来看,这些高中已经成为名牌大学的象征。如今,韩国的高中教育体系实际上呈现出一个等级分明的金字塔结构。位于金字塔顶端的是特殊目的高中,而金字塔的底层则是大量的普通高中。在金字塔的顶尖之上,是众人仰慕的名牌大学,成为众多学生和家长的理想追求。在这一体系中,特殊目的高中起到了引领和示范作用,通过创新教育模式和选拔方式,为优秀学生提供了更好的发展平台。然而,这种等级分明的教育体系也可能加剧教育资源的不均衡分配,使得优质教育资源进一步集中在精英高中,从而影响整个教育体系的公平性。

(三)韩国的学区溢价

韩国的优质教育资源主要分布在大城市,尤其以首都首尔为代表。在首尔,教育资源的集中区域为江南学区,包括江南区和瑞草区。

2022年,瑞草区公寓价格上涨近1%,远高于首尔市整体房价下跌3.0%的趋势,这表明优质教育资源对于房价的影响非常明显。在首尔,著名高中如现代高中、首尔高中、上文高中、徽文高中、瑞草高中等均位于江南学区。此外,在首尔的其他地区,如广津区、芦原区、松坡区、阳川区等,也有不少优质高中分布。韩国教育委员会在2015年发布的《2014年中学学业成绩评估》分析数据显示,在成绩达到"优秀"的学生比例最高的100所高中中,有42所位于首尔。在首尔排名前30名的学校中,有12所在江南区,8所在瑞草区。2018年起,随着科学高中和英才高中的大学升学率逐步提高,越来越多的家长选择将居住地迁至麻浦区和城北区。根据韩国KB国民银行的数据,受基准利率上升和对经济衰退担忧的影响,2022年首尔公寓价格普遍出现下跌。然而,由于区位和资源优势,部分区域房价逆势上涨,如龙山区公寓价格上涨2.4%,钟路区上涨1.0%,瑞草区上涨0.7%,均高于全市的涨幅(-3.0%)。由此可见,在韩国首尔,优质教育资源的分布对于房地产市场具有显著影响。在寻求优质教育资源的过程中,家长们往往愿意承担较高的房价成本,进而影响到各区域的房价走势。

韩国学区房的高溢价的主要原因有以下几个方面。

首先,韩国家长对学区房的热衷源于韩国社会对学历的崇尚。作为儒家文化圈成员之一,韩国与中国一样,重视教育。经济合作与发展组织(OECD)数据显示,2015—2020年,韩国15—24岁青年失业率一直维持在10%左右,高于日本(约5%)。严峻的就业形势加剧了韩国人对学历的追求,使他们愿意不惜成本投资教育。

其次,区域间教育质量的显著差异亦是学区房现象日益严重的关键因素。首尔汇集了韩国最优质的教育资源,因此成为韩国家长租赁或购买住房的首选地区。韩国祥明大学的研究对比2000年和2011年的数据发现,首尔地区高中毕业生考入首尔大学的比率从每万人90

人增加至 95 人,而釜山、大邱等城市的入学率却从每万人 70 人降至 43 人。

再次,课外补习资源分布同样呈现不均衡状况。韩国人视高考为改变命运的少有机会,而区域间教育质量存在较大差距,因此诞生了补课热潮。韩国最优质的课外补习班亦主要集中在首尔。江南区的大峙洞因众多补习班而著称,2021 年 11 月,该区一处公寓以 46 亿韩元成交,而 2017 年同等面积公寓价格仅为 18.9 亿韩元。

最后,2019 年,韩国教育部发表声明,决定从 2025 年起将自主型私立高中、国际高中和外国语高中统一转型为一般高中。将精英高中改制为普通高中的计划同样刺激了学区房价格上涨。此前,精英高中可在全国范围内招生,然而改制为普通高中后,招生则需通过划片区抽签方式进行,这促使韩国家长纷纷涌入精英高中所在学区购房。据韩国钟路学院对转学和入学变化的分析,2020 年首尔江南区和瑞草区的小学生净流入人数为 1849 人,同比增长 73.8%,而中学生净流入人数为 308 人,同比增加 80%。

(四)韩国在促进教育均衡上的努力

韩国于 1963 年确立了教师轮岗制度,以期解决教育资源分配不均衡的问题。然而,轮岗制度仅适用于公立学校,并存在多种可申请暂缓流动的方式,使政策效果受限。为了改善教育资源的不均衡状况,韩国取消了小学升初中、初中升高中的入学考试,转而实施划片区分配入学方式,并采用教师轮岗制度等措施。1962 年,韩国通过《教育公务员法》明确了中小学教师公务员的身份及其权利和义务;1963 年,《教育公务员任用令》明确规定了教师定期流动的要求;1974 年,《岛屿、偏僻地教育振兴法》进一步加强了对在这些地区工作的教师补贴。

韩国的教师轮岗制度具有全员化、全域化和常态化的特征,同时设置了双向激励机制(见表6-1)。在全员化方面,所有在教育机构任职的教育公务员必须定期轮岗。全域化是指在地方教育自治体制下,通常以市、道和市、郡为轮岗区域,实施统一的全向度轮岗。这些措施在一定程度上改善了教育资源不均衡的现象。

表6-1　韩国教师轮岗制度

项目	内容
全员化	凡在教育机构任职的教育公务员必须定期轮岗
全域化	在地方教育自治体制下,通常是以市、道和市、郡为轮岗区统一实施区域内的全向度轮岗
常态化	韩国的教师轮岗实行学校任职年限制和区域任职年限制,一旦到了规定的任职年限,就必须在校际和区域间轮岗
轮岗类型	定期3—5年,由教师提出。不定期的轮岗分为生活照顾类、职位调整类、奖惩类、能力(态度)不佳等,由校长提出。教师/校长提出后,教育支援厅每年基于教师流动分数、教师居住地(以距教师居住地车程少于90分钟为原则)、个人意愿等,按照排序进行教师轮岗
教师流动分数组成	一是工作经历分数:教龄、担任班主任、超工作量特殊经历等。二是工作业绩分数:年度工作考核、受到表彰奖励的加分等。三是特殊加分:特殊教育经历,专业特长等。四是额外加分:家中有70岁以上父母、配偶为公务人员但已死亡、配偶无工作且需养育小孩等
激励机制	一方面,设置正向激励,轮岗制度规定对在任职条件较差的学校和偏远地区任教的教师给予轮岗加分、晋升加分和定期轮岗时优先选择学校等优惠,以此激励教师到偏远地区任教;另一方面,设置反向激励,限制业务能力差、任职态度不端正或严重违背教师职业道德的人员轮岗

然而,教师轮岗制度仅适用于公立学校,私立学校的教师由学校董事会雇佣,可以任职较长时间。此外,当学校具有体育竞赛或科学教育等办学特色,且教师具备特长并有实际工作成果时,教师可以申

请暂缓流动。这些漏洞加剧了精英高中与普通高中之间的师资力量不平衡,导致学区房房价持续上涨。

五、德国的学区政策与经验启示

(一)德国的学区政策

德国的教育体系分为三个阶段,包括学前教育(幼儿园教育)、基础教育(小学和中学教育)以及高等教育。在德国,学生需接受 12 年的义务教育,学龄儿童必须接受小学教育,中学教育则有多种形式可供学生选择。原则上讲,在遵守相关的规定的前提下,家长可以自由决定送孩子去哪里上学,并实行公立学校免费政策。

在基础教育阶段,学校教育属于联邦州的法律管辖范畴,不同的州对于入学也有不同的规定。德国秉持着就近入学的原则,要求学生原则上仅能选择其实际居住地附近的学校进行就读。家长如果希望将孩子送往所辖学区之外入学,必须提出合理的理由,但基本不会受到校方阻碍。家长也可为孩子选择其他学校,比如私立学校,因为私立学校数量较少,所以并不适用就近入学的原则。为了促进教育均衡,德国制定了一系列相应的保障措施。例如,在各州的教育法规中,严格禁止对学校进行分级排名,并明确规定学生必须按照所属区域就近入学。此外,德国政府还严厉打击家长的各种择校行为,以确保教育资源的公平分配。在特殊情况下,例如当某一学校的报名人数超出其教育资源的承载能力时,学校可根据具体情况采取相应的招生办法。这些招生办法可能包括按照就近原则招生、择优录取或者随机抽签等方式。这些措施旨在确保教育资源得到合理分配,进一步促进教育均衡,使得每个学生都能在公平的条件下接受教育。通过这种方式,德国教育体系确保了教育资源的公平性与均衡性。

与英国、法国等其他欧洲国家相比,德国城市化发展采取了一种独特的多中心均衡发展的城市化布局策略,这种策略使各地得以根据自身资源禀赋发展优势产业,从而实现全国产业资源布局的相对均衡。与此同时,各地的教育资源分配也呈现出较为均衡的态势。因此,德国的学区房溢价率相对较低,房价受地段和区位因素影响更为显著。值得注意的是,德国并不以房产权作为学生就近入学的参考资格,租房的学生同样能够享受在该区域就近上学的权益。作为欧洲住房持有率最低的国家,德国国民普遍更倾向于租房而非购房。因此,在德国,学区并不会成为房价上涨的主要驱动因素。

(二)德国的学区经验启示

第一,严格实行"租售同权"的制度。德国的租赁市场发展程度相当高,超过半数人口选择租房居住。根据德国联邦统计局的数据,2018年德国住房自有率为46.5%,而有53.5%的人口选择租房居住,这一比例远高于其他欧盟国家约30%的平均水平。

从德国的教育体制来看,学区房并不作为入学条件,租房者同样享有入学资格。在小学阶段,学生需要根据就近入学原则,进入住房所在地指定的学校就读。家长可以以工作时间地点不便接送孩子为理由,向当地教育局申请更换学校,但教学质量不能作为申请理由,这一规定有效地避免了炒作学区房的现象。从初中开始,入学条件主要依据平时成绩、老师评价和家长选择,住房所在地不再作为评判标准。随着年龄的增长,学生可以乘坐公共交通前往较远的学校就读,因此学生通常可以在同一城市的所有学校中选择就读,家长也可以申请将孩子送往其他城市的学校就读。

在学校的评级制度方面,德国教育部门并不对中小学实行评级,因此不存在重点学校与非重点学校的概念,加之德国各学校之间区别不是很大,资源分配相对均衡,家长会以"就近入学"的原则为选择适合孩子学校的依据,这将大大弱化学区房概念。因此,"租售同权"的制度有利于维护教育公平和资源分配的均衡,确保各类学生都能获得良好的受教育机会。

第二,制定中小学教师培养标准,提高教师薪水。从教师培养的角度来看,德国坚持以标准为引导,确保教师教育的质量。根据2004年发布的《教师教育标准:教育科学》以及2008年颁布的《各州通用的对教师教育的学科专业和学科教学法的内容要求》,德国设定了全国统一的教师教育标准,涵盖了师范生所需具备的知识、能力等各个方面。2013年,德国进一步出台了《师范生能力倾向测验标准》,以检验有意成为教师的学生是否真正具备成为教师的潜质。

在教师选拔方面,德国对中小学教师的选拔过程非常严格。1810年以来,德国实行中小学教师资格制度,要成为一名中小学教师,需要经过四个环节的选拔:一是师范类学生需要在大学修读为期五年的师范类专业课程;二是师范类学生需通过德国举办的第一次国家级考试;三是进入实习阶段,以积累实际教育经验;四是师范类学生需要通过第二次国家考试,方可获得教师资格。数据表明,仅有80%的实习教师能够通过两次国家考试。这种层层筛选的机制确保了德国各中小学教师的素质较为均衡,为德国教育的公平性和均衡性提供了有力的保障。

从薪酬方面来看,德国教师的薪资水平在所有OECD成员国和伙伴国中居于领先地位。根据OECD发布的《全球教育纵览2018:经合组织指标》报告,德国正式教师的薪酬比普通员工的平均工资高出1.5至2倍。具体而言,初中教师的年薪起薪为63600美元,这一数字约是 OECD 平均水平 33100 美元的两倍。在任职 15 年后,教师的薪资将会增加约 20%,而在职业生涯的最后阶段,薪资还将再增加近 10%。值得注意的是,德国中小学教师之间的薪酬差异较小。在同一州内,同等级别的教师工资待遇基本相同,这意味着教师的工资待遇不受教学质量的影响。这种情况有助于缩小各学校之间的差距,从而推动教育公平的实现。在德国,高薪酬水平和较小的薪酬差异共同为吸引和留住优秀教师提供了有力保障,进一步提升了德国教育质量和均衡性。

六、日本的学区政策与经验启示

(一)日本的学区政策

日本教育制度遵循为每位学生提供平等机会的原则,实施了一套"6—3—3—4"的教育体系,涵盖了从小学到大学的整个学习阶段,包括小学六年、初中三年、高中三年以及大学四年的课程设置。在这一制度下,升学安排严格按照年龄标准进行。早在 1941 年,日本政府颁布了"国民学校令",将学区制度纳入义务教育领域。公立小学和初中的学区划分由市町村教育委员会负责决定,基本原则是要求中小学生在所属学区就读,这一点是日本学校教育法所明确规定的。

在日本,小学和初中阶段的教育属于义务教育范畴,公立学校在整个教育体系中占据核心地位。e-stat 数据显示,2020 年,私立小学、初中和高中在各类学校中所占比例分别为 1.3%、7.7% 和 27.2%。值得注意的是,尽管高中阶段的教育并未纳入义务教育范围,但仍有绝大部分初中毕业生能够成功升入高中。根据日本文部科学省的统计数据,近年来日本高中升学率保持在90.0%以上,2018年更是达到了98.8%的高位。如前所述,日本房价主要受地理位置、周边设施和房屋质量等因素综合影响,学区因素对房价的作用相对较小。

日本的学校录取学生的方式主要可分为三类:单独选拔、联合选拔和评判选拔。首先,单独选拔是指学校单独进行招生。依据《学校教育法施行令》第五条第一款的规定,在市町村内设有两所及以上小学(初中)时,市町村教育委员会需在就学通知中明确学生应就读的小学(初中)。其次,联合选拔是以学校群为单位联合招生,考生根据顺位提出志愿。所谓"依顺位",即各校根据学生的入学标准排列顺序,通常优先录取本学区学生,随后考虑邻近学区学生的入学需求。不论是单独选拔还是联合选拔,都尊重家长的意见。为便于地方教育行政部门应对家长的择校需求,文部科学省还特别对择校情况进行了分类,以便实施和管理。

例如,自2019年4月1日起,位于东京都的23个区域内,有12个区的公立小学和17个区的公立初中开始实施择校制度。这一制度被通俗地称为"两条腿走路",意味着在原则上,学生和家长只能选择一所他们中意的学校。然而,学生的入学方式可以分为两种途径:第一种是选择所在学区内的指定学校进行就读;第二种是向指定学校以外的其他学校提交申请。在学生的申请得到教育部门的认可的前提下,如果所选学校的招生人数尚未达到规定的上限,学生将可以顺利入读该学校。然而,如果所选学校的招生人数已超过规定的上限,那么学校将需要对申请者进行公开摇号。在公开摇号环节进行之前,学校有责任向所有提交申请的家庭发出通知。摇号的结果将确定申请者在录取名单中的优先顺序。对于摇号抽中的学生,他们将有资格进入所报志愿学校就读;而对于未抽中的学生,他们将有机会参加补选。在补选过程中,被选中的学生可以进入他们的志愿学校就读。对于未被补选中的学生,他们将不得不返回所在学区内的指定学校继续学业。这一制度的实施旨在为学生和家长提供更多的选择机会,同时保证教育资源的合理分配。

(二)日本的学区经验启示

第一,日本实行"租售同权"的制度。这一制度在很大程度上保证了租房者和买房者在入学条件方面享有平等待遇。从教育质量的角度看,日本的公立学校教育水平较为均衡,各校之间不存在显著的质量差异,因此跨区上学的现象较为罕见。实际上,各个学校之间的区别主要体现在各自的特色方面,例如,某些学校在音乐方面表现出色,而另一些学校则在体育方面有较好的成绩。因此,家庭在为子女选择学校时,往往更多地考虑就近、便利的原则,而较少担忧学校教育质量的差异。此外,日本的入学条件相当宽松。自 1968 年开始,日本推出了"通学区域制度"。根据该制度的规定,学生应在所属通学区域内的公立中小学就近入学。判断学生是否位于通学区域的标准是居住地址,无论其居住方式是租房还是购房。日本没有实行户籍管理制度,而是采用"住民票登记制度"。在这一制度下,无论是购房、租房还是借住,家长只需填写相应的表格,便可为子女办理入学手续。由于户籍与社会福利的脱钩,国民在全国范围内可以自由流动。

因此,在日本,家长没有必要为了让孩子上学而专门在学校附近购房。即使有家长倾向于为孩子提供精英教育,希望将他们送入质量更高的私立学校,也无需在学校附近购房或租房,只需让孩子通过学校的入学考核即可。这种情况在一定程度上抑制了购买学区房的需求。

第二,为了推动全国范围内的教育公平发展,日本政府自 1956 年起开始实行教师流动制度。在这一制度框架下,各类学校职工都被纳入轮岗体系。与欧美国家相比,日本对于这一制度的执行力度更为严格,这有助于促进日本各地教育资源的均衡配置。1949 年,日本政府通过颁布《教育公务员特例法》,将公立学校(包括幼儿园、中小学乃至大学)的教师纳入公务员体系,使其成为"教育公务员",进而使教师的调动成为公务员系统的组成部分。1956 年,日本政府颁布了《关于地方教育行政组织及其运作的法律法规》,在全国范围内正式推行教师轮岗制度。根据这一制度,教师需要每隔一定年限(具体年限因地区而有所不同)调动至其他学校轮岗。为保证教师轮岗制度的有效实施,日本政府于 1959 年制定了《边远地区教育振兴法实施细则》,为边远地区的教师提供特殊津贴。

在日本的教师流动制度中,具体实施要求如下:在一般情况下(57 岁以上的教师和孕产妇除外),教师在同一所学校连续任职的时间不得超过六年。每年年底,各学校会根据教育委员会的统一安排,在综合考虑教师个人意愿、政策规定等多种因素之后,确定需要流动的教师人选,并向教育委员会报告。值得注意的是,各校校长也被纳入了流动人选名单。这种教师交流制度得到了教师群体的广泛认同与支持,在流动派遣过程中,教育管理部门高度重视并尊重教师的意愿。在符合相关条件的前提下,如有意向,小学教师可以申请调至中学任职。此外,教职员工的职责与权限划分清晰,公立中小学的管理和运营由市町村级别的教育委员会负责,而教职员工的任命权则归属于更高一级的都道府县教育委员会来行使。伴随着教师轮岗制度的逐步完善,医务室职员、营养师等其他教职工人员也被纳入了轮岗范围,这在很大程度上促进了日本中小学师资队伍和后勤支持力量的均衡分布,为实现教育均衡发展和提高教育质量提供了有力保障。

总之,日本实施的教师流动制度,以及相应的法律法规和政策措施共同发挥作用,推动了全国范围内教育资源的均衡分配,为实现教育公平发展打下了坚实基础(见表 6-2)。

表 6-2　日本促进教育均衡的相关政策

项目	内容
标志事件	1956 年日本政府颁布《关于地方教育行政组织以及运营的法律法规》,将日本教师的人事管理权集中到县级(行政区划相当于我国的省)教育主管部门
轮岗对象	主要有两类:公立学校的普通教师和校长(包括副校长)。以东京为例,教师在同一学校任职满三年可作为调动对象,满六年则必须调动;校长年龄在 58 周岁以下,在同一学校工作满五年(副校长满三年)可作为调动对象
轮岗区域	一是同一市、街区、村之间的流动;二是跨县一级行政区域间的流动
轮岗流程	每年 11 月之前,各县级教育委员会对区域内各学校的教育资源情况进行统计摸底(如师资结构、教育水平,岗位需求等)。每年 11 月上旬,县级教育委员会发布教师定期流动的实施要旨,内容包括地区指定、有关原则、要求等。符合轮岗条件的教师均填写一份意向表,交由校长(掌握轮岗的申报权)决定人选,并报上一级主管部门审核,最终由县(都、道、府)教育委员会教育长(掌握轮岗的任命权)批准。第二年新学期前(一般为 4 月)轮岗教师全部到位
保障措施	一是公务员编制。在日本,教师是"教育公务员",比一般公务员的收入高约 5%;二是教师的工资、奖金、福利待遇等在全国范围内基本统一(同薪);三是制定《偏僻地教育振兴法施行规则》,依据学校的交通情况、自然灾害发生情况、水资源情况等指标来评价各个地区的偏僻程度,通过评分形式将日本的偏僻地区分为五级,提供不同额度的津贴。此外,该规则还规定偏远地区教师的薪资待遇比发达地区的教师需至少高出 25%

第三,日本在公立学校基础设施建设方面实现了较高程度的标准化。无论学校规模大小,各校的校舍都按照最高等级的防震标准进行建造,同时配备了体育馆、游泳池、音乐美术室以及劳动技术等实践活动教室。为了推动教育设施的均衡分布以及提高教师轮岗制度的实施成效,日本要求所有教师必须通过国家统一的资格考试认证,以确保教师水平的统一性,同时帮助轮岗教师更快地适应新的教学环境。日本在 1947 年出台的《教育基本法》中明确指出,学校基础设施的建设和维护主要由地方政府承担,中央政府则负责承担部分费用。与此

同时,日本文部科学省对各级学校设立了最低配置基准,如规定学校必须设有图书室、保健室、体育馆等设施。在此基础上,地方政府可以根据实际情况和财力进行设施扩充。针对经济困难地区,中央政府会提供更多的经济援助和补贴,以确保这些地区的教育设施不落后。此外,中央政府还积极鼓励对偏远地区的教职工宿舍进行投入和改善,以吸引更多优秀的教师前往这些地区任教,进一步促进全国范围内的教育公平和均衡发展。

第七章　学区制改革的优化方略

在当今社会,教育公平与房地产市场之间的关系日益引起公众关注。未来教育的发展方向应朝着更加公平和更加均衡的方向迈进,使每个孩子都能享有平等的受教育机会。学区房的存在使得教育资源与房地产市场紧密联系在一起,影响了教育的公平性。

在教育改革的过程中,政府和社会各界需要关注如何消除学区房带来的教育不平衡现象。如果孩子上学不再受学区限制,学区房的概念是否会逐渐消失?在这个问题上,我们可以通过一些措施来减弱学区房的影响。比如,不断调整学区划分,使其不再固定,从而降低学区房的投资价值。同时,全面整顿课外培训,反垄断,消除不公平竞争,使得更多家庭能享有优质的教育资源。

实现房地产市场与教育资源的完全脱钩,对普通人的影响是多方面的:首先,购房者在选房时可以更加关注房子本身的质量和居住环境,而不是过度追求学区;其次,教育资源的分配将更加公平,有助于提高整体教育水平。然而,房地产市场与教育资源的脱钩需要面临诸多阻力和挑战,如利益冲突、政策执行难度等。在教育领域,我们已经看到了一些改革措施的落地与实施,证明教育正逐步朝着公平的方向发展。未来房地产市场与教育资源的完全脱钩是否有可能实现取决于政府决策、社会共识以及相关政策的执行力度。我们期待一个公平、公正的教育环境能够真正惠及每一个家庭和孩子。对此,本书尝试提出学区制的完善路径与优化方略,以促进基础教育的公平公正和均衡发展。

一、政策层面

(一)多校划片入学

针对优质教育资源的集中地区,实行多校划片入学制度。所谓多校划片,即将多所学校划分为同一区域,让同一小区的适龄儿童能够申请多所学校入学。尽管每所学校每年招生人数有限,但在学校招生人数未满时,学校将按报名顺序接收学生。若报名人数超过招生人数,部分学校将实行计算机随机摇号入学制度。摇中的学生可直接入读该校,未摇中的学生则选择片区内其他有招生名额的学校。

多校划片政策改变了过去"一房源对应一学校"的模式,实现了"一房源对应多个学校"的入学方式。这种政策增加了投资学区房的不确定性和风险性,使家长购买学区房后未必确保能将孩子送入理想的学校就读。例如,北京市西城区于 2020 年 4 月发布的多校划片政策明确,在西城区购房并取得房屋产权证书的适龄子女申请入小学时,不再对应登记入学划片学校,而需在学区或相邻学区内实行多校划片入学。在此政策下,各类学区房的热度有所降低,择校的不确定性增加。

过去,学区房与学位之间的联系过于紧密,导致学区房炒作现象严重。一些房源凭借优越的学区和学位资源,价格涨幅巨大。尤其在北京等地的房地产市场,部分小户型或迷你户型房源因学区优势而单价虚高,扰乱了市场秩序。

因此,多校划片成为优质教育资源集中区域改革的重要方向。有人认为,尽管多校划片入学政策可能导致入学过程中出现一定程度的随机性,但只要划片内的学校总体质量较高,就仍有大量购房者争相购买此类房产。实际上,这种情况确实存在,但值得关注的是,多校划片入学政策至少增大了购买此类房产的风险。如果购买了一套价格高昂的房子,最终分配到的学校却未达到预期,那么对于购房者或家长来说,确实面临了一定的损失或风险。在未来,多校划片政策有望在全国范围内得到推广实施。

总之,通过实施多校划片等措施,可以使一个学校为多个小区提供教育服务,扩大教育资源的供应渠道,确保各区域入学指标的均衡性。同时,允许一部分社会资本投入兴办私立学校,将入学成本从学区房转移到其他方面,增加入学指标的投入,从而有效地控制学区房价格,降低学区房的溢价程度。这样的政策有助于解决教育资源不均衡的问题,促进教育公平,使更多家庭能够享受到优质的教育资源。

(二)大学区招生政策

深圳的大学区招生政策与北京多校划片入学在某种程度上具有相似性,但在实施细节上存在差异。2022年6月,深圳市人民代表大会常务委员会发布了《深圳经济特区社会建设条例》,提倡实施大学区招生。大学区招生制度,又称为"积分入学"办法,遵循"相对就近、教育均衡程度相当、学校相对集中、九年一贯对口"的原则,在社区、街道等层面设立大学区。在此制度下,家长可自主为子女在学区内选择两三所学校,并根据志愿顺序以及积分高低进行录取。这意味着,优质学校不再仅仅与特定房产挂钩,购买学区房并不能确保孩子入读理想学校。一般而言,房子与学位之间的关联性较强,然而在大学区制度下,这种对应关系将受到破坏。实际上,无论是哪个城市或国家,都无法实现绝对的教育资源均衡分配,任何稀缺资源的分配过程都充满了不确定性。通过实行大学区招生政策,有助于减少优质教育资源的不均衡现象,提高教育公平性。

实施大学区制度旨在削弱名校学区房的价值。换言之,将名校与附近的普通学校结合成一个共享学区,让对应的小区居民都有报名资格,但具体能进入哪所学校,需要根据积分和志愿来决定。目前,深圳已在部分区域采用这种入学方式。虽然这一政策在一定程度上起到了作用,但仍存在一些需要完善的地方。

首先,位于名校大学区内的房产可能仍会受到家长的青睐。尽管入读名校的机会较为渺茫,但购买这些房产仍然提供了一线希望,这种希望相较于完全没有机会显得更具吸引力。因此,原名校学区的影响力可能会扩散至大学区范围内。

其次,在目前深圳实施大学区招生的部分片区,学生和家长仍被分为不同等级,如房产、户籍、社保等因素,按照各项积分累加的方式进行录取。有时,某一类别的学生仍可优先被名校录取,只有当学位空缺时,才会向其他大学区内其他类别的学生开放。这种大学区制实际上是"伪大学区",并未完全打破某些小区与名校之间的一对一关系,对遏制这些小区房价不断上涨的作用有限。

若全市推广的大学区制仍然保持现状,则这项改革的意义将大打折扣。鉴于有关部门近年来推出的一系列调控楼市措施,我们有理由相信,后续更大范围内推广的大学区制将进一步完善和改进,以期在解决教育资源分配不均和缓解学区房价格过高的问题上取得更明显的成效。

（三）名额分配到校

通过优质高中的名额分配实现生源均衡化。2021年3月，上海市教育委员会发布了《上海市高中阶段学校招生录取改革实施办法》，作为2018年《上海市进一步推进高中阶段学校考试招生制度改革实施意见》的配套措施。该文件提出了"名额分配综合评价录取"的改革方案。具体而言，它包括名额分配到区招生录取和名额分配到校招生录取两种形式，合计占市实验性示范性高中招生总计划的50%—65%。与改革前相比，名额分配的比例得到了进一步扩大。在名额分配到区招生录取方面，以区为单位，根据考生总分排序进行录取；而在名额分配到校招生录取方面，则以初中学校为单位，同样依据考生总分排序进行录取。

换句话说，为了抑制头部学区房过度炒作，促使优质教育资源"扩散"，优质高中将拿出约60%的名额进行"名额分配综合评价录取"。这意味着全市各区域各中学的学生都有机会接受优质高中教育，使得高中教育资源分配更为均衡。由此，各个初中将可以享受更多报考优质高中的机会，进而促使初中各校生源分布更加平衡。如此一来，热门小学和初中的热度自然会降低，从而也带动了相关学区房的降温。

当前全国部分地区已在实施类似的改革政策。例如，《浙江省教育事业发展"十四五"规划》明确指出，要将优质示范高中招生名额分配到初中学校，从不低于60%逐步提高到70%。各城市和地区具体的学区派位政策将决定学区房的溢价程度。通过实施这样的政策，可以有效降低学区初中的吸引力，从而抑制学区房价格过度上涨，使得教育资源得到更加合理和公平的分配。

名额分配到校改革实质上是对高中招生总计划的优化。通过名额分配机制，有关区域和初中学校能够获得更多的报考和入学机会，从而实现生源的均衡分配。这种改革措施有助于促进教育资源的合理分配,缓解部分地区和学校的招生压力,以及提高整体教育质量。

(四)推进教师轮岗

一个学校的教学质量与其教师的教学水平之间存在着直接且明显的关联。因此,在现有教育体制下,通过教师轮岗制度,促进教学质量较高学校的教师与教学力量薄弱学校的教师互相交流,以实现优质教育资源的均衡配置,这无疑是一种有效的手段。通过轮岗,优秀教师可以在教学力量薄弱的学校进行实际教学示范,同时,这些学校的教师也可以在优质学校接受学风熏陶,体会教育真谛。

2021年8月,北京市教育委员会宣布,在新学期将大规模、大比例地推进中小学教师轮岗,以响应"双减"政策的实施,加快缩小城乡、区域、学校间的教育水平差距。与此同时,除了北京市,其他地区也纷纷出台具体政策,推行教师轮岗制度。相较于其他措施,教师轮岗作为一种可见、可触的方式,更能有效地实现教师资源的均衡配置。2021年,上海市教育委员会、中共上海市委机构编制委员会办公室、上海市人力资源和社会保障局、上海市财政局联合发布了《关于进一步加强上海市中小学教师人事管理制度建设的指导意见》,要求"新评特级校长、特级教师、正高级教师不低于20%左右的人员流动到乡村学校或公办初中强校工程实验学校支教三年"。对于非沪籍生源高校毕业生到基础教育学校任教、赴乡村学校任教和从事紧缺学科任教的,申请办理落户予以加分,鼓励和引导高校毕业生到本市乡村学校任教。该文件明确了八大主要任务,包括统筹使用事业编制资源、完善岗位设置管理、优化引进和招聘制度、健全岗位聘用管理制度、创新考核评价机制、完善交流轮岗制度、逐步建立退出机制、优化学校绩效分配制度等方面,旨在推动形成干部、教师合理流动的工作制度,促进区域内教育优质均衡发展。在教师交流轮岗方面,该文件明确"每位教师十年内须有规定的流动记录",健全骨干教师流动"蓄水池"机制,通过统筹编制、盘活存量等方式,形成干部、教师合理流动的工作制度。重点推进乡村学校、公办初中强校工程实验校校长教师资源的统筹均衡配置,加大特级校长、特级教师、正高级教师流动力度。将学区、集团内一至两年的交流轮岗工作经历作为提任校级干部的重要因素。同学段学区、集团每年教师交流轮岗人数应达到符合交流条件教师总数的10%—20%,跨学段学区、集团每年教师交流轮岗人数应不低于符合交流条件教师总数的5%,流动时间不得低于两年,其中骨干教师比例均不低于交流轮岗教师总数的20%。

教师轮岗制度对于教学力量较弱的学校而言,有可能在短期内产生积极的影响。通过合理分配优质教育资源,有望在一定程度上减小不同学校之间的教育水平差异,从而提升整体教育质量。然而,教师轮岗仅仅是提高教学力量较弱学校教育质量的必要条件,并非充分条件。实际上,随着教师轮岗、随机派位、多校划片等措施的逐步实施,评估教学成果和教育质量的标准与观念也须相应调整。除了师资力量和有形的硬件设施,诸如校风和学校传统等无形因素在实现优质教学效果和提高教育质量中同样具有关键作用。因此,在各个学校之间,这种差异并不能在短时间内消除,也不是仅靠硬件设施统一就能达到的。教师轮岗应具备一定的周期性和时长性,这样才能确保轮岗教师有足够的时间进行教学示范,以及将所学成果融入心中。在实施教师轮岗制度的过程中,各方面应关注并研究教育质量提升的多元化因素,以期为实现教育公平、缩小教育差距提供更为全面的解决方案。

(五)规范房产交易政策

为了切实执行《住房和城乡建设部等8部门关于持续整治规范房

地产市场秩序的通知》的要求,坚决抵制投机炒房行为,维护房地产市场的正常秩序,确保舆论环境健康有序,保障网络空间的清朗,杭州市住房保障和房产管理局于 2021 年 8 月在房地产中介市场秩序整治阶段性工作推进会议上发布了《关于规范房地产中介机构及从业人员信息发布的通知》。该通知首次对中介机构及从业人员信息发布的管理提出了具体要求,主要包括严格规范信息发布内容、切实加强信息发布管理和严肃查处违法违规信息三个方面。该通知明确指出,房地产中介机构及从业人员在发布信息时,不得发布炒作学区房的信息,也不得以个别成交案例或局部区域价格波动作为炒作市场行情的依据。

2020 年,重庆市教育委员会、重庆市住房和城乡建设委员会、重庆市市场监督管理局联合发布《关于贯彻落实入学资格不得与商品房销售挂钩规定的通知》,旨在对学区房市场进行有效管控,强调商品房销售与入学资格之间的"脱钩",以确保教育资源公平分配。该通知明确了四个关键方面:第一,禁止暗示具备教育配套。广告中不得使用中小学名称、中小学形象标志等内容,避免对消费者产生误导。第二,不得暗示购房者可获得入学资格。广告中不得暗示购房者可以通过签约或划片方式获得中小学入学资格。第三,不得包装房产以吸引购房者。特别是不得使用"学位房""学区房""学府房"和"指标房"等词汇,避免误导购房者。第四,不得承诺入学资格。无论是书面形式还是口头形式,房产销售人员都不能向购房者承诺提供入学资格。这四点内容全面且具体,成了防范学区房炒作的典型政策。

通过实施这样的政策,期望能够在一定程度上减少学区房炒作现象。然而,当前我国教育资源质量差异导致的房价虚高,实质上是教育资源资本化的问题。要想从根本上解决教育资源与房价之间的联系,仍需依靠法律作为支柱,建立健全相关法律法规,进一步完善监督机制。首先,有必要严格执行学区划分政策,严格监督学校的准入机制和门槛,防止投机分子钻空子。这样可以确保教育资源按照既定规划公平分配,避免因为资源不均衡而导致房价虚高。其次,需要通过相关法律法规的支持,及时制止那些以营利为目的,推动教育资源周边住宅价格上涨的行为。这有助于防止教育资源被作为资本化的工具,避免进一步加剧社会不公。最后,相关部门应借助媒体和大众的监督力量,确保优质教育资源分配的公平与公开,防止被某些不良势力操控。法律是道德的底线,只有通过完善相关法律法规和建立严密的监督机制,才能保障民生问题得到有效解决,促进社会公平正义的实现。

二、学区治理层面

(一)合理组建学区,实现互利共享协同发展

合理组建学区,学区组织机构的构建应采用矩阵式组织形式,加强各学校之间的横向沟通和协调合作,实现学校间优质资源共享。在构建学区时,应遵循以下几个标准:首先,地理位置应相近,便于师资交流和硬件设施共享;其次,强弱学校应相互搭配,以名校为中心,带动周边薄弱学校共同发展;再次,软硬件资源应优势互补,根据地理环境考虑学校生源、软硬件设施等差异,实现学校间资源的互补共享;最后,学区规模应合理控制,学校组成数量应适中,以 4—10 所学校为宜,避免学区规模过大。

学区组建通常可采用两种模式:一是同级教育机构间的联盟式构建模式。这是我国学区化管理实践中的主要模式,即小学与小学、初中与初中的组团发展。例如,广州市越秀区将辖区学校划分为六个小

学学区和四个初中学区;沈阳市则将所属学校分为 28 个小学学区和 21 个初中学区。同学段间学校联盟有利于实现深层次的资源整合,提高资源共建共享效益。二是不同层次教育机构的中小学融合构建模式。该模式以九年一贯制改革为核心,打通学段间的通道,实现对口招生和划片入学,有利于解决择校难题。当然,在这种模式下,同级教育机构也需要进行协同发展和资源共建共享。通过以上两种模式,学区组织机构的建立有助于实现学校间优质资源共享,提高整体教育水平,促进各类学校的共同发展。

(二)给予政策赋权,激发学区制内生动力

当一种制度在相对稳定的利益制衡关系中运行时,要用一种新的制度取而代之,必须让制度主体具备足够的动力和能力去打破这种利益制衡关系。在学区制改革过程中,若无法摒弃单一"自上而下"的政策驱动和行政管控,仅让学区管理者对学区的教育水平和运营质量负责,却不给予他们相应的财政权和人事权,这既不合理,也难以实现。作为区域内提供教育服务的部门,学区既具有行政管理职责,也拥有教育服务职责,因此政府和教育主管部门应赋予学区管理者财政权、人事权和资源调配权等。

针对不同发展阶段的学区,可以实施分类推进的管理策略,有针对性地提供支持和管理。对于发展成熟的学区,可以尝试承认其法人资格,让学区拥有内部联合招聘、交流、分配、培训教职员工以及优质资源共享等权责,划拨专项经费用于管理和考核表现优异的学区,并评估监测学区内优质教育资源流动与使用效果,进一步激发办学活力,明确学区内部的权责关系,促进学区管理运行机制的完善。对于发展薄弱的学区,可以借鉴委托管理模式,由政府与牵头学校签订合作协议,通过建立科学规范的学区治理结构来制衡、规范和激励学区

管理者的行为。在具体的学区办学过程中,应倡导"教育家办学"的治理愿景,将多元分散的权力整合到运行机制与模式中,构建最合理、适恰和高效的学区运行模式。

这两种策略有助于将学区制管理从形式化转变为实质性行动,有效缓解学区制管理与校本自身发展逻辑之间的矛盾,最大限度地激发学区制的内生动力[①]。

(三)打造和谐氛围,多元主体共同参与治理

学区治理作为一个由各利益相关者组成的复杂系统,在学校治理过程中,既要充分考虑各复杂利益主体的诉求,同时又要确保办学效益的最大化。只有将多元主体的积极性充分激发,真正保障各利益相关者的权益,学区制改革才能取得预期成果。

首先,应营造一个合作共享的学区氛围。在学区内部,要树立基于共同愿景的教育价值观,提高各成员学校的向心力。同时,在物理空间上加强学区与社区的联系和融合,学区内的学校开放公共设施,为社区居民提供图书馆、运动设施等公共服务,而社区居民也可提供物资和其他软性资源支持学区的发展。

其次,应实现多元主体共同参与治理。明确学区委员会的核心地位,实施学区长负责制,改变过去教育决策仅依赖教育行政部门的单一决策模式。制定并完善学区委员会章程,在治理结构和运行机制上建议采用轮值主席制和例会制度,形成扁平化的组织管理结构,建立民主协商的管理机制。同时,鼓励学生家长参与学区建设和管理,推进"家校社"协同育人实践,开展家庭教育指导课程等培训,形成积极

---

① 王俊杰.教育均衡何以推进:学区制的政策演变及优化方略[J].教育学术月刊,2022(2):35-41.

的家庭教育环境,引领家庭服务学生成长成才。

最后,应构建学区管理平台。运用数字化手段建立促进学校与学校、学校与社区智慧互联的学区管理平台。开发学区管理平台的控制、组织、协调和服务等功能,建立学区教学平台、学区学术平台、发展规划平台、资源配置平台,提高学区内教学研讨、学术交流、课程开发、资源调配等沟通与协作效率,使学区管理平台成为发挥教育功能和社会功能的重要阵地[①]。

三、趋势层面

(一)人口因素的作用

近年来,人口问题逐渐成为公众关注的焦点。从计划生育政策的变迁就可以明显看出这一点。自 2011 年实施双独二孩政策,到 2013年推行单独二孩政策,2016 年全面实施二孩政策,再到 2021 年放开三孩政策,政策的快速迭代反映出我国人口出生数据的迅速波动。2003—2010 年,我国的人口出生率和年净增人口数逐年减少。虽然2011—2017 年受政策调整影响,出生率经历了三次反弹,但在 2017 年之后,出生率又迅速回落,且下降幅度逐年加大。人口出生数据的变化对学区房市场将产生巨大影响。

在国内,学区房资源相对稀缺,主要集中在一、二线城市,特别是北京、上海、深圳、杭州等城市。以北京为例,相比于同地段、相同房屋

①　王俊杰.教育均衡何以推进:学区制的政策演变及优化方略[J].教育学术月刊,2022(2):35-41.

状况的非学区房,学区房的价格往往高出 10％—30％。教育政策、所在区域的整体教育水平等因素都会影响学区房的价格,但需求仍是决定性因素。因此,从需求角度来审视学区房溢价的可持续性似乎更为合理,而需求的关键是城市的出生人口数据。

根据北京市居民出生和死亡的官方数据,2003—2017 年,北京市的出生人口呈现出整体增长趋势。特别是 2010 年以后,每年的户籍出生人口超过 10 万,为北京学区房市场的繁荣奠定了坚实的需求基础。通常情况下,学区房的相关需求会在出生后的五年内持续。从简单计算的角度出发,可以将某一年度五年内的出生人口相加,将其称为学前人口指数,作为衡量学区房需求强度的一个指标。

从需求角度来看,北京市学区房的需求在 2008—2016 年迅速攀升,2016 年后进入高峰期,并在 2019 年达到顶峰后开始呈下降趋势,但整体数据仍保持在较高水平。实际上,2010—2020 年北京的人口出生高峰期,是受到二孩政策和 1980—1995 年人口出生高峰期的育龄人口达到主力育龄的历史红利因素叠加影响。尽管目前政府已经实施了三孩政策,但在北京这样育儿成本较高的大城市,能够承担三孩任务的家庭数量可能有限。1995—2010 年北京出生人口的低谷期以及后续鼓励生育政策的边际效用递减,可能导致未来 10—15 年北京出生人口持续下滑。同时,考虑到当前北京的基础教育政策倾向于促进区域内教育资源的均衡分配,以及年轻购房者对居住环境要求的提高,学区房在未来的价格趋势将出现整体变化和内部差异化。一方面,随着教育资源向其他地区转移,学区房的价值可能会相应降低;另一方面,随着年轻购房者对高质量生活的追求,高品质的学区房可能会继续保持高价位。

关注非一线城市杭州的人口出生情况,2017 年杭州市出现了近 30 年来的生育高峰,出生率高达 14.7‰,相当于大约 11 万人。2022

年的幼儿园小班招收的是 2018 年下半年至 2019 年上半年出生的儿童。2018 年的出生率为 12.4‰,而 2019 年则降至 11.65‰。在这两年里,杭州市每年约减少了 2 万名新生儿。这也意味着在杭州市范围内,幼儿园招生人数减少一个班级的现象较为常见。2023 年,2019 年下半年至 2020 年上半年出生的儿童成为幼儿园小班的招生对象。2020 年,杭州市的出生率显著下降,跌至 9.92‰,低于 10‰,年度的出生人口仅有 79806 人,相较于 2017 年减少了 3 万人。此后,2021 年杭州市常住人口的出生率继续下滑至 7.6‰,2022 年降至 7.2‰。出生人口逐年减少的现象愈发明显。

值得关注的是,2023 年春节后,杭州市学区房市场迎来了一轮罕见的回暖。许多学区房所在的小区成交量出现了不同程度的增长,这实际上也是 2017 年出生高峰所带来的红利。放眼未来,杭州市的许多学校的落户年限可能会逐渐降低。撇开个人选择因素,人口出生率的下降趋势是毋庸置疑的,唯一可能产生变化的因素是外来人口的流入速度。外来人口数量的不断增加将对学区房市场产生一定程度的影响。

在未来 10—15 年的整体趋势中,受限于人口需求的减少,住房的学区属性可能会逐渐弱化。在这种情况下,学区房的溢价将有所下降,而房产价格将更多地受到地理位置(如交通便利程度、产业发展等)以及居住环境(如房屋结构与质量、物业服务水平、周边配套设施等)等因素的影响。在学区房市场的内部分化方面,一些过去主要依赖学区属性而本身居住环境一般或较差的房产,在未来相对较长的时间内可能会面临价格波动。与此同时,那些学区属性相对较弱,但地段优越且居住环境较好的房产可能会迎来市场利好。此外,对于当前并无学区属性的一些区域,如果能够借助邻近重点产业区域的发展,吸引优质产业人口和优质生源,其房产价格也将在一定程度上有所提振。人口出生数据的变化,特别是新生儿数量和年龄结构的波动,将直接影响家庭对优质教育资源的需求。

在城市人口结构和出生率逐步下降的大背景下,学区房的需求可能会受到一定程度的抑制。尽管优质教育资源仍具有较高的吸引力,但学区房的需求将受到多种因素的共同影响,如出生人口、政策变化以及外来人口的流入等。从长远角度来看,学区房需求的减少或许将成为一种不可逆转的趋势。

(二)城市扩张与新城建设

在经济学的视角下,我们不禁要问:"老破小"学区房价格上涨背后的真正受益者究竟是谁? 政府的土地财政收入主要依赖于开发商购买新地和销售新房。旧房子所在的地块,开发商已经出售过,而且优质学校通常具有一定的年限,因此学区房往往并非新房。在这一过程中,学区房价格上涨的收益基本上都被学区房的持有人所获得。政府投入建设一所优质学校,但这所学校究竟是为了改善"老破小"的居住条件,还是为了吸引新的高素质居民? 学校和政府都没有从这个现象中获益,而家长为了孩子能就读优质学校背负了长达几十年的贷款。在这种情况下,只有"老破小"的房东从中获利,这种现象是不可持续的。与此同时,学校没有任何理由或动力对购房者"刚性兑付",这是学区房永远存在政策风险的根本原因。从本质上讲,学区房和对口学校并非同一个利益主体。学校努力提高教学质量和品牌美誉度,换来的却是学区房购房者赚取暴利。在这种情况下,学校为何要保证"刚性兑付"?

在欧美国家,学区房价格的调节主要依靠房产税收入。房价越高,房产税越高,投入学区的资金也越多,从而形成一种均衡。然而,在我国,政府投入资金建设优质学校,导致房价上升,最终却是炒房者获得收益,这种现象没有形成一个良性的循环,使政府受到批评却无法从中获益。在这个过程中,所有付出努力的参与者都没有得到好处,只有那些投机炒房的人从中牟取利润,这与政府的初衷是相违背的。

随着城市不断扩张以及新的城市中心的建设,其规划布局通常会以高科技产业、商贸和服务业为主导,从而对年轻人产生强烈的吸引力。年轻人往往是学区房刚需购房者的主要群体。通过实施落户政策、提供生活补贴和优惠按揭等措施,政府鼓励年轻人购房定居。相较于老旧城区,城市新区具有更强的可塑性和较低的改造或转型难度。合理的城市规划和完善的公共服务配套设施有助于提升城市活力,优化学区房供应结构。为了实现这一目标,政府可大力推动新建和扩建幼儿园、中小学等教育设施。通过集团化办学、名校建立分校等方式,适当分散原有的学区资源,重点打造一批高质量且口碑优良的新学校。这样不仅能实现教育资源的均衡分配,还能促进城市的持续更新和可持续发展。

综上所述,在城市发展中,政府通过优化城市规划、完善公共服务配套设施和积极推动教育资源均衡,有望改善学区房供应结构,为城市带来新的活力。

(三)租售同权

一段时间以来,学区房的高价格已经形成了相当高的市场进入门槛。这使得许多中高收入家庭也难以负担学区房的高昂价格,而只有高净值家庭才能够享受到公共投入所带来的优质教育资源。这种现象不仅导致了权利与义务之间的严重不平衡和不公平,还可能导致代际贫富固化的问题。在许多市中心区域,学区房的自住性较差,有些家庭在付出巨额资金购买学区房之后,并未选择自住,这无疑造成了社会资金的极大浪费。同时,房产交易过程中所产生的诸多成本也导致了一部分学区房购房者在孩子入学后很快选择转手,这一现象在高挂牌率的学区房市场中尤为明显。"租买不同权"的现状带来了许多不必要的交易成本。如果能够实现"租买同权",这些成本将会大幅度降低。

2017年,住房城乡建设部、国家发展改革委、公安部等九部委联合发布了《关于在人口净流入的大中城市加快发展住房租赁市场的通知》,旨在实现公共教育权益的平等对待。广州作为我国首个"租售同权"试点城市,已经开始实施相关政策。这一政策赋予符合条件的承租人子女享有就近入学等公共服务权益,确保实现租购同权。通过实行"租售同权"政策,租住学区房的家庭也能够享有子女就读就近小学的权利。这样一来,原本需要花费高额资金购买学区房才能让孩子就读对应小学的问题将得到解决,租住学区房的家庭也能让孩子顺利就读对应的小学。这一政策不仅减少了部分家长购买学区房的需求,还使高价购买学区房的热度得以适度降温。对于住房买卖市场来说,降低购房需求有助于稳定房价,遏制房价的过快上涨。而对于租房市场,这一政策可能会拉高租金水平,但相较于过高的学区房价格,这无疑是一个积极的改善迹象。

2021年,国家发展和改革委发布了《保障性租赁住房中央预算内投资专项管理暂行办法》(以下简称《暂行办法》),具体阐述了保障性租赁住房中央预算内投资专项支持人口净流入大城市新建、改建保障性租赁住房及其配套基础设施建设的内容。按照《暂行办法》,保障性租赁住房以不超过 $70m^2$ 建筑面积的小户型为主,租金低于同地段同品质市场租赁住房租金,具体条件由城市人民政府来设定。《暂行办法》是对中央强调要坚持房子是用来住的、不是用来炒的定位,并增加保障性租赁住房和共有产权住房供应,以防止以学区房等名义炒作房价等政策的具体细化和实施,这些政策在"十四五"规划以及 2022 年的《政府工作报告》中均有提及。保障性租赁住房旨在解决确保附加在房屋上的公共权利能够得到切实落实的问题。为实现租房人在教育、医疗等基本公共服务方面与买房人享有同等待遇,仅依靠一份文件规定远远不够。如果保障性租赁住房改革不能推动户籍、入学等更深层次的改革大步前进,那么承租人应享有的均等化公共服务可能仅仅成为空谈。因此,各级政府及相关部门需通力协作,确保租购同权政策能够真正发挥作用。

诚然,消除学校之间的存量差异需要一定的时间,但随着适龄入学儿童人数的减少,教育资源紧张的状况在不久的将来有望得到显著改善。政府及相关部门应充分考虑推动教育改革,切实履行提供普惠性公共服务的职责,通过实施"租买同权"政策来有效减少不必要的交易成本,优化公办教育资源的配置,提高社会资金的使用效率。政府和相关部门需要在教育资源配置方面做出切实改革,提高社会各阶层对于教育的满意度,增进各群体的幸福感。实现这一目标需要各级政府及有关部门共同努力,确保教育改革措施落地生根,以期真正实现教育公平与普惠。

(四)培养优秀教师队伍

教育事业的长远发展离不开教师这个基石,而教师队伍的建设是提高教育质量的核心要素。为了构建高质量的教育体系,满足广大民众对优质教育的迫切需求,我们必须重视教师队伍的建设,以优秀的教师培养更为优秀的一代人。而吸引人才投身师范专业学习,进而投入教育事业,则是实现这一目标的关键第一步。

近年来,优秀高中毕业生报考师范专业的现象屡见报端,引发了社会各界的广泛关注。根据中国教育科学研究院发布的数据,2018

年,各地高考成绩排在本省份前 30％的毕业生中,报考师范专业的比例平均达到了 18.3％。到了 2019 年,这一比例升至 33.4％,几乎翻了一番。值得关注的是,报考比例最高的两个省份分别高达 55.3％和 49.8％,这意味着在高考成绩排名本省份前 30％的毕业生中,超过半数或接近半数的学生选择报考师范专业。

在越来越多的人选择报考师范学校的背后,正是我国聚焦于高质量教师队伍建设以及一系列尊师重教政策的推动与实施。近些年来,我国对公费师范生政策进行了不断地完善与优化,从"免费师范生"到"公费师范生",虽然仅仅是字面上的一字之差,但却代表着公费师范生在重要性和荣誉感方面的明显提升。政策的优化包括免除学费、免缴住宿费以及提供生活费补助等,同时为毕业生提供就业定向保障,这些举措为毕业生带来了稳定的预期,极大地提高了公费师范生政策的吸引力。与此同时,教师工资长效机制逐渐健全,教师工资水平得到全面落实,不低于或者高于公务员收入,教师工资在全国 19 大行业中由倒数第三位上升至第七位。如今,教师不再以清贫的形象示人,教师的政治地位、社会地位以及职业地位得到了全面提高,教师职业的尊严和合法权益得到了坚实的保障。此外,东部沿海地区的中小学校纷纷投入重金招聘优秀毕业生,这一现象也引发了社会的广泛关注。这些举措无疑进一步提高了师范专业对优秀高中毕业生的关注度和吸引力,为提升我国教育水平和培养高质量教师队伍创造了有利条件。

当前,师范类院校的报考状况已经展现出的积极信号,生源质量的明显提高无疑有助于进一步提高师范生的培养质量。然而,这也对教师教育提出了更高的挑战和要求,特别是要加强对优秀师资的培养。首先,要加强教师教育体系建设,加大对师范院校的支持力度,以提升其办学质量和水平。其次,要创新教育模式和教育方法,建立有效的教师教育质量保障制度,以满足不断发展变化的教育需求。最后,还需强化师德师风教育,培养师范生的教育情怀,使他们能够全身心投入教育事业,为国家和社会培养更多的优秀人才。

(五)让教育回归家庭

家庭在孩子的健康成长过程中具有极其关键且不可替代的地位。优良的家庭教育既是儿童全面发展、家庭和睦幸福的基石,也是中华民族优秀文化传承的关键支柱,更是国家培育合格建设者与可靠接班人的重要渠道。随着我国经济的快速发展和社会转型深入,传统的家庭结构、生活方式以及职能等诸多方面均面临着变革。然而,不论时代与社会如何演变,家庭作为社会基本单位的功能始终无法被替代,家庭教育的重要性也始终无法被忽视。

2022 年 1 月 1 日,《中华人民共和国家庭教育促进法》正式生效施行。该法案从六个方面明确了家庭教育的基本问题和实施细则。第一,该法案明确了家庭教育的定义和根本任务(是什么)。它对家庭教育的概念进行了界定,并明确了家庭教育的基本职责和目标。第二,该法案明确了家庭教育的责任主体(谁来教),包括家长的主体责任以及其他相关方面的责任。这有助于确保家庭教育责任的明确分工和合作。第三,该法案明确了家庭教育工作的推进方式(怎么推)。各级人民政府负责领导家庭教育工作,并明确了推进家庭教育工作的体制机制、保障措施以及相关部门、司法机关、人民团体、社会组织的职责。第四,该法案明确了家庭教育的具体内容(教什么)。未成年人的父母或者其他监护人应根据不同年龄段未成年人的身心发展特点,开展家庭教育,并对具体内容进行了列举。第五,该法案明确了家庭教育的实施方式(怎么教)。对未成年人的父母或者其他监护人实施家庭教育的方法和途径进行了规定,并对具体方式方法作了列举。第六,该法案明确了应对家庭教育难题的解决方案（怎么办）。针对家长或其他监护人在履行家庭教育责任方面的拒绝或怠慢，或实施家庭教育不当导致未成年人行为偏差或合法权益受损等问题，该法案也作出了具体规定。

在很长一段时间里，许多家长普遍认为优质教育资源与房价之间存在密切关系。大部分家长坚信，优质教育资源有助于提高孩子的学业成绩，使他们有机会进入更好的大学、获得更好的专业学位和工作机会，从而在未来取得比没有接受优质教育资源的孩子更为优异的发展。因此，在现行的就近入学政策下，为了让自己的孩子获得更好的教育资源，许多家长不惜竭尽全力购买学区房，以高价换取孩子通向美好未来的机会，但是却忽视了自身在孩子身上的时间、精力和投入，甚至缺少陪伴。因此，家长以及部分居民的教育观念亟须转变。我们不应将购买学区房视为孩子成功成才的必要条件，也不应过度追求学区房。改变家长的预期、减少对学区房的需求，将有助于学区房价格回归正常水平。每个孩子都有自己擅长的领域，家长应更多地关注孩子在特定专业领域的发展，尊重孩子的意愿，培养他们成为专业人才。

无数成功案例告诉我们，最好的学区房实际上就是每个人家里的书房。

参考文献

一、著作

Bourdieu P, Passeron J C. Reproduction in Education, Society and Culture[M]. 2nd ed. New York: Sage Publications Ltd, 1990.

Commission on Global Governance. Our Global Neighborhood: The Report of the Commission on Global Governance[M]. New York: Oxford University Press, 1995.

Espinoza-Herold M. Issues in Latino Education: Race, School Culture, and the Politics of Academic Success[M]. New York: Allyn and Bacon, 2003.

Schwartz A. Housing Policy in the United States[M]. 3rd ed. New York: Routledge, 2014.

布迪厄,华康德. 实践与反思:反思社会学导引[M]. 李猛,李康,译. 北京:中央编译出版社,2004.

布尔迪厄,帕斯隆. 再生产:一种教育系统理论的要点[M]. 邢克超,译.北京:商务印书馆,2002.

布尔迪厄.国家精英:名牌大学与群体精神[M].杨亚平,译.北京:商务印书馆,2004.

布尔迪厄.继承人:大学生与文化[M].邢克超,译.北京:商务印书馆,2002.

蔡定基.基础教育学区管理模式研究[M].北京:人民教育出版社,2013.

查尔德.阶层:组织和社会运行的核心逻辑[M].王凤彬,王晓,郑珊珊,等译.北京:中国人民大学出版社,2022.

陈婧.学区治理研究[M].武汉:武汉大学出版社,2021.

弗里德曼.资本主义与自由[M].张瑞玉,译.北京:商务印书馆,1986.

弗里曼.战略管理:利益相关者方法[M].王彦华,梁豪,译.上海:上海译文出版社,2006.

古特曼.民主教育[M].杨伟清,译.南京:译林出版社,2010.

郭元婕.学区化管理研究[M].北京:科学出版社,2021.

哈努谢克,沃斯曼因.国家的知识资本:教育与经济增长[M].银温泉,等译.北京:中信出版社,2020.

胡森.社会环境与学业成就[M].张人杰,译.昆明:云南教育出版社,1991.

柯林斯.文凭社会:教育与分层的历史社会学[M].刘冉,译.北京:北京大学出版社,2018.

科尔曼,等.科尔曼报告:教育机会公平[M].汪幼枫,译.上海:华东师范大学出版社,2019.

科斯,阿尔钦,诺斯,等.财产权利与制度变迁:产权学派与新制度学派译文集[M].刘守英,译.上海:上海人民出版社,1994.

李强.社会分层十讲[M].北京:社会科学文献出版社,2008.

李泉.治理思想的中国表达:政策、结构与话语演变[M].北京:中央编译出版社,2014.

里韦拉.出身:不平等的选拔与精英的自我复制[M].江涛,李敏,译.桂林:广西师范大学出版社,2019.

林南.社会资本:关于社会结构与行动的理论[M].张磊,译.北京:社会科学文献出版社,2020.

伦斯基.权力与特权:社会分层的理论[M].关信平,陈宗显,谢晋宇,译.杭州:浙江人民出版社,1988.

罗宾斯,贾奇.组织行为学[M].孙健敏,李源,黄小秀,译.北京:中国人民大学出版社.2014.

罗尔斯.正义论[M].何怀宏,等译.北京:中国社会科学出版社,1988.

罗西瑙.没有政府的治理:世界政治中的秩序与变革[M].张胜军,刘小林,等译.南昌:江西人民出版社,2001.

马克思恩格斯文集(第二卷)[M].中共中央马克思恩格斯列宁斯大林著作编译局,编译.北京:人民出版社,2009.

马克思恩格斯文集(第五卷)[M].中共中央马克思恩格斯列宁斯大林著作编译局,编译.北京:人民出版社,2009.

米尔斯.社会学的想象力[M].李康,译.北京:北京师范大学出版社,2017.

诺齐克.无政府、国家与乌托邦[M].何怀宏,等译.北京:中国社会科学出版社,1991.

森.以自由看待发展[M].任赜,等译.北京:中国人民大学出版社,2003.

上海师范大学教育系.马克思恩格斯论教育[M].北京:人民教育出版社,1979.

斯密.国富论[M].杨敬年,译.西安:陕西人民出版社,2011.

滕尼斯.共同体与社会:纯粹社会学的基本概念[M].林容远,译.北京:商务印书馆,1999.

翟博.教育均衡论[M].北京:人民教育出版社,2008.

赵新亮.义务教育学区制改革:基于共同体理论的教育发展模式探索[M].北京:科学出版社,2018.

二、期刊

Alves F,Elacqua G,Koslinki M,et al. Winners and losers of school choice:Evidence from Rio de Janeiro,Brazil and Santiago,Chile [J]. International Journal of Educational Development,2015(3): 25-34.

Athanases S Z,De Oliveira L C. Advocacy for equity in classrooms and beyond: New teachers' challenges and responses[J]. Teachers College Record,2008(1):64-104.

Barnhardt S,Field E,Pande R. Moving to opportunity or isolation? Network effects of a randomized housing lottery in urban India [J]. American Economic Journal: Applied Economics,2017 (1): 1-32.

Bayer P, Ferreira F, McMillan R. A unified framework for measuring preferences for schools and neighborhoods[J]. Journal of Political Economy, 2007(4):588-638.

Black S,Machin S. Housing valuations of school performance[J]. Handbook of the Economics of Education, 2011(3):485-519.

Boateng S, Asare D, Manu P T, et al. Relationship between

students' home background and their academic performance: A case of some selected senior high school students in rural districts in Ashanti region, Ghana[J]. Journal of Education, 2020(3): 1-9.

Charkham J. Corporate governance: Lessons from abroad [J]. European Business Journal,1999(4):8-16.

Cheshire P, Shepard S. Capitalising the value of free schools: The impact of supply characteristics and uncertainty [J]. The Economic Journal,2004(499):397-424.

Chung I. School choice, housing prices, and residential sorting: Empirical evidence from inter-and intra-district choice [J]. Regional Science and Urban Economics,2015(C):39-49.

Clapp J M, Nanda A, Ross S L. Which school attributes matter? The influence of school district performance and demographic composition on property values[J]. Journal of Urban Economics, 2008(2): 451-466.

Coleman J S. Social capital in the creation of human capital[J]. American Journal of Sociology, 1988(1):95-120.

Cumming J, Goldstein H, Hand K. Enhanced use of educational accountability data to monitor educational progress of Australian students with focus on Indigenous students [J]. Educational Assessment, Evaluation and Accountability,2020(1):29-51.

Dhar P, Ross S L. School district quality and property values: Examining differences along school district boundaries [J]. Journal of Urban Economics, 2012(1):18-25.

Duncombe W, Yinger J. Making do: State constraints and local responses in California's education finance system [J]. International Tax and Public Finance,2011(3):337-368.

Fack G, Grenet J. When do better schools raise housing prices? Evidence from Paris public and private schools[J]. Journal of Public Economics, 2010(1-2):59-77.

Gibbons S, Machin S. Valuing English primary schools[J]. Journal of Urban Economics, 2003(2):197-219.

Haurin D R,Brasington D. School quality and real house price: Inter- and intrametropolitan effects[J]. Journal of Housing Economics, 1996(4):351-368.

Heyneman S P. Education and corruption[J]. International Journal of Educational Development,2004(6):637-648.

Kim H,Park S, Lee S,et al. Determinants of house prices in Seoul: A quantile regression approach [J]. Pacific Rim Property Research Journal,2015(2):91-113.

Levin H M. Educational opportunity and social inequality in western Europe[J]. Social Problems,1976(2):148-172.

Lim C P, Ra S, Chin B, et al. Leveraging information and communication technologies (ICT) to enhance education equity, quality, and efficiency: Case studies of Bangladesh and Nepal [J]. Educational Media International, 2020(2):87-111.

Nguyen-Hoang P, Yinger J. The capitalization of school quality into house values: A review[J]. Journal of Housing Economics,2011 (1):30-48.

Oates W E. The effects of property taxes and local public spending on property values: An empirical study of tax capitalization and the

Tiebout hypothesis[J]. Journal of Political Economy，1969(6)：957-971.

Tiebout C M. A pure theory of local expenditures [J]. Journal of Political Economy，1956(5)：416-424.

Warnock M. The concept of equality in education[J]. Oxford Review of Education，1975(1)：3-8.

陈婧,陈建华. 从"管理"到"治理":学区政策的演进逻辑和发展趋势[J].南京社会科学,2020(9):133-140.

陈婧,夏彧.学区制度化困境的多重逻辑分析[J].教育学报,2021(2):129-140.

陈武林,苏娜,谭美瑶.均衡发展视域下"学区制"实施的制度隐忧与突围[J].中国教育学刊,2016(7):27-31.

陈友华,施旖旎,季春梅.学区房的形成机制及其社会后果研究[J].社会科学文摘,2017(10):56-58.

陈友华.升学锦标赛、教育内卷化与学区分层[J].江苏行政学院学报,2021(3):55-63.

褚宏启.关于教育公平的几个基本理论问题[J].中国教育学刊,2006(12):1-4.

樊慧玲.我国义务教育资源配置的绩效评估体系构建[J].教育科学研究,2019(8):12-16.

郭元婕.新时代我国学区制改革的困境与出路——基于我国六个省份的实证研究[J].中国教育学刊,2022(12):52-58.

郭元祥.对教育公平问题的理论思考[J].教育研究,2000(3):21-24,47.

哈巍,吴红斌,余韧哲.学区房溢价新探——基于北京市城六区重复截面数据的实证分析[J].教育与经济,2015(5):3-10.

韩刚.教育公平与少数民族教育发展研究[J].黑龙江民族丛刊,2007
(5):171-176.

洪岩璧,钱民辉.中国社会分层与教育公平:一个文献综述[J].中国农
业大学学报(社会科学版),2008(4):64-76.

胡婉旸,郑思齐,王锐.学区房的溢价究竟有多大:利用"租买不同权"
和配对回归的实证估计[J].经济学(季刊),2014(3):1195-1214.

黄传慧,鲍传友,叶铖垒.多元主体参与下的学区治理困境与突破:一
个案例的研究[J].教育学报,2019(3):104-112.

李佳莹,孙凤.学区房符号消费与新生代家长的地位焦虑[J].中国青
年研究,2021(9):56-62,13.

刘莉.同学段学区办学的内涵、阻力及推动路径[J].教育发展研究,
2021(2):20-25.

卢为民,张琳薇.学区房问题的根源与破解路径探析[J].教育发展研
究,2015(Z2):13-17.

罗玲,张开洪.我国义务教育学区制改革的问题呈现与实践解答[J].
教学与管理,2020(13):9-12.

马晓燕.关于实现我国教育资源合理配置与教育供求均衡的思考[J].
上海教育科研,2001(1):15-17,21.

聂晨."学区房热"探析——文化资本视角下对学区房购买动机的研究
[J].广东社会科学,2019(1):196-204.

石绍宾,鞠镇远.教育资本化效应的再测度——基于"零择校"政策的
学区房溢价断点回归[J].南开经济研究,2022(8):139-157,175.

石忆邵,王伊婷.上海市学区房价格的影响机制[J].中国土地科学,
2014(12):47-55.

石中英.教育公平的主要内涵与社会意义[J].中国教育学刊,2008
(3):1-6,27.

孙百才.测度中国改革开放 30 年来的教育平等——基于教育基尼系数的实证分析[J].教育研究,2009(1):12-18.

田志磊,袁连生,张雪.地区间城乡义务教育公平差异研究[J].教育与经济,2011(2):43-48.

王鉴.西部民族地区教育均衡发展的新战略[J].民族研究,2002(6):9-17,106.

王俊杰.教育均衡何以推进:学区制的政策演变及优化方略[J].教育学术月刊,2022(2):35-41.

王善迈.教育公平的分析框架和评价指标[J].北京师范大学学报(社会科学版),2008(3):93-97.

王永超,王光宇,董丽晶.教育资本化背景下学区房溢价水平和价格空间集聚特征研究——以沈阳市中心城区为例[J].人口与发展,2020(1):108-117.

王振坡,梅林,王丽艳.基础教育资源资本化及均衡布局对策研究:以天津为例[J].现代财经(天津财经大学学报),2014(7):92-102.

魏红梅,黄明东.义务教育学区制改革:制度逻辑、实践困境及优化路径[J].教育科学,2017(4):17-23.

温海珍,张之礼,张凌.基于空间计量模型的住宅价格空间效应实证分析:以杭州市为例[J].系统工程理论与实践,2011(9):1661-1667.

吴晶.基础教育学区化办学的可行性与障碍分析[J].教育探索,2017(5):20-27.

吴晓英,朱德全.区域义务教育均衡发展研究的现状与展望[J].现代教育管理,2015(3):31-37.

解韬.近年来我国教育公平研究综述[J].现代大学教育,2009(2):20-26.

杨东平.教育是社会发展的平衡器、稳定器[J].人民教育,2002(4):16-18.

叶菁菁,谢尚,余建宇,等.租售同权政策与住房租购市场联动[J].世界经济,2022(3):166-184.

于建福.教育均衡发展:一种有待普遍确立的教育理念[J].教育研究,2002(2):10-13.

于涛,于静静."就近入学"下的住宅价格分析——学区房中的教育资本化问题[J].中国房地产,2017(6):3-13.

曾满超,丁延庆.中国义务教育财政面临的挑战与教育转移支付[J].北京大学教育评论,2003(1):84-94.

翟博.教育均衡发展:理论、指标及测算方法[J].教育研究,2006(3):16-28.

翟博.教育均衡发展:现代教育发展的新境界[J].教育研究,2002(2):8-10.

翟博.均衡发展:我国义务教育发展的战略选择[J].教育研究,2010(1):3-8.

翟博.树立科学的教育均衡发展观[J].教育研究,2008(1):3-9.

张浩,李仲飞,邓柏峻.教育资源配置机制与房价——我国教育资本化现象的实证分析[J].金融研究,2014(5):193-206.

张良才,李润洲.关于教育公平问题的理论思考[J].教育研究,2002(12):35-38.

赵新亮,张彦通.学区一体化管理特征与路径——基于组织变革的视角[J].中国教育学刊,2015(6):32-37.

赵新亮,张彦通.学区制推动区域教育优质均衡发展的理论与机制[J].教育理论与实践,2015(28):28-31.

郑磊,王思檬.学校选择、教育服务资本化与居住区分割——对"就近入学"政策的一种反思[J].教育与经济,2014(6):25-32.

周海涛,朱玉成.教育领域供给侧改革的几个关系[J].教育研究,2016
　　(12):30-34.

三、学位论文

Simpson B D. Compulsory education in America: Its history and
　　determinants[D]. Auburn: Auburn University,2003.

毕波.北京城市基础教育空间公平评价与规划路径研究[D].北京:清
　　华大学,2018.

李军超.政府推进城乡义务教育均衡发展的制度逻辑——基于新制度
　　主义视角的理论与实证研究[D].武汉:华中师范大学,2011.

李爽.义务教育均衡发展现状及其相关测算方法研究[D].北京:首都
　　经济贸易大学,2016.

卢晓旭.基于空间视角的县域义务教育发展均衡性测评研究——以江
　　苏省常熟市为例[D].南京:南京师范大学,2011.

吴晶.基础教育学区化办学研究[D].上海:华东师范大学,2018.

肖月.城市教育资源资本化效应的动态演变——以杭州市为例[D].
　　杭州:浙江大学,2020.

闫晴.城市基础教育空间均衡性研究——以长春市为例[D].长春:东
　　北师范大学,2020.

杨晗.学区房教育级差地租及其教育机会不平等效应的研究[D].上
　　海:上海财经大学,2020.